ŒUVRES COMPLÈTES

DE

EUGÈNE SCRIBE

DE L'ACADÉMIE FRANÇAISE

COMÉDIES

VAUDEVILLES

DON
Ville de Paris

I0261129

842
ScR
T. 18

AVANT, PENDANT ET APRÈS
LE BARON DE TRENCK
LES MORALISTES — MALVINA
THÉOBALD

E. REIBER inv.

ES

PARIS
E. DENTU, LIBRAIRE-ÉDITEUR
PALAIS-ROYAL, 17-19, GALERIE D'ORLÉANS.

1881

II. — 18. 27.

Paris. — Soc. d'imp. P. DUPONT, 41, rue J.-J.-Rousseau. (Cl.) 168.7.8.

ŒUVRES COMPLÈTES

DE

EUGÈNE SCRIBE

DE L'ACADÉMIE FRANÇAISE

RÉSERVE DE TOUS DROITS

DE PROPRIÉTÉ LITTÉRAIRE

En France et à l'Étranger

AVANT,
PENDANT ET APRÈS

ESQUISSES HISTORIQUES EN TROIS PARTIES

EN SOCIÉTÉ AVEC M. DE ROUGEMONT.

Théatre de S. A. R. Madame. — 28 Juin 1828.

PERSONNAGES.		ACTEURS.
LE MARQUIS DE SURGY,	fils de la	MM. Dormeuil.
LE CHEVALIER DE SURGY,	duchesse	Gontier.
LE VICOMTE DE LA MORLIÈRE,		Ferville.
ALFRED DE SURGY		Allan.
DERNEVAL, avocat		Paul.
GOBERVILLE, procureur		Klein.
GÉRARD		Numa.
MORIN		Legrand.
UN COMMANDANT DE PATROUILLE		Bordier.
UN CRIEUR PUBLIC		Chalbos.
LA DUCHESSE DE SURGY		Mmes Julienne.
JULIE		Théodore.

Domestiques. — Soldats.

Dans l'hôtel de la duchesse de Surgy, au premier acte; dans la boutique de Gérard, au second acte; dans l'hôtel du général comte de Surgy, au troisième acte.

AVANT,
PENDANT ET APRÈS

AVANT.

COMÉDIE.

Un riche salon. Une table à droite.

SCÈNE PREMIÈRE.
LA DUCHESSE, LE VICOMTE; Laquais.

LA DUCHESSE, aux laquais.
Portez ces porcelaines du Japon chez la maréchale. Envoyez ce billet chez mademoiselle Bertin, ma marchande de modes, cette lettre à mon notaire; et dès que mon homme d'affaires, Goberville, rentrera, vous lui direz de venir me parler. (A M. de La Morlière.) Eh bien! vicomte, qu'est-ce que vous disiez donc de l'Œil-de-Bœuf?

LE VICOMTE.
Mon frère en arrive; il y a eu une promotion du diable : soixante lieutenants généraux, deux cents maréchaux-de-

camp. La marquise d'Albe a eu pour sa part quatre lieutenants généraux : aussi la baronne de Versac est-elle outrée ! elle n'a pu avoir que deux maréchaux-de-camp, son neveu et son cousin. Saint-Paul, pour la calmer, lui a promis trois brigadiers de cavalerie à la première liste. Mais est-ce que le duc et le marquis n'ont pas quelque chose là-dedans ?

LA DUCHESSE.

Le duc est à Versailles ; j'attends de ses nouvelles ce matin. Quant à mon fils le marquis, il traite en ce moment d'un régiment bleu qu'on veut lui vendre cent mille livres.

LE VICOMTE.

C'est le prix ; je l'ai vu : beaux hommes, bien tenus. C'est une propriété qui lui fera beaucoup d'honneur.

LA DUCHESSE.

Mais le voici.

SCÈNE II.

Les mêmes ; LE MARQUIS, puis GOBERVILLE.

LE MARQUIS, baisant la main de sa mère.

Voici, madame, M. Goberville, votre procureur, qui désire vous parler ; homme fort utile, qui nous rend de grands services, (Au vicomte.) et nous vend l'argent au poids de l'or. (A la duchesse.) Est-ce que vous lui faites l'honneur de puiser dans sa bourse ?

LA DUCHESSE.

Non, marquis ; il s'agit d'affaires de famille.

GOBERVILLE.

Madame la duchesse, j'ai l'honneur de vous présenter mes très humbles respects ; monsieur le marquis, monsieur le vicomte...

(Il s'incline trois fois.)

LA DUCHESSE, à Goberville.

Approchez. Eh bien ! Goberville, mes ordres ont-ils été exécutés ?

(Pendant que la duchesse parle à Goberville, le marquis et le vicomte vont au fond du théâtre, où ils parlent bas.)

GOBERVILLE.

Avec la ponctualité la plus scrupuleuse... Madame la duchesse connaît mon zèle.

LA DUCHESSE, bas à Goberville.

Le mariage ?

GOBERVILLE, bas à la duchesse.

Célébré jeudi matin.

(La duchesse témoigne sa satisfaction.)

LA DUCHESSE, bas.

Il y a eu de la résistance, des pleurs ?

GOBERVILLE.

La jeune fille s'est désolée, elle a pleuré. D'abord, elle ne voulait point croire aux lettres que je lui exhibais ; mais enfin, après les regrets, les larmes, le désespoir, la pauvre petite s'est sacrifiée de la meilleure grâce du monde ; elle était gentille. (Soupirant ridiculement.) Ah ! si je n'avais pas été marié, je vous aurais demandé la préférence.

LA DUCHESSE, s'éloignant de Goberville.

Me voilà plus tranquille, et maintenant elle peut compter sur ma protection.

(Elle s'approche de la table, Goberville s'approche du marquis.)

LE MARQUIS, bas à Goberville.

Mon argent, fripon ?

GOBERVILLE, de même.

Si vous saviez ce qu'il me coûte ! Voilà trois cents louis.

LE MARQUIS, se rapprochant de sa mère.

Mon billet était de cinq cents.

LE VICOMTE, à Goberville.

Et notre homme?

GOBERVILLE, au vicomte.

Le sergent recruteur m'a chargé de vous dire que c'était une affaire faite. Racolé d'hier soir, il sera expédié demain pour sa garnison.

(Il passe à la gauche du vicomte.)

LA DUCHESSE.

Ne vous éloignez pas, marquis, je passe avec Goberville dans mon cabinet, et j'aurai bientôt à vous parler, ainsi qu'à votre frère le chevalier, que je vois avec peine donner dans les idées nouvelles.

GOBERVILLE.

C'est un singulier jeune homme; il affecte une sagesse, une réserve... pas un sou de dettes sur le pavé de Paris.

LE VICOMTE.

C'est qu'il a quelques défauts cachés. Il faut que je le convertisse.

(La duchesse sort; Goberville la suit.)

SCÈNE III.

LE MARQUIS, LE VICOMTE.

LE MARQUIS.

Où donc étais-tu hier, vicomte? nous t'avons attendu.

LE VICOMTE.

J'ai soupé avec la Saint-Huberti; nous étions là une demi-douzaine de philosophes titrés, qui avons moralisé toute la nuit autour d'un tapis vert. Voisenon nous a chanté des couplets charmants de Favart. Sophie Arnould était tout esprit, et moi tout oreilles.

LE MARQUIS.

On a joué?

LE VICOMTE.

Pour passer le temps.

LE MARQUIS.

Tu as perdu?

LE VICOMTE.

Une bagatelle, mille écus; c'est-à-dire nous sommes deux qui les avons perdus, moi, et celui qui me les a gagnés.

LE MARQUIS.

Tu n'as pas d'ordre, vicomte.

LE VICOMTE.

Je ne sais pas comment je fais. J'ai quarante mille livres de rente, je fais à peu près pour autant de dettes par an, ce qui me complète un revenu de quatre-vingt mille francs. Eh bien! je suis gêné.

LE MARQUIS.

Est-ce que tes créanciers veulent te faire décréter?

LE VICOMTE.

Je ne m'en inquiète pas; mais ces drôles-là s'avisent perdre patience, après cinq ou six ans! Ils prétendent que je jette mon argent par les fenêtres. Il faudra que je leur fasse prendre ce chemin-là pour courir après. Mais toi, marquis, est-ce que tu te jettes dans la réforme?

LE MARQUIS.

Cette petite Julie me tourne la tête; j'en suis fou.

LE VICOMTE.

Sérieusement?

LE MARQUIS.

Tu l'as vue ici, et toi-même tu en étais enchanté. Fille d'un négociant, qui avait eu le bonheur d'être utile à notre famille, orpheline dès son bas âge, Julie a été recueillie par les soins de la duchesse; elle a passé son enfance avec ma sœur, mon frère et moi. Il s'est établi entre nous une certaine familiarité, tout en gardant les distances, qui m'a permis d'apprécier son charmant caractère. Julie a dix-huit ans; je n'ai jamais vu de traits plus gracieux. Je pensais que l'habitude de vivre dans le grand monde la disposerait à m'écouter favorablement; mais, soit un reste de timidité bourgeoise dont elle n'a pu se défaire entièrement, soit l'ascendant qu'exerce encore sur elle son frère, espèce de mauvais sujet, qui affecte des idées d'honneur, d'indépendance....

LE VICOMTE.

Tout le monde s'en mêle.

LE MARQUIS.

Julie n'a pas reçu l'aveu de mon amour avec cette reconnaissance que son éducation me faisait espérer. Elle a des principes; et puis ce frère, M. Raymond, qui ne la quitte pas d'un moment, trouve mauvais qu'on fasse la cour à sa sœur.

LE VICOMTE.

Il ne te gênera plus.

LE MARQUIS.

Comment?

LE VICOMTE.

Avant-hier soir, il a été racolé sur le quai de la Ferraille, et demain on le fera partir pour Thionville, où le régiment de Brie est en garnison.

LE MARQUIS.

Mais c'est charmant; me voilà débarrassé d'un surveillant très-incommode. Abandonnée à elle-même, une jeune fille ne résiste point aux séductions du rang, de l'opulence, et surtout au langage d'une passion véritable. Oh! je l'aime! Il y a un mois que la duchesse l'a envoyée auprès de ma sœur, à la campagne, et depuis qu'elle n'est plus à Paris, j'y pense à tout moment. Je serais, d'honneur! le plus malheureux des hommes, s'il fallait renoncer à la possession de l'adorable Julie.

LE VICOMTE.

Voici le chevalier.

SCÈNE IV.

Les mêmes; LE CHEVALIER.

LE CHEVALIER.

Ah! mon frère! je vous trouve à propos. Je viens vous demander un service.

LE MARQUIS.

Un service! à moi, chevalier; c'est la première fois que tu mets mon amitié à l'épreuve; parle, que désires-tu? je suis tout à toi.

LE CHEVALIER.

Vous partagerez mon indignation. Le jeune Raymond, le frère de Julie, victime d'un complot affreux, vient d'être enrôlé par force, par ruse; il est soldat!

LE MARQUIS.

Je t'en demande pardon, mais je ne vois pas ce qu'il y a de fâcheux là-dedans.

LE CHEVALIER.

Comment! un misérable privera de sa liberté un homme honnête; il abusera de sa crédulité, de son ignorance, pour lui faire contracter un engagement!

LE VICOMTE.

Et comment tiendrait-on les régiments au complet?

LE MARQUIS.

Tout ce que je puis faire, c'est de le recommander à son colonel.

LE CHEVALIER.

Quoi, mon frère!...

LE MARQUIS.

Que Raymond serve, il est fait pour cela; qu'y a-t-il de déshonorant à servir?

LE CHEVALIER.

Rien, si tout le monde partageait le sort de Raymond.

LE VICOMTE.

Vous voudriez qu'un gentilhomme tirât à la milice !

LE CHEVALIER.

Pourquoi pas? la profession des armes a besoin d'être honorée par ceux qui l'exercent; on dirait, à la façon dont l'armée se recrute, que l'état de soldat est une punition réservée aux mauvais sujets du royaume, ou un piége tendu aux pauvres diables.

LE MARQUIS.

Mais en vérité, chevalier, voilà des idées toutes singulières; prenez-y garde.

SCÈNE V.

Les mêmes; LA DUCHESSE, GOBERVILLE.

LA DUCHESSE, à Goberville.

C'est bien, je suis contente, et ne vous oublierai pas.

LE CHEVALIER.

Ma mère, vous avez désiré me voir, et je m'empresse d'obéir à vos ordres.

LA DUCHESSE, aux laquais.

Des siéges. (Les laquais approchent les fauteuils. Au vicomte qui veut sortir.) Vicomte, vous êtes l'ami de la famille, et à ce titre, vous pouvez prendre place. (Au marquis et au chevalier.) Asseyez-vous. (On s'assied. Goberville reste debout derrière le chevalier.) M. le duc votre père, qui est à Versailles, et qui ne cesse de penser à l'agrandissement de sa famille, vient de m'envoyer ses ordres; il a fixé d'une manière irrévocable le sort de ses enfants. Votre sœur entre définitivement au couvent.

LE CHEVALIER.

Quoi, ma sœur !

LA DUCHESSE.

Ne m'interrompez pas.

LE CHEVALIER, à part.

Pauvre Ernestine !

LE VICOMTE.

La mienne a pris ce parti-là.

LA DUCHESSE, au marquis.

Mon fils, le roi vous donne en propriété le premier régiment de cavalerie étrangère qui vaquera au département de la guerre. En attendant, le prince de Montbarey vous attache à la cavalerie hongroise...

LE MARQUIS.

Ah ! madame !

LA DUCHESSE.

Et vous épousez le plus riche parti de France, mademoiselle de la Morandière, que nous avons le bonheur de recevoir aujourd'hui avec sa famille. C'est en son honneur que le bal de ce soir a lieu.

LE VICOMTE, bas au marquis.

Belle hypothèque pour tes créanciers !

LE MARQUIS, de même.

Ces coquins-là ont un bonheur !...

LA DUCHESSE.

Grâce à cette dot immense, le procureur Goberville se charge de dégrever nos biens, de tout libérer.

LE CHEVALIER.

Cela sera d'autant plus facile à monsieur, que c'est lui qui, depuis longtemps, embrouille nos affaires domestiques.

LE VICOMTE.

Il faut bien que quelqu'un s'en charge. On n'a pas une

fortune pour la gérer soi-même; vous ne voudriez pas qu'un gentilhomme fît ses affaires en personne.

LE CHEVALIER.

Où serait donc l'inconvénient?

GOBERVILLE.

Pure plaisanterie. Monsieur le chevalier sait trop ce qu'il se doit à lui-même pour descendre jusque-là.

LA DUCHESSE, au chevalier.

Pour vous, mon fils, votre père ne vous a point oublié : ne pouvant rien distraire de nos biens, qui reviennent tous à votre aîné, le duc vous a placé dans une situation qui concourra à l'illustration de notre famille et à votre avantage personnel. Vous serez chevalier de Malte.

LE VICOMTE.

Il y a des chevaliers qui sont devenus grands-maîtres; c'est une perspective.

LE CHEVALIER.

Madame, je sens ce que je dois à vos bontés, à celles de mon père; la carrière qu'il m'ouvre a ce qu'il faut pour satisfaire une âme ambitieuse; mais il m'est impossible de la suivre.

LA DUCHESSE.

Plaît-il?

LE CHEVALIER.

Privé de la fortune de mon père, je veux m'en créer une par mon travail, mes spéculations, mon industrie.

LA DUCHESSE.

Qu'osez-vous dire, mon fils?

LE VICOMTE.

Un gentilhomme négociant!

LE CHEVALIER.

Pourquoi non? le préjugé qui me prive des biens de mon père me forcera-t-il à mourir d'orgueil et de misère! Ce n'est point parce qu'il me froisse, mais je ne saurais concevoir cet usage barbare, qui dépouille les enfants d'un même père pour en enrichir un seul. Pourquoi ce partage injuste, qui donne tout à l'un, enlève tout aux autres? Ma sœur et moi sommes sacrifiés à mon frère; et cependant nous sommes comme lui vos enfants, nous sommes votre sang, nous avons droit aux mêmes avantages ; et croyez bien qu'il n'est pas question de la fortune, les biens me tentent peu; mais par cela même que tout l'avenir de la famille repose sur lui, qu'il doit en continuer, en transmettre l'illustration, l'aîné devient souvent l'unique objet de la tendresse paternelle; on l'accable seul des noms les plus tendres, et lui-même s'accoutume tellement à cette injuste exception, qu'il dédaigne ses frères, ses sœurs; ce ne sont à ses yeux que des étrangers dont il se détache, ou des esclaves dont il se fait le protecteur.

(Il se lève.)

LA DUCHESSE, se levant.

Mon fils!

LE MARQUIS, se levant.

Chevalier!

LE CHEVALIER.

Et lorsqu'une fois les liens du sang sont rompus, qui sait jusqu'où peut aller le ressentiment de celui qu'on repousse, qu'on humilie? la patience manque souvent aux opprimés. Les divisions domestiques sont affreuses. Deux frères réduits à se haïr...

LE MARQUIS, allant au chevalier.

Se haïr!

(Les laquais retirent les siéges.)

LE CHEVALIER, prenant la main du marquis.

Ah! je ne demande pas mieux que de t'aimer.

LA DUCHESSE, au chevalier.

Voilà le fruit de vos lectures philosophiques. C'est là

l'éternel langage des savants, des auteurs au milieu desquels vous passez votre vie.

LE CHEVALIER.

Pourriez-vous m'en blâmer, madame? mon père les protége.

LA DUCHESSE, passant auprès du chevalier.

Il les protége, mais il ne les fréquente pas. Un gentilhomme doit tenir son rang. Mais d'après tout ce que je vois, je ne serais point étonnée d'apprendre un jour (Regardant le chevalier.) que monsieur se mêlât d'écrire.

LE VICOMTE.

Ah! madame! le chevalier a trop de naissance pour cela.

LE CHEVALIER.

Que dites-vous donc, vicomte? La littérature compte des noms illustres parmi nous : Buffon, Lauraguais, Choiseul, Boufflers, Florian écrivent; et voilà bientôt soixante ans que le duc de Richelieu est de l'Académie française.

LE VICOMTE.

C'est une folie de jeunesse. Au reste, il sait parfaitement ce qu'il se doit à lui-même; car j'ai reçu avant-hier un billet du vieux maréchal, qui ne ressemble en rien à ceux de ses confrères de l'Académie. Nous avons aussi notre orthographe, nous autres.

LE CHEVALIER, à la duchesse.

Croyez, madame, que mes liaisons ne me feront point oublier ce que je dois à mon nom, et que mes lectures n'altéreront jamais mon respect pour ma mère. Je puis vous le prouver à l'instant même : daignez m'accorder un moment d'entretien; j'essaierai de dissiper vos préventions, et, après m'avoir entendu, vous déciderez vous-même de mon sort.

(Le marquis et le vicomte sortent. Goberville sort après eux.)

SCÈNE VI.

LE CHEVALIER, LA DUCHESSE.

LA DUCHESSE, à son fils.

Je vous écoute.

LE CHEVALIER.

Victime d'un ordre de choses qui me prive de tous les avantages accordés à mon frère, je me suis depuis longtemps résigné à la distance que le sort a mise entre nous. Je pardonne au marquis sa fortune, ses titres, et je ne sollicite de vos bontés que la permission de vivre obscur, et peut-être heureux.

LA DUCHESSE.

Est-ce là cette soumission dont vous me parliez?

LE CHEVALIER.

Mon cœur renferme un secret dont je vous dois l'aveu. La compagne, l'amie de ma sœur, cette jeune et intéressante orpheline que vous avez recueillie dans votre hôtel, et dont vous faisiez si souvent l'éloge...

LA DUCHESSE, souriant.

Julie!

LE CHEVALIER.

Je n'ai pu la voir sans l'aimer; tant de vertus, de grâces, de talents, m'ont inspiré l'amour le plus sincère. Daignez m'accorder la main de Julie. Si vos regards sont blessés par cet hymen, dès que je serai son époux, nous partirons, nous quitterons la France.

LA DUCHESSE, froidement.

Cette union est impossible.

LE CHEVALIER.

Julie connaît et partage mon amour; le ciel a reçu nos serments.

LA DUCHESSE.

Je vous le répète, chevalier, cette union est maintenant impossible, et vous en connaîtrez bientôt vous-même les raisons. Mon fils, on ne met point en défaut la vigilance maternelle ; cette folle passion que vous avez cru me cacher, j'en ai suivi tous les progrès, j'en ai calculé les dangers, j'en ai prévenu les suites ; et ma prudence a élevé entre vous et Julie une barrière insurmontable.

LE CHEVALIER.

Que dites-vous, ma mère ?

LA DUCHESSE.

Vous me remercierez un jour du parti que j'ai pris. Croyez-moi, mon fils, n'irritez point le duc par une résistance inutile, et soumettez-vous aux ordres de votre père.

(La duchesse sort.)

SCÈNE VII.

LE CHEVALIER, seul.

Me soumettre ! ah ! quand je le voudrais... Mais quelle est donc cette barrière que la volonté de ma mère a opposée à mon amour ? Aurait-elle forcé Julie à s'immoler avec ma sœur ? le même lieu serait-il destiné à ensevelir deux victimes de l'orgueil et de l'ambition ?

SCÈNE VIII.

LE MARQUIS, LE CHEVALIER.

LE MARQUIS.

J'attendais le départ de ma mère pour te gronder. La façon dont tu t'es exprimé m'a fait une peine... Est-ce ma faute à moi, chevalier, si j'hérite des biens de la famille

C'est un ordre, un usage établi auquel j'ai dû me conformer. Mais il se présente une circonstance merveilleuse pour te rendre aussi riche que moi.

LE CHEVALIER.

Merci, mon frère; gardez les biens qui vous attendent.

LE MARQUIS.

Il ne s'agit pas de ceux-là; épouse l'héritière qu'on me propose.

LE CHEVALIER.

Moi !

LE MARQUIS.

Il y a cent cinquante mille livres de rente; la jeune personne n'a rien de désagréable. Quant à son caractère... Elle a un fort beau château en Normandie, où elle peut se retirer; et une fois mariés, vous ne vous verrez plus, si cela vous fait plaisir.

LE CHEVALIER, souriant.

Voilà un bonheur conjugal tout à fait digne d'envie! Mon frère, si j'étais encore libre, je ne voudrais pas d'un mariage où le cœur ne serait pour rien; jugez si je puis l'accepter quand j'aime.

LE MARQUIS.

Moi aussi, j'aime; mais ce n'est pas une raison. Tous les jours on aime une jeune fille, et on épouse une demoiselle.

LE CHEVALIER.

Je respecte, j'honore celle que j'aime; jamais on ne fut plus digne d'estime que Julie.

LE MARQUIS.

La pupille de ma mère?

LE CHEVALIER.

J'ai juré qu'elle serait ma femme, et je tiendrai parole.

LE MARQUIS.

Y penses-tu, chevalier? Que cette jeune fille ait été l'objet de tes soins; qu'elle t'ait inspiré, comme à moi, le désir de lui plaire, à la bonne heure; mais l'épouser...

LE CHEVALIER.

Que lui reprochez-vous? son peu de fortune? n'est-il pas une suite des sacrifices faits par son père à notre famille? Son éducation? elle a partagé celle de ma sœur.

LE MARQUIS.

Et sa naissance? Non, chevalier, tu ne nous affligeras pas par une telle mésalliance. Moi aussi, je n'ai pu me défendre des attraits de Julie : je l'adore; mais le ciel m'est témoin que je n'ai jamais songé à l'épouser.

LE CHEVALIER.

Vous vouliez la séduire?

LE MARQUIS.

L'honneur de ma famille avant tout.

LE CHEVALIER, s'échauffant.

Et c'est en préparant le malheur, l'opprobre d'un être vertueux, sans défense, que vous prétendez honorer le nom de vos aïeux?

LE MARQUIS.

Chevalier, ce langage...

LE CHEVALIER, furieux.

Voilà donc les prérogatives du rang, les nobles desseins du marquis de Surgy! Ah! ne vous y trompez pas... votre sang paierait l'outrage fait à Julie.

LE MARQUIS.

Silence, chevalier; on vient. C'est le fils de notre fermier.

SCÈNE IX.

Les mêmes; GÉRARD.

GÉRARD.
Pardon, messieurs, je vous dérange; vous étiez en affaires.

LE CHEVALIER, se remettant.
Non, non, Gérard, tu ne pouvais venir plus à propos.

LE MARQUIS.
Eh bien! et ton père, nos fermes, nos vassaux, nos troupeaux?

GÉRARD.
Monsieur le marquis, vous êtes bien bon. Mon père, malgré son grand âge, travaille encore beaucoup à la terre, et se porte à merveille; vos fermes sont dans le meilleur état; monsieur le duc vient d'en renouveler le bail à mon père et à mon frère aîné; et quant à moi, il vient de m'arriver un bonheur... Dieu bénisse madame la duchesse et toute sa famille!

LE CHEVALIER.
Un bonheur, Gérard! et tu n'en as encore rien dit à ton frère de lait!

GÉRARD.
Monsieur le chevalier, c'est que ce bonheur-là m'est venu comme un coup de foudre. Il s'agit pour moi d'un établissement.

LE CHEVALIER.
C'est une bonne affaire?

GÉRARD.
Ah! c'est mieux que je ne méritais.

LE MARQUIS.

Quelque bonne grosse fermière bien à son aise?

GÉRARD.

Non, monsieur le marquis, une brave et digne demoiselle, sans fortune, mais à laquelle je n'aurais jamais osé prétendre; me voilà à Paris, où, comme je vous l'ai dit, je viens m'établir avec la protection de madame votre mère. Je loge là, derrière l'hôtel Surgy.

LE CHEVALIER.

Je t'en fais compliment. Et comment cela est-il arrivé?

GÉRARD.

Vous savez qu'il y a environ un mois, mademoiselle Ernestine, votre sœur, vint habiter le château de Saint-Maurice. Elle avait avec elle une jeune demoiselle.

LE MARQUIS et LE CHEVALIER.

Julie!

LE CHEVALIER.

Achève.

GÉRARD.

Oui, monsieur; elle était si jolie, si aimable, que je l'aimais rien qu'à la voir; mais pour y penser, je ne l'aurais jamais osé, si ce brave M. Goberville, votre intendant, qui alors était au château, n'en avait écrit à madame votre mère, qui m'a donné une dot, son consentement, la promesse d'un établissement et, depuis jeudi dernier, nous sommes mariés.

LE CHEVALIER.

Mariés!

GÉRARD.

A la paroisse de Saint-Maurice, par le chapelain de la duchesse.

LE CHEVALIER, à lui-même, à mi-voix.

Je comprends maintenant les paroles de ma mère : « J'ai élevé une barrière insurmontable... »

LE MARQUIS, à part.

Ah! ce drôle de Goberville se mêle de ces intrigues-là!

GÉRARD.

Mon bon monsieur le chevalier, excusez si je ne vous ai pas prévenu plus tôt, vrai, ce n'est pas ma faute; je sais combien vous vous intéressez à moi.

LE MARQUIS, à part.

Je n'en aurai pas le démenti; allons trouver le vicomte. (Il passe près du chevalier et lui prend la main.) Eh bien! chevalier, tu vois; tandis que nous nous disputions le cœur de Julie, ce rustre était plus heureux que nous. (En sortant.) Sans adieu, monsieur Gérard; je vous félicite. Présentez mes hommages à votre charmante épouse.

GÉRARD.

Monsieur le marquis, c'est bien de l'honneur pour moi.

LE MARQUIS, à part.

Oui, parbleu! je te ferai cet honneur-là.

SCÈNE X.

LE CHEVALIER, GÉRARD.

GÉRARD.

Qu'avez-vous donc, monsieur le chevalier? vous êtes triste, pensif.

LE CHEVALIER.

Moi!... oui, je pense.

GÉRARD, avec bonhomie.

Vous soupirez, vous n'êtes pas heureux, vous qui méritez tant de l'être!... mon mariage vous rappelle peut-être quelque chagrin, quelque inclination contrariée. (Le chevalier fait un mouvement.) Ah, pardon! ce que je dis là n'est pas par curiosité au moins, mais quand on est heureux, on voudrait que tous ceux qu'on aime, qu'on respecte, le fussent aussi. Ce n'est pas l'embarras, si je suis heureux, moi, mademoiselle Julie ne l'est guère.

LE CHEVALIER, vivement.

Comment?

GÉRARD.

Vous savez bien ce qui est arrivé à Raymond, son frère, ils l'ont enrôlé.

LE CHEVALIER.

Oui, je l'avais oublié.

GÉRARD.

Toute la journée elle ne fait que pleurer.

LE CHEVALIER, vivement.

Elle pleure!

GÉRARD.

Elle aime tant son frère! elle lui est si attachée! Nous savons que Raymond s'est déjà réclamé de vous, qu'il vous a écrit. Eh bien! y a-t-il quelque espoir?

LE CHEVALIER.

J'en avais déjà parlé; mais je verrai moi-même son colonel. Quel est-il?

GÉRARD.

Régiment de Brie, colonel Fouquet.

LE CHEVALIER.

Colonel Fouquet! c'est un parent du vicomte, et je saura par lui...

GÉRARD.

Tenez, voilà ma femme qui vient de ce côté-ci, sans doute dans l'intention de vous en parler aussi. Moi, je vais le voir en attendant, ce beau-frère, le consoler, lui porter quelque argent.

LE CHEVALIER.

Gérard, dis à Raymond que, si je ne puis pas le délivrer, nous partirons ensemble.

GÉRARD.

Oui, monsieur le chevalier. (Bas à sa femme, qui entre en lui montrant le chevalier.) Il n'est pas heureux; c'est bien dommage!

(Il sort ; moment de silence.)

SCÈNE XI.

JULIE, LE CHEVALIER.

LE CHEVALIER, fort embarrassé, et n'osant regarder Julie.

Je ne m'étais point préparé à recevoir la visite d'une personne...

JULIE, vivement, et avec la plus grande douceur.

Ah! monsieur de Surgy! je ne viens point me plaindre d'un malheur qu'hélas! je ne pouvais prévoir : ne craignez de ma part aucun reproche.

LE CHEVALIER, étonné, avec amertume.

Des reproches! vous plaindre, vous, Julie! et de quoi?

JULIE.

Vous avez raison; orpheline, pauvre, sans naissance, de quoi me plaindrais-je? J'eus tort de croire à vos serments.

LE CHEVALIER.

Oh! vous avez un tort encore plus grand, c'est celui d'avoir oublié les vôtres.

JULIE.

Les miens!

LE CHEVALIER.

Ici, à cette même place, ne jurâtes-vous pas d'être à moi, de n'être qu'à moi? Le temps, l'absence, disiez-vous, seraient sans influence sur cet engagement; ma mort même ne devait pas le rompre! Eh bien! deux mois se sont à peine écoulés depuis cette promesse, je vis, et vous êtes la femme d'un autre!

JULIE.

Qu'ai-je fait, que suivre vos conseils, que vous obéir?

LE CHEVALIER, étonné.

M'obéir!

JULIE, lui donnant plusieurs lettres.

Tenez, reprenez ces lettres que je vous rapporte.

LE CHEVALIER, les prenant.

Ces lettres!

JULIE.

Leur lecture m'a fait assez de mal.

LE CHEVALIER, lisant les lettres.

Ma signature!... Non, non, Julie, ces lettres ne sont pas de moi; je ne les ai jamais écrites.

JULIE.

Est-ce bien possible? cette écriture...

LE CHEVALIER.

N'est pas la mienne.

JULIE.

Dieu!

LE CHEVALIER.

Vos yeux ont cependant pu s'y tromper; mais votre cœur...

JULIE.

Ah! malheureuse!

LE CHEVALIER.

Je frémis du soupçon. Ces lettres vous ont été remises...

JULIE.

Par M. Goberville.

LE CHEVALIER.

L'infâme !

JULIE.

Au nom de madame la duchesse.

LE CHEVALIER, anéanti.

De ma mère !

JULIE.

Charles, elle savait tout. Elle me peignit votre changement comme un bienfait de la Providence, qui, en m'éclairant sur la légèreté de votre caractère, me préservait d'une union qui aurait fait le malheur de ma vie et le désespoir de votre famille. Votre mère fit plus encore : pour me détacher entièrement de vous, pour me sauver, pour me garantir d'une faiblesse que je ne prenais pas la peine de cacher, elle m'amena à lui promettre de donner ma main...

LE CHEVALIER.

N'achevez pas. Ah ! Julie ! je crois que j'aurais mieux aimé vous trouver coupable; du moins je serais le seul à plaindre. Mais vous êtes innocente, vous avez été abusée, trompée par ceux mêmes qui vous devaient secours et protection. Notre amour effrayait leur orgueil, et cet orgueil a étouffé tous les sentiments de la nature. On m'a calomnié; et vous avez pu croire...

JULIE.

C'était votre mère, ma bienfaitrice.

LE CHEVALIER.

Non, leur perfidie n'a pu briser des nœuds que le temps avait consacrés; elle n'a pu m'enlever votre cœur, me priver d'un bien qui m'appartenait, qui m'appartient encore. Oui,

Julie, en dépit de leurs exécrables ruses, tu n'as pas cessé d'être à moi; viens, fuyons ensemble.

JULIE.

Eh! monsieur Charles, partout où j'irai, je n'en serai pas moins la femme de Gérard.

LE CHEVALIER.

Sa femme!

JULIE.

Gérard est un honnête homme, qui vous respecte, qui vous aime, qui donnerait son sang pour vous. Je ne suis que malheureuse, vous ne voudriez pas me rendre coupable.

LE CHEVALIER.

Coupable, toi! Non, Julie, je respecterai dans la compagne d'un autre celle que j'avais choisie moi-même; mais je ne serai point témoin de son bonheur, je ne vous verrai plus.

JULIE.

Vous songez à nous quitter!

LE CHEVALIER.

Il le faut; je ne saurais plus vivre dans un pays où l'on peut impunément fouler aux pieds l'honneur, la vertu, tous les sentiments généreux, où l'on immole à sa vanité jusqu'au bonheur de son fils. Mais, avant de partir, je veux au moins te rendre un dernier service; je veux rendre à ton frère la liberté qu'on lui a injustement ravie, et après cela, s'il veut me suivre, je l'emmène; il ne me quittera plus, ce sera mon compagnon, mon ami, et à lui du moins, je pourrai parler de toi.

JULIE.

Charles! ah! que je suis malheureuse!

LE CHEVALIER.

On vient; tais-toi : ici il n'est pas même permis de pleurer.

SCÈNE XII.

Les mêmes; LE VICOMTE.

LE VICOMTE.

Madame Gérard, madame la duchesse vous demande.

JULIE.

J'y cours, monsieur. (Bas à Charles.) Mais je vous verrai encore, n'est-il pas vrai?

LE CHEVALIER.

Non, plus jamais.

JULIE, à part, s'essuyant les yeux qu'elle lève au ciel.

Ah! Charles!

(Elle sort.)

LE VICOMTE, à part, la regardant aller.

Le marquis a raison : cette petite femme est charmante; elle mérite bien ce qu'il veut faire pour elle.

LE CHEVALIER.

Vicomte, j'apprends une chose assez singulière : l'homme dont je parlais ce matin au marquis, le frère de Julie, est enrôlé dans le régiment de votre oncle, du marquis de Fouquet.

LE VICOMTE.

Vraiment! c'est fort heureux pour lui.

LE CHEVALIER.

Très-heureux, car j'espère que vous ne me refuserez pas son congé.

LE VICOMTE.

Son congé! y pensez-vous, chevalier? cela fera un superbe grenadier pour la compagnie de Saint-Féréol.

LE CHEVALIER.

Mais cet homme ne s'est point donné volontairement; on a surpris sa signature.

LE VICOMTE.

Quand on aurait employé un peu de ruse, le grand mal! un homme de cinq pieds huit pouces mérite bien qu'on se donne un peu de peine pour l'engager.

LE CHEVALIER.

On l'a arraché à ses occupations, on a détruit son avenir.

LE VICOMTE.

Du tout; avec du zèle, il peut devenir caporal, sergent.

LE CHEVALIER.

Vicomte, très-sérieusement, il me faut le congé de Raymond.

LE VICOMTE.

Eh, mon Dieu! chevalier, vous êtes bien bon de vous occuper de ces gens-là. Qu'ils servent, c'est leur affaire : vous me surprenez toujours avec vos idées de philanthropie, comme ils appellent cela. Je ne sais pas de quel siècle vous êtes, mais ce n'est pas du nôtre. Vous voilà comme le duc de Mirau, le baron du Sausay, le comte de Grand-Maison, qui se font à tout propos les défenseurs d'un tas de pauvres diables.

LE CHEVALIER.

Ne sont-ce pas des hommes comme nous?

LE VICOMTE.

C'est précisément là ce qu'ils disent; mais voilà de ces erreurs que je ne pardonnerais pas même à mon père. Eh, non! mon cher, ce ne sont pas des hommes comme nous; ils sont nés pour tout autre chose. Notre lot, à nous, c'est le plaisir partout où il se trouve; et je voudrais bien savoir ce que nous autres gens de qualité deviendrions avec vos principes : il faudrait donc reculer devant le moindre obstacle, professer, comme vous, un respect ridicule pour le nœud conjugal?

LE CHEVALIER.

C'est qu'aussi, monsieur, rien n'est plus respectable.

LE VICOMTE.

A vos yeux, mais aux nôtres... Dès qu'un mari nous gêne, nous avons toujours des moyens de l'éloigner.

LE CHEVALIER.

Et vous osez l'avouer!

LE VICOMTE.

Est-ce que ce n'est pas juste? Aujourd'hui même, je viens de rendre un service éminent à votre frère. Ce pauvre marquis, il est fou d'une jeune fille que je ne vous nommerai pas. (Riant.) Elle s'est mariée il y a trois jours; un autre se désolerait; mais le marquis est un véritable philosophe, il n'y renonce pas.

LE CHEVALIER.

Il conserverait des espérances?

LE VICOMTE.

Mieux que cela; à l'aide d'un ordre surpris et de quelques agents subalternes, ce soir nous enlevons le mari.

LE CHEVALIER.

Et vous ne craignez pas...

LE VICOMTE.

Qu'il se révolte, qu'il crie à l'injustice? Il se passera deux ou trois mois avant que sa plainte ne parvienne au chancelier, qui ne plaisante pas, lui. Nous avons là quelques mauvais sujets de commis qui nous sont dévoués. Trois mois, ce sera tout juste le temps nécessaire pour que le marquis ne pense plus à la belle; alors rien ne s'opposera plus à la liberté du mari.

LE CHEVALIER.

Vicomte, n'espérez pas que je vous laisse commettre une action aussi infâme... C'est donc pour cela que vous la priviez de son frère, que vous lui ôtiez son défenseur...

LE VICOMTE.

Que voulez-vous dire?

2.

LE CHEVALIER.

Que si quelqu'un s'avise de causer la moindre peine à Julie, c'est à moi, à moi seul qu'il aura affaire.

LE VICOMTE.

Comment! vous saviez...

LE CHEVALIER.

Je prends Gérard sous ma protection.

LE VICOMTE, à demi-voix.

Bon, j'entends, c'est une autre manière... Mais, chevalier, je crains bien que vous n'arriviez trop tard. D'ailleurs, votre frère est l'aîné, et au moment où je vous parle, nos gens sont chez lui à l'attendre.

LE CHEVALIER.

Malheureux!... Quelle horreur! vous m'en rendrez raison!

LE VICOMTE.

Mais écoutez donc.

LE CHEVALIER.

Je n'écoute rien.

(On entend dans la coulisse le bruit de l'orchestre.)

LE VICOMTE.

Le bal commence; entendez-vous cet air nouveau ? la *Camargo*...

LE CHEVALIER.

Eh! que m'importe?

LE VICOMTE.

Il m'importe à moi : les convenances avant tout.

LE CHEVALIER, voulant l'arrêter.

Un mot.

LE VICOMTE.

Impossible; votre mère ne doit rien soupçonner de ce qui se passe; mais après le bal, je suis à vous.

(Il entre dans la salle du bal.)

SCÈNE XIII.

LE CHEVALIER, seul.

La priver de son mari! de son frère! Et voilà la protection qu'on lui accorde! Non, ce double forfait ne s'accomplira pas. Mais où trouver Gérard? et comment le prévenir?

SCÈNE XIV.

LE CHEVALIER, JULIE sortant de chez la duchesse.

LE CHEVALIER.

Ah! c'est vous, Julie! le ciel en soit loué!

JULIE.

Vous qui ne vouliez plus me revoir, qu'avez-vous donc? N'entrez-vous pas dans la salle du bal, où l'on vous attend sans doute?...

LE CHEVALIER, sans l'écouter.

Où est votre mari?

JULIE.

A la caserne de Raymond, où je vais le trouver pour rentrer ensemble chez nous.

LE CHEVALIER.

Gardez-vous-en bien; qu'il n'y retourne jamais, sa liberté est menacée.

JULIE.

O ciel! mon mari!

LE CHEVALIER.

Et ce ne sont point les seuls dangers qui l'attendent. Mais je déjouerai leurs infâmes complots. Que Gérard se cache seulement jusqu'à ce soir.

JULIE.

Mais où lui trouver un asile?

LE CHEVALIER, réfléchissant.

Où? chez M. le duc de Penthièvre. Si ce digne prince était à Paris, l'autorité de son nom, de ses nobles vertus, nous protégerait. N'importe, je vais vous conduire à son hôtel; il est ouvert à tous les infortunés; son homme de confiance vous y recevra. Pendant ce temps, je me procurerai des chevaux. Dans deux heures j'irai vous chercher, et demain vous serez loin de Paris.

JULIE, se jetant dans ses bras.

Ah! comment vous remercier?

LE CHEVALIER.

En me donnant la force de t'oublier. On vient, je les entends; leurs fêtes me poursuivent jusqu'ici. (Se dégageant des bras de Julie.) Julie! Julie! pense à Gérard.

(Julie pousse un cri, s'arrache des bras du chevalier, et se précipite vers la porte à gauche, tandis que celui-ci sort par la porte à droite.)

PENDANT.

DRAME.

Une boutique de perruquier, garnie de ses accessoires, et ornée de gravures de l'époque. Le fond est fermé par un vitrage. A gauche de l'çateur, la porte d'un cabinet et une croisée faisant face au spectateur. A droite, une porte qui conduit à un petit caveau.

SCÈNE PREMIÈRE.

JULIE, à droite, travaillant; de l'autre côté, GÉRARD, achevant de s'habiller devant un miroir.

GÉRARD.
Femme, serre mon gilet et ma carmagnole, et donne-moi mon uniforme; voilà bientôt l'heure.

JULIE.
Tu vas déjà à la section?

GÉRARD.
Il le faut bien, j'y suis de garde.

JULIE.
Quand je ne te vois pas, je tremble toujours.

GÉRARD.
Eh! voilà le mal; il faut du cœur, de la fermeté. Si dans ces jours de terreur, les honnêtes gens se soutenaient, ils seraient les plus forts, car, quoi qu'on en dise, ils sont encore

les plus nombreux; mais ils s'en vont, ou ils se cachent; alors les autres se montrent: c'est tout naturel.

JULIE.

Et toi, qui t'exposes tous les jours!

GÉRARD.

Moins que tu ne crois; ils sont encore plus bêtes que méchants, si c'est possible. Perruquier patriote, mon peigne et mon civisme me donnent accès chez tous leurs gros bonnets. Grâce à mon jargon patriotique, je passe pour un chaud, même aux yeux des plus ardents; ce qui m'a mis en haute estime auprès de nos *Aristides* du faubourg Antoine. Sans qu'ils s'en doutent, je leur ai fait faire plus d'une bonne action dont ils sont innocents, et qui leur comptera peut-être un jour comme s'ils l'avaient faite exprès.

JULIE.

Toi qui sais toutes les nouvelles, en as-tu de la famille Surgy?

GÉRARD.

Tous proscrits, dispersés. Le marquis a émigré, et sans doute dans ce moment, il est à Coblentz.

JULIE.

Et son frère le chevalier? au moins celui-là ne doit avoir rien à craindre. Depuis son retour d'Amérique, il a toujours continué de servir en France : on l'a vu, dans les jours de péril, s'armer pour la défense du trône, et plus tard pour celle de nos frontières, où il a fait des prodiges de valeur, remporté des victoires.

GÉRARD.

Mais dans ces temps-ci, cela ne suffit pas.

JULIE.

Que veux-tu dire? et d'où viennent ces tristes pensées? qu'as-tu donc?

GÉRARD.

Rien.

JULIE.

Aurais-tu encore des soupçons contre lui?

GÉRARD.

Moi! soupçonner notre ami, notre bienfaiteur, celui à qui je dois tout! Et que pourrais-je lui reprocher? de t'avoir aimée? c'est si naturel! moi-même je t'aime comme le premier jour. Dans cette misérable boutique, si peu faite pour toi, quand je suis occupé après une pratique, je m'arrête souvent pour te regarder avec admiration, et, si j'osais, je me mettrais à genoux devant toi; mais un mari, ça serait suspect.

JULIE.

Et de ce temps-ci, il y a du danger à être dans les suspects.

GÉRARD.

Oui, vraiment.

JULIE.

Aussi, et s'il est vrai que tu m'aimes, dis-moi la vérité : il y a quelque chose que tu médites, et que tu me caches.

GÉRARD, embarrassé.

Moi!

JULIE.

Oui; cette nuit, tu t'es levé sans bruit, tu es descendu ici, dans la boutique; je t'ai entendu parler à voix basse avec quelqu'un. Est-ce quelque danger qui nous menace?

GÉRARD.

Non, sans doute.

JULIE.

N'importe, je veux tout savoir; as-tu des secrets pour moi?

GÉRARD.

Non; mais attendons à ce soir : ce soir je te dirai tout, et tu m'approuveras, je l'espère; mais c'est à cause de cela qu'il faut absolument exécuter le projet dont je te parlais l'autre jour.

JULIE.

Quoi ! encore ce divorce ?

GÉRARD.

Il n'y a que cela qui puisse me rassurer. Je connais ta tendresse, tu es sûre de mon amour; rien ne nous empêche de divorcer avec confiance, pour quelques jours seulement.

JULIE.

Tu as beau dire, je ne pourrai jamais m'habituer à cette feinte.

GÉRARD.

Il le faut cependant; il faut prendre garde d'être soupçonné par cette foule d'agents secrets qui circulent dans Paris : tant de gens croient se sauver eux-mêmes en dénonçant les autres, que la délation est à l'ordre du jour.

JULIE.

Oui, des hommes comme ce misérable Goberville.

GÉRARD.

Songe donc que nous sommes presque les seuls du faubourg qui restions unis; ça peut nous faire du tort : si ces coquins-là se doutent que je suis un bon mari et un honnête homme, ils n'auront plus confiance en moi.

JULIE.

Je le crois bien !

GÉRARD.

Cessant d'être initié à leurs conciliabules, je ne saurai plus rien de ce qu'ils projetteront; et dès lors, il me sera impossible de faire prévenir les braves gens de ce qu'on trame contre eux. Et puis, étant étrangers l'un à l'autre... (A part.) si je suis pris, elle ne sera pas compromise.

JULIE.

Que dis-tu ?

GÉRARD.

Je dis que, séparée de moi, tu n'as rien à craindre, on respecte encore les femmes divorcées. Ainsi, c'est décidé, dès ce soir...

JULIE.

Tu le veux?

GÉRARD.

Ce temps-là ne peut pas durer, et dans quelques jours, je t'épouserai en secondes noces. Adieu, ma femme, voilà l'heure qui sonne à l'horloge de la municipalité. Soigne notre ménage, garde notre boutique; je vais garder la nation.

(Il va prendre son fusil à gauche, il embrasse sa femme, et sort.

SCÈNE II.

JULIE, seule.

Ah! voilà un brave homme, qui a déjà rendu service à bien des gens qui le méprisaient jadis, et qui un jour l'oublieront peut-être. N'importe, il a fait son devoir, il a eu raison. Ils sont si malheureux! dépouillés de leurs biens, errants, forcés de fuir, voués à la misère, loin de leur patrie, ou à la mort s'ils osent y rentrer; car j'ai lu ces lois terribles qui poursuivent, non-seulement les proscrits, mais ceux même qui oseraient leur donner asile. Et ce sont des hommes qui ont fait de pareilles lois!... Charles, Charles! où es-tu?... O mon Dieu! pardonnez-moi; ce n'est pas y penser que de trembler pour lui! Mais qu'entends-je? quel est ce bruit? il y a un rassemblement dans la rue.

(Musique, morceau agité.)

SCÈNE III.

JULIE, LE MARQUIS, entrant par la porte de la boutique; puis UN OFFICIER, DES SOLDATS et GÉRARD.

LE MARQUIS.

Qui que vous soyez, sauvez-moi; donnez-moi asile; les entendez-vous? ils me poursuivent.

(Il jette son chapeau.)

JULIE.

Dieu! qu'entends-je! quelle voix! le marquis!

LE MARQUIS.

Julie! ô justice céleste! Eh bien! tant mieux, je n'irai pas plus loin; que mon sort s'accomplisse, livrez-moi!

(Il s'assied sur une chaise auprès de la table à droite.)

JULIE.

Vous livrer! y pensez-vous? Où sont-ils?

LE MARQUIS.

Dans le faubourg.

JULIE.

Notre maison fait le coin, et au moment où vous avez tourné, ils ont dû vous perdre de vue.

LE MARQUIS.

Oui, pour un instant; mais ils vont visiter toutes les maisons de cette rue.

JULIE.

Peut-être. Venez là dans ce cabinet. (Montrant le cabinet à gauche. Le marquis entre dans le cabinet, mais reste un instant sur la porte.) Ciel! j'entends les tambours; ils approchent!

(Morceau de musique avec tambours dans le lointain, et crescendo.)

LE MARQUIS, à la porte du cabinet.

O supplice plus cruel que la mort! Je n'ai pas une goutte de sang dans les veines. Viennent-ils?

JULIE.

Hélas! oui.

LE MARQUIS.

Et pas d'armes pour me défendre!

JULIE.

Cette chambre donne sur la place de l'Égalité; s'ils entrent, fuyez par là. (Le marquis referme la porte.) Sa mort du moins sera différée; et peut-être même, si le ciel le protège... Mais comment lui donner le temps de s'évader? (S'asseyant et prenant son ouvrage.) O mon Dieu! inspirez-moi... Que n'ai-je le sang-froid de Gérard! mon émotion, mon trouble vont me trahir.

(Ici finit le morceau de musique avec crescendo de tambours.)

LE MARQUIS, ouvrant la porte.

La porte de la rue est fermée.

JULIE.

Ah! c'est vrai; mon mari a la clef. (Pâle et tremblante.) Recommandez-vous à Dieu, et moi aussi. (L'orchestre joue l'air du *Muletier*.) Ils approchent, j'entends les soldats, les voici.

(A travers le vitrage du fond, et au-dessus des rideaux, on aperçoit les chapeaux des soldats; on entend sur le pavé le bruit de leurs fusils, qui retentissent. Un commandant de patrouille suivi de quelques hommes entre dans la boutique.)

L'OFFICIER.

Commençons par cette maison-ci.

(Un des soldats s'approche de Julie, qui se met devant la porte du cabinet; un autre va du côté du caveau à droite.)

GÉRARD, entrant.

Que faites-vous donc? ce n'est pas la peine; c'est ma maison, et j'en réponds. Cependant, si vous le voulez, voilà la citoyenne qui vous fera les honneurs.

UN DES HOMMES DE LA PATROUILLE.

Il n'y a rien à craindre; c'est la maison du patriote Gérard.

PLUSIEURS VOIX, dans la rue.

Oui, oui, c'est la maison du patriote Gérard.

GÉRARD, à sa femme.

Adieu, femme. Qu'as-tu donc? est-ce que la présence des citoyens... Ne crains rien. Je suis à toi tout à l'heure; je reviens après la patrouille. (Aux hommes de la patrouille.) Allons, allons, les traînards !

L'OFFICIER.

Un instant, citoyen Gérard, nous allons placer deux sentinelles au coin de la rue, et continuer nos recherches. (A sa troupe.) Marche ! (Ils sortent. On entend l'officier dans la rue à haute voix :) Deux factionnaires au coin de la rue.

(Le tambour reprend, et à mesure que le bruit s'affaiblit graduellement, Julie semble renaître.)

JULIE, ouvrant la porte du cabinet au marquis.

Venez ; nous sommes sauvés, du moins pour le moment.

LE MARQUIS, se jetant dans un fauteuil.

Respirons, je n'en puis plus.

JULIE.

Comment vous trouvez-vous en France, vous qu'on disait émigré?

LE MARQUIS.

Je m'étais réfugié en Suisse. La marquise ma femme m'a fait passer, par un des nôtres, une lettre qui m'a appris que mon fils Alfred, l'unique rejeton des Surgy, était dangereusement malade. A tout prix, j'ai voulu le revoir. J'ai repassé la frontière... Ah ! mon enfant ! comme ils ont arrangé cette pauvre France !

JULIE.

Oui, monsieur.

LE MARQUIS.

Et que de tourments avant de revoir ma famille ! Voyager à pied, moi, le marquis de Surgy ! Tous les soirs des gîtes affreux ! Point de procédés, point d'égards; et à chaque nouveau visage des inquiétudes mortelles ! Enfin, après huit jours d'une marche pénible et forcée, profitant d'un moment de désordre à la barrière Saint-Jacques, j'entre dans Paris. Quel spectacle !

JULIE.

Je le sais mieux que vous. Mais, monsieur le marquis, cela ne peut pas durer.

LE MARQUIS.

Nous en disions autant quand nous sommes partis, et tu vois, ça été d'un train !... On confisque nos biens, on brûle, on démolit nos châteaux ; on proscrit nos personnes. Là-bas nos ressources diminuent, rien ne passe. Ils ont saisi à la frontière des fonds qui nous étaient expédiés : c'est une horreur; et ici c'est encore pis. Après avoir embrassé ma femme et mon fils, j'écris sur-le-champ à Goberville, notre ancien procureur, notre intendant...

JULIE.

Qu'avez-vous fait !

LE MARQUIS.

Pour lui demander un à-compte sur les sommes considérables qu'il a perçues en notre nom. Le drôle me fait répondre qu'il est désolé, mais qu'il n'est plus que le débiteur de la nation.

JULIE.

Lui apprendre que vous êtes à Paris ! quelle imprudence ! lui qui est du comité des recherches !

LE MARQUIS.

Je ne suis plus surpris si, un quart d'heure après sa réponse, les sbires, les alguazils étaient à notre porte ! Obligé de m'évader par une cheminée, de là sur les toits;

enfin, ma chère Julie, sans ton généreux secours, je tombais entre leurs mains, et tu sais le sort qui m'était réservé. Mais quand ton mari, quand Gérard va revenir, y a-t-il sûreté pour moi? car lui aussi a un peu donné là-dedans.

JULIE.

Comme tant d'autres : dans le commencement, il voyait tout en beau, et s'imaginait qu'on ne voulait que notre bonheur à tous.

LE MARQUIS.

Oui, c'étaient là des idées de mon frère le chevalier.

JULIE.

Mais quand il s'est aperçu qu'on gâtait tout ce qui se faisait de bien, que des intrigants, des scélérats travaillaient pour leur propre compte, et faisaient la guerre à tout ce qu'il y avait en France de grand, d'honnête, de riche, oh! alors...

LE MARQUIS.

Tu crois donc qu'on peut se fier à lui? qu'il n'a point, comme tant d'autres, oublié ses anciens maîtres?

JULIE.

Il n'a oublié que le mal qu'on lui a fait.

LE MARQUIS.

Ah! oui, je comprends... Et mon frère, où est-il en ce moment?

JULIE.

A l'armée du Nord. Nous lui écrirons, et j'espère que son crédit pourra vous sauver.

LE MARQUIS.

Oui, oui, j'accepterai pour ma femme, pour mon fils; car, si ce n'était que pour moi!... et ce pauvre vicomte de la Morlière, mon ancien ami?...

JULIE.

Vous savez bien qu'avant nos désastres, il était parti pour

rejoindre l'expédition de M. le capitaine de La Peyrouse.

LE MARQUIS.

C'est vrai, je n'y pensais plus. Et l'on n'a pas eu de ses nouvelles?

JULIE.

Non, monsieur, je ne crois pas. Mais taisez-vous; j'entends chanter dans la rue. C'est mon mari qui revient.

LE MARQUIS, regardant à travers les carreaux.

Eh! mais, il n'est pas seul!

JULIE.

Il est avec Morin, le cordonnier du coin, maintenant le citoyen Caracalla, qui dernièrement a été nommé municipal.

LE MARQUIS.

Un municipal!

JULIE.

Celui-là du moins n'est qu'une bête. Mais jusqu'à son départ, cachez-vous toujours, c'est le plus prudent.

(Le marquis rentre dans le cabinet.)

SCÈNE IV.

CARACALLA, GÉRARD, JULIE.

GÉRARD, posant son fusil.

Encore une faction dans le sac à poudre! M'en voilà délivré, (A part.) et grâce au ciel nous n'avons trouvé personne. (Haut) Ma femme, un peignoir blanc; c'est le citoyen Caracalla qui vient se faire donner un coup de peigne.

CARACALLA.

J'étais là z'à regarder ces deux factionnaires qui sont au coin de la rue, et quasiment devant ta porte. Ils ne laissent passer personne; mais moi, c'est différent, ils m'ont porté les armes, parce qu'un municipal ça passe partout, ça vat à tout. (Il donne son gilet à Julie. Julie prend le gilet et le place sur une table.) Merci, citoyenne. (Julie lui présente un peignoir.) Dis donc, Gérard, es-tu z'à l'ordre du jour? sais-tu le nouveau décret?

GÉRARD.
Lequel?

CARACALLA.
Il est z'enjoint aux citoyens de se tutoyer, sous peine d'être suspects, comme adulateurs. Quelle belle idée! comme c'est patriotique!

JULIE, lui passant le peignoir.
Comment, les hommes tutoieront les femmes? les enfants tutoieront les vieillards?

CARACALLA.
Les prérogatives de la nature.

JULIE.
Et que deviendront le respect, la politesse?

CARACALLA.
Supprimés par décret du 10 brumaire.

JULIE.
Mais comment feront, par exemple, vos domestiques?

CARACALLA.
D'abord, citoyenne, la nation ne reconnaît pas de domestiques. Attache-moi cela. (Montrant les cordons du peignoir.) Elle ne reconnaît que des égaux et des perturbateurs. (Pendant ce temps, Gérard va et vient d'un côté et d'autre dans la boutique, et prépare tout ce qui lui est nécessaire pour accommoder Caracalla.) Si tu étais t'à la tête des choses, tu saurais que les domestiques peuvent pas exister, sans qu'il y ait de ces êtres dégracés par la fortune, qu'on appelait z'autrefois des ci-devant maîtres; et la nation n'en reconnaîtra jamais, c'est invincible.

GÉRARD, à Caracalla, le faisant asseoir.

Mets-toi là.

JULIE.

Elle aurait pourtant bien besoin d'un maître, la nation; et vous autres aussi.
(Elle passe à droite et s'assied sur le bras d'un fauteuil, regardant toujours Caracalla.)

GÉRARD.

Y penses-tu? au lieu d'un nous en avons vingt-cinq ou trente mille, qui ne nous coûtent rien de façon.

CARACALLA, assis.

C'est juste.

GÉRARD, peignant Caracalla.

Quel beau gouvernement que celui où l'on a toujours des fonctionnaires sous la main, des municipaux qu'on va prendre au pétrin du boulanger, ou dans l'échoppe du savetier!

CARACALLA.

Certainement. (Il se lève et d'un ton déclamateur.) Quand le peuple romain avait besoin d'un général, il allait dans les champs, et il prenait z'un cultivateur. A propos de citoyen romain, encore un sacrifice à la patrie. (Montrant sa queue.) Coupe-moi ça.

GÉRARD.

Comment! tu veux...

CARACALLA, se rasseyant.

Les municipal, c'est censément comme des sénateurs romains; il faut qu'ils soient z'à la Titus. Fameux citoyen, que le citoyen Titus. A propos de queue, je t'ai vu passer tantôt z'avec la patrouille; et toi, qui ordinairement va z'en tête, tu étais dans les traînards.

GÉRARD, tout en le coiffant.

Que veux-tu, citoyen municipal, c'est que les derniers souliers que tu m'as faits me gênaient un peu.

3.

CARACALLA.

C'est possible; depuis que j'ai t'été nommé municipal, je néglige l'escarpin. Je ne fais plus de souliers, je fais des motions.

GÉRARD.

Aux cordeliers?

CARACALLA.

Non, c'est des patriotes à l'eau rose; je vas t'à une autre société; tous purs montagnards dans celle-là. Et si la citoyenne m'entendait quand je suis t'à la tribune...

JULIE.

Je me demande toujours où vous avez appris l'éloquence

CARACALLA, se levant.

Quand un citoyen z'actif a des principes solides, (Gérard le fait asseoir.) il a beau ne rien savoir, il est propre à tout. (Il se relève.) Voilà le résumé des droits de l'homme.

GÉRARD, le faisant asseoir.

Il a raison; un bon citoyen n'a pas besoin d'étudier! Il se suffit à lui-même.

CARACALLA.

Celui-là me comprend; c'est pour cela que nous abattons tous ces monuments du despotique : la porte Denis, la porte Martin, et un tas d'estatues et de palais, et des hôtels qui vexent le peuple. (Il se lève et va à Julie.) Raisonnons. A supposer que les places, comme tu voudrais l'inculquer, soient z'à la participation de ce que tu appelles des connaisseurs, des savants; hein... qu'arrive-t-il?

JULIE.

Vous ne seriez pas en place.

CARACALLA.

Oui, mais nous retombons dans la féodalité, et les accapareurs... voilà. Ainsi, citoyenne, je t'invoque à plus de... je t'y invoque. (A Gérard.) Tu as donc fini; ça fait...

GÉRARD.

Un assignat de cinq cents francs.

CARACALLA.

C'est z'un peu cher; on a eu tort de ne pas comprendre la coupe des cheveux dans le *maximum*.

JULIE.

Il n'aurait plus manqué que cela, après avoir supprimé la coiffure et la poudre!

CARACALLA.

Citoyenne, tu es t'égoïste, la révolution n'a pas été faite pour les perruquiers; et tout de même, citoyenne, toi qui ne l'aimes pas la révolution, tu en uses. Gérard m'a tout raconté, tu es bien aise de la trouver, pour divorcer, cette pauvre révolution.

JULIE.

Moi!

CARACALLA.

C'est singulier, comme cette loi du divorce a du succès dans les ménages; les citoyennes en sont folles; c'est une loi pour les femmes. Ces coquins de législateurs, ça pense à tout. (A Gérard.) Ah çà! c'est toujours pour ce soir, et les témoins?

GÉRARD.

Toi, le pâtissier Manlius, et les deux premiers citoyens venus.

CARACALLA.

Ma foi, tu as aussi bien fait! A présent, on peut tout dire. Gérard, tu as déjà z'un remplaçant.

GÉRARD.

Moi!

JULIE.

Qu'est-ce que cela signifie?

CARACALLA.

Citoyenne, tu n'as pas la parole. (A Gérard.) J'ai rencontré ce matin la citoyenne Cornélie, la rempailleuse, une des plus intrépides tricoteuses de la section; elle a vu, hier soir à la brune, un galantin, un muscadin, tranchons le mot, z'un ndividu qui se glissait par la fenêtre basse dans la chambre de ta femme.

GÉRARD, à part.

On l'a vu!

CARACALLA.

Et comme il n'est pas sorti, faut croire qu'il y est encore, et la preuve (Montrant le chapeau que le marquis a jeté en entrant.) voilà z'un chapeau rond qui est le sien, car toi z'et moi, n'en portons pas.

JULIE, à part.

O ciel!

GÉRARD.

Tu oserais soupçonner ma femme!

CARACALLA.

Puisqu'elle ne va plus l'être! Seulement, elle a z'un peu anticipé, et voilà tout.

(On frappe à la porte du cabinet à gauche.)

GÉRARD.

On frappe à cette porte qui donne sur la place de l'Égalité. Femme, va ouvrir.

JULIE, embarrassée.

Oui, oui, mon ami; oui, j'y vais.

CARACALLA, prenant son bonnet.

Va donc, citoyenne; et moi, j'ai le temps d'aller z'écouter les papiers chez Cassius le limonadier. (Donnant une poignée de main à Gérard.) Salut et fraternité!

(Il sort en chantant.)

GÉRARD.

Eh bien, femme! tu n'entends pas?

JULIE.

Oui, mon ami, c'est toi qui as la clef.

GÉRARD.

C'est juste. (Il ouvre la porte du cabinet et voit le marquis.) Dieu! le marquis!

SCÈNE V.

GÉRARD, LE MARQUIS, JULIE.

LE MARQUIS, entrant.

Moi-même; je suis perdu, car celui qui frappe à cette porte, c'est notre ancien intendant, c'est Goberville; j'ai entendu sa voix.

GÉRARD, montrant la rue.

Et Dieu sait s'il vous connaît! Fuyez pendant que je vais ouvrir.

JULIE.

Et les deux factionnaires qui ne laissent sortir personne de la rue. Plutôt dans le caveau.

GÉRARD.

Non; j'ai là un trésor trop précieux pour l'exposer.

LE MARQUIS.

Adieu, mes amis; laissez-moi partir.

GÉRARD.

Partir! (A Julie.) Voilà la clef, femme, va ouvrir. (Au marquis.) Campez-vous là. Du sang-froid et de la présence d'esprit.

(Pendant que Julie est allée ouvrir, Gérard fait placer le marquis dans un fauteuil près de la table à droite, prend le plat à barbe; lui barbouille toute la figure d'écume de savon, et s'apprête à le raser.)

SCÈNE VI.

Les mêmes ; GOBERVLLE.

(Le marquis est sur le fauteuil à droite ; Gérard est occupé à le raser. Julie s'est assise auprès de la table à gauche. Goberville est entre Julie et Gérard.)

GOBERVILLE.

On entre donc ! ce n'est pas sans peine. Il me semble, citoyen Solon, que tu laisses bien longtemps les patriotes à la porte.

GÉRARD.

Je t'ai bien entendu, citoyen Sénèque ; mais ma femme, qui est malade et souffrante, n'était pas là, et je tenais une pratique que je ne pouvais pas quitter. D'ailleurs, tu pouvais bien faire le tour et entrer par ma boutique, qui est toujours ouverte à tout le monde.

GOBERVILLE.

C'était mon chemin par là ; je viens de l'ancien hôtel Surgy, dont la vente est affichée. Comme j'ai besoin de toi, je viens te prendre, pour t'y emmener.

GÉRARD.

Impossible ; je suis de garde. J'ai à sept heures une seconde faction ; mais après, tant que tu voudras. (s'approchant de Goberville et lui parlant à voix basse.) Est-ce que tu as des vues sur ce bâtiment ?

GOBERVILLE.

Il faut bien placer ses assignats ! D'ailleurs, je n'achète que pour démolir. (Le marquis fait un mouvement.) Qu'est-ce qu'il a donc, le citoyen ?

GÉRARD.

Tu peux parler ; c'est un citoyen de la république batave,

qui n'entend pas le français; un ostrogoth de Hollandais qui vient changer ses fromages contre des assignats.

GOBERVILLE.

L'imbécile ! On dit que les Surgy ont caché de l'argent là-dedans avant de partir; et, comme membre du comité des recherches, je viens, au nom de la nation, te requérir de m'aider dans l'exercice de mes fonctions, comme connaissant les êtres de la maison.

GÉRARD.

Pas beaucoup; mais ma femme, qui y a été élevée, viendra avec nous, et nous aidera à découvrir le trésor. (Au marquis.) Mais tiens-toi donc, citoyen, (Repassant le rasoir.) et n'aie pas peur. (A Sénèque.) Bien entendu que nous partagerons également en frères.

GOBERVILLE.

C'est juste, fraternité.

GÉRARD.

Et égalité. Et n'y a-t-il pas des risques dans cette affaire-là? Si les Surgy revenaient?...

GOBERVILLE.

Impossible, la loi est formelle; peine de mort. Dans quelques jours, il n'y aura plus de Surgy en France.

JULIE, se levant et s'approchant de Goberville.

Et le général, qui est un bon citoyen?

GOBERVILLE.

Le général! le général!... Ce n'est pas si difficile d'être général dans ce temps-ci. Il y en a des milliers dans les armées. Et, parce que celui-ci a gagné des batailles, qu'il a rossé les Autrichiens, tu crois qu'il servait la patrie? c'était un agent de *Pitt* et de *Cobourg*. Il soudoyait les émigrés, les ennemis de la nation. N'avait-il pas l'infamie d'envoyer de l'argent à sa famille?

GÉRARD.

Je m'en doutais depuis longtemps; il a toujours été un enragé de modéré.

JULIE.

Vous lui reprocheriez de secourir son père!

GOBERVILLE.

Est-ce que Brutus avait un père! c'est tout au plus s'il avait des fils; et encore avec lui, ça ne durait pas longtemps. Au surplus, nous l'avons mandé à la barre; il n'a pas comparu... hors la loi, et me voilà tranquille. (Julie se laisse tomber sur le fauteuil, presque évanouie.) Eh bien! qu'a donc ta femme? Je crois qu'elle se trouve mal.

GÉRARD, courant à elle.

Julie! il serait possible! Non, elle revient. Je t'avais bien dit qu'elle était malade et souffrante.

GOBERVILLE.

Allons, allons, je te laisse achever ton ouvrage. A ce soir, à neuf heures et demie. (Il va jusqu'à la porte, le marquis se lève; mais entendant Goberville qui revient, il se rassied.) Mais à cette heure-là, ta boutique sera fermée?

GÉRARD.

Tu entreras par la place de l'Égalité.

GOBERVILLE.

Et si tu n'es pas encore rentré, si la citoyenne est malade?

GÉRARD, à part.

Il ne partira pas!

GOBERVILLE.

Je ne me soucie pas d'attendre dans la rue. Donne-moi ta clef.

GÉRARD.

Ma clef?

GOBERVILLE.

Est-ce que ça t'effraie? est-ce qu'on ne peut pas entrer à toute heure dans le domicile d'un bon patriote?

GÉRARD.

Et que veux-tu qu'on me prenne? Femme, donne la clef.

(Julie donne la clef à Goberville.)

GOBERVILLE.

A la bonne heure! Je savais bien que le citoyen Solon Gérard était la crème de la section, et je plaindrais un ci-devant qui tomberait entre ses mains.

(Le marquis fait un mouvement.)

GÉRARD.

Tiens-toi donc, citoyen, tu vas te faire couper.

GOBERVILLE.

Allons, à ce soir.

(Il sort.)

SCÈNE VII.

LES MÊMES; excepté Goberville. Puis LE CHEVALIER.

GÉRARD.

Enfin, il s'éloigne.

JULIE.

Charles! ils l'ont condamné, il n'est plus!

GÉRARD.

Rassure-toi; il avait des amis qui l'ont prévenu à temps.

LE MARQUIS.

Mon frère; qui a pu le sauver?

GÉRARD.

Celui que tout à l'heure vous soupçonniez vous-même.

LE MARQUIS.

Moi!

GÉRARD.

Oui, vous m'avez cru capable de vous trahir; par bonheur, il est ici quelqu'un qui peut vous répondre et me justifier.

(Musique peignant l'inquiétude, et finissant par un forté.)

LE MARQUIS et JULIE.

Que dit-il?

GÉRARD, allant à la porte du caveau, et appelant.

Venez, général, ne craignez rien.

JULIE, tombant dans un fauteuil.

Ah! c'est lui!

LE GÉNÉRAL, qui est sorti du caveau, regarde autour de lui, et aperçoit le marquis... ils se jettent dans les bras l'un de l'autre.

Mon frère! (Se retournant vers Gérard et Julie.) Mes amis, mes bienfaiteurs, comment m'acquitter jamais? Je vous dois la vie, et le plus grand bonheur que j'aie goûté depuis longtemps. Je retrouve mon frère.

JULIE.

Quoi! c'est vous qui depuis hier soir...

GÉRARD.

Oui, voilà mon secret; je ne voulais pas te faire partager les dangers auxquels il m'exposait. Et puis, te le dirai-je? en vous sachant sous le même toit, j'éprouvais là...

JULIE, lui mettant la main sur la bouche.

Tais-toi, tais-toi; demande au général lui-même s'il est quelqu'un au monde qui plus que toi mérite mon amour.

LE GÉNÉRAL.

Oui, tu en étais digne. (Lui tendant la main ainsi que le marquis.) Viens, notre ami; viens, notre frère.

LE MARQUIS, lui tendant les bras.

Oui, notre frère.

GÉRARD, essuyant ses yeux.

Allons, allons, voilà qui est bien ; mais le temps presse, les mêmes dangers vous menacent. Est-il vrai, avant tout, que l'hôtel de Surgy contient une partie de vos richesses ?

LE MARQUIS.

Un peu d'or et quelques diamants, dans la chambre de ma mère, derrière le second panneau à droite.

GÉRARD.

J'y cours avant le citoyen Sénèque ; ensuite, et comme maintenant votre séjour à Paris est connu de quelques misérables, il faut en repartir sur-le-champ. Avez-vous un passeport ?

LE GÉNÉRAL.

Celui que tu m'as donné, et qui est loin d'être en règle.

LE MARQUIS.

Et moi, celui de mon domestique.

GÉRARD.

C'est bien ; mais cela ne suffit pas, il faut encore, pour sortir de Paris, la permission d'un municipal. (Prenant les deux papiers.) Je m'en charge ; je vais au district, à la municipalité. (Il revient et se place auprès de Julie, à qui il dit :) Pourvu qu'il soit encore temps ; car, si cette nuit ils n'ont pas quitté Paris, demain je ne réponds pas d'eux.

LE MARQUIS.

Que dis-tu ?

GÉRARD.

Rien. (A Julie.) Allons, femme, voilà près de huit heures et demie, on peut fermer la boutique sans être suspect ; allume la lampe, la chandelle, et puisque nous sommes assez heureux pour les recevoir, fais-leur les honneurs de la maison. Adieu, patientez jusqu'à mon retour. (Gérard sort, on entend à haute voix, en dehors.) Qui vive ? qui va là ?

GÉRARD.

N'aie pas peur, patrouille, c'est moi; je peux bien sortir de ma maison.

SCÈNE VIII.

LE MARQUIS, LE GÉNÉRAL; JULIE, qui allume la lampe et la chandelle.

LE MARQUIS.

Il paraît que les factionnaires sont toujours là.

LE GÉNÉRAL.

Ah! Julie!

JULIE.

Laissez-moi fermer cette boutique; car je craindrais qu'à travers les vitraux, on ne vous aperçût.

LE GÉNÉRAL.

Nous allons t'aider.

JULIE.

Non, non, causez ensemble, vous devez en avoir besoin.

LE MARQUIS, prenant la main de son frère.

Si tu savais tout ce que j'ai souffert loin de toi!

LE GÉNÉRAL.

Nous nous revoyons enfin.

LE MARQUIS.

Mais dans quel temps! Voilà donc, mon cher, où nous ont conduits ces idées de changement dont tu étais enthousiaste!

LE GÉNÉRAL.

Ah! ne confonds point la liberté avec les excès que l'on commet en son nom. La liberté, comme nous l'entendions, est amie de l'ordre et des devoirs; elle protège tous les droits. Elle veut des lois, des institutions, et non des échafauds.

LE MARQUIS.

Hélas! à quoi t'ont servi ton courage et la sagesse de tes opinions? tu es dénoncé, réduit comme moi à te cacher après avoir versé ton sang pour eux.

LE GÉNÉRAL.

Non pour eux, mais pour la France ; et ce qu'on fait pour son pays, on ne le regrette jamais. L'honneur de notre patrie s'était réfugié aux armées, je l'y ai suivi. J'ai fait un peu de bien ; j'ai empêché beaucoup de mal ; et, si j'avais encore à choisir, je suivrais la même route.

UNE VOIX, dans la rue.

Voilà la grande conspiration découverte par le Comité de salut public !

LE GÉNÉRAL.

Encore quelques nouvelles victimes.

LE MARQUIS.

Ceux qui n'ont point respecté les vertus de Malesherbes, les talents de Lavoisier, la jeunesse de Barnave, reculeront-ils devant un crime de plus ?

LE GÉNÉRAL.

Les honnêtes gens se lasseront de n'avoir que le courage de mourir. La France se réveillera plus forte et plus unie, car le malheur rapproche tous les rangs, toutes les opinions, et déjà, tu le vois, nous, jadis divisés, nous nous entendons enfin, et nous nous aimons plus que jamais.

LE MARQUIS, se jetant dans ses bras.

Ah ! tu dis vrai !

(En ce moment, Julie a fermé tout le fond de la boutique avec des volets. Il ne reste plus que la porte du fond qu'elle va fermer également lorsque Caracalla se présente, et entre brusquement.)

SCÈNE IX.
Les mêmes; CARACALLA.

CARACALLA, apercevant les deux frères qui s'embrassent.

Bravo, citoyens! l'accolade fraternelle.

LE MARQUIS, à part.

Ciel!

CARACALLA.

Ne vous dérangez pas.

LE MARQUIS, à part.

Nous sommes perdus.

CARACALLA.

Les citoyens viennent pour le divorce de Gérard?

JULIE.

Précisément. Nous attendons qu'il soit rentré.

CARACALLA.

Ma foi, citoyens, savez-vous que la patrie a bien du bonheur? voici la quatorzième fois qu'on la sauve ce mois-ci, et nous ne sommes t'encore qu'au 17.

(Pendant ce temps, Julie a fermé la porte, s'assied, et travaille, tout en prenant part à la scène.)

LE GÉNÉRAL, à son frère.

Ce n'est qu'un imbécile.

CARACALLA.

Vous avez entendu le colporteur?

LE GÉNÉRAL.

Oui, oui.

CARACALLA.

J'ai là les détails. (Il montre le papier au général.) Quand on est fonctionnaire, il faut s'instruire, soi et les autres. J'ai mon fils Cicéron, un enfant de sept ans, qui me tient au courant des conspirations. C'en est z'encore une que l'on a découverte dans la journée ; je ne sais pas où ils vont les chercher, au comité de salut public, mais ils en découvrent z'une tous les matins. (Offrant le papier au général.) Si ça peut vous distraire...

LE GÉNÉRAL.

Oui, je ne serais pas fâché...

CARACALLA, au général.

Voilà le papier. (Au marquis.) Citoyen, sans te commander, approche le chandelier.

(Le marquis tient le flambeau, le général lit.)

LE GÉNÉRAL.

« Décret du comité de salut public, qui met hors la loi
« les individus ci-après dénommés, comme atteints et con-
« vaincus d'avoir conspiré le renversement de la chose
« publique. »

CARACALLA.

Les noms ! les noms !

LE GÉNÉRAL.

« Le ci-devant comte d'Orgeval, le ci-devant duc de
« Surgy... »

LE MARQUIS, à part, avec douleur.

Mon père !

LE GÉNÉRAL, plus fort.

« Le commandeur de Surgy, le ci-devant marquis de
« Surgy. »

(Mouvement.)

CARACALLA.

Il y en a encore d'autres.

LE GÉNÉRAL, plus fort.

« L'ex-général Surgy. »

(Les deux frères se prennent la main.)

SCÈNE X.

Les mêmes; GÉRARD.

GÉRARD.

Eh! que diable faites-vous là, tous les trois? vous avez l'air d'un rassemblement.

CARACALLA.

Nous nous amusions à lire la liste des traîtres mis hors la loi par le comité.

GÉRARD.

Bah! ça court les rues; mais les uns sont hors du territoire, et les autres échapperont encore probablement.

CARACALLA.

C'est ce que nous verrons. (Au général.) Achève-moi cela. (Ils achèvent tous trois de lire la liste à demi-voix auprès de la table à gauche; pendant ce temps, Julie, qui est au coin du théâtre à droite, s'approche de Gérard.)

JULIE, à voix basse.

Quelles nouvelles?

GÉRARD, de même.

Mauvaises. On se doute que les deux frères sont dans Paris; des espions sont envoyés aux messageries, aux barrières, et les municipaux ne veulent délivrer de permis qu'aux personnes elles-mêmes. C'est un arrêté qu'ils viennent de prendre ce soir.

JULIE, montrant Caracalla.

Celui-là était-il au district?

GÉRARD, de même.

Non.

JULIE, de même.

Il l'ignore peut-être?

GÉRARD, de même.

Tu as raison.

CARACALLA, au marquis et au général.

C'est bon, c'est bon; rendez-moi cette liste. Il y en a quelques-uns là dedans dont je suis sûr, et qui ne m'échapperont pas.

GÉRARD, passant entre les deux frères.

Bah! avec de l'or... (Leur donnant à chacun une bourse et à voix basse.) Voilà ce que j'ai trouvé; (Haut.) et ces gens-là en ont.

CARACALLA.

L'or n'y fait rien; au contraire, c'est cela qui les fera pincer. Les Surgy, par exemple, c'est moi qui suis chargé de les arrêter; et avant ce soir, ils seront coffrés.

LE GÉNÉRAL, riant.

Bah! et comment cela?

GÉRARD.

Tu sais donc où ils sont?

CARACALLA.

J'en ai z'une idée.

GÉRARD.

Ce diable de Caracalla en a toujours.

CARACALLA, entre Gérard et le général.

On a dit ce matin z'au district qu'il y avait des monceaux d'or et d'argent cachés dans les murs de leur hôtel; bon, me suis-je dit z'à part moi, c'est z'un renseignement; si l'émigré z'est à Paris... (Au marquis.) écoute ça, citoyen, il ira rendre une visite domiciliaire à son hôtel, pour à cette fin de faire du tort à la nation, en lui prenant ses écus.

GÉRARD.

C'est sûr.

CARACALLA.

Alors, j'ai z'envoyé deux z'émisphères en faction pour

surveiller les individus qui entre ou qui sort, et si un des ci-devant se présente, pincé, et incarcéré; c'est là de la malice et de l'esprit!

GÉRARD.

C'est drôle, ça me fait l'effet d'une bêtise.

CARACALLA.

Une bêtise, citoyen, une bêtise d'arrêter les Surgy!

GÉRARD.

Sans doute; il vaudrait mieux arrêter leur trésor.

CARACALLA, surpris.

Ah, diable! c'est vrai! c'est z'une autre idée ; (Bas à Gérard.) mais le moyen?

GÉRARD, de même.

J'en ai un; je sais où est le trésor; et, si tu veux m'aider, au nom de la nation...

CARACALLA.

C'est dit; partons vite.

GÉRARD.

Un instant, il faut d'abord nous débarrasser de ces deux-là qui voudraient partager, et du citoyen Sénèque qui viendra tantôt pour le même objet.

CARACALLA.

Ce coquin de Sénèque, il n'haït pas les richesses; ce sera difficile.

GÉRARD.

Je m'en charge; mais pour ceux-là, ça te regarde.

CARACALLA.

Comment cela?

GÉRARD, à haute voix.

Quand la patrie est en danger, comme cela lui est encore arrivé ce matin, il faut que les bons citoyens se rendent à leur poste.

CARACALLA.

Oui, il faut que tous les bons patriotes se rendent z'à leur poste.

GÉRARD.

Et voilà le citoyen Thomas, un oncle de ma femme, et mon cousin Girardot, qui est en congé et qui va rejoindre, qui voudraient quitter Paris ce soir.

CARACALLA.

N'est-ce que cela?

GÉRARD.

Il faut donc, comme municipal, que tu leur signes un permis.

CARACALLA, les regardant.

Un permis à eux? impossible.

JULIE, à part.

O ciel!

GÉRARD.

Tu refuses un patriote, moi, Gérard, qui suis leur caution?

CARACALLA.

Je ne peux pas faire z'autrement sans me compromettre.

JULIE.

Refuser de signer!

CARACALLA.

J'ai z'une raison invulnérable.

JULIE et GÉRARD.

Et laquelle?

CARACALLA, à demi-voix.

C'est... c'est que je ne sais pas t'écrire, vous le savez bien, et vous compromettez là un municipal. (Haut.) Tout ce que je peux faire pour les citoyens, c'est de les prendre sous le bras, et de les conduire où ils voudront aller.

GÉRARD.

Cela vaut encore mieux : à la messagerie nationale qui part ce soir.

CARACALLA.

C'est à deux pas.

GÉRARD.

Mais tu m'en réponds.

CARACALLA.

Je ne les quitterai pas que la voiture ne soit partie, et je viens te rejoindre.

GÉRARD.

Ici même, où je t'attendrai.

CARACALLA.

En route! Avec ma protection, vous iriez t'en enfer sans passeport.

(Il prend le général et le marquis sous le bras et ils vont sortir par la porte du fond. On entend à droite le bruit d'une clef dans une serrure.)

LE MARQUIS.

Qui vient là?

JULIE, effrayée.

C'est Goberville qui avait la clef.

GÉRARD.

C'est Sénèque.

CARACALLA, quittant le bras des deux frères.

Je vais lui parler.

GÉRARD, vivement.

Au contraire, qu'il ne te voie pas chez moi.

CARACALLA.

C'est juste.

GÉRARD, fermant vivement la porte que Goberville vient d'entr'ouvrir.

Un instant, citoyen, on n'entre pas.

GOBERVILLE, par la fenêtre vitrée qui donne en face du spectateur.

Je viens te prendre avec la citoyenne.

GÉRARD.

Elle achève sa toilette. (A Caracalla et aux deux frères.) Partez.

JULIE, à part.

Et que Dieu les protége!

(Julie a ouvert la porte du fond, Caracalla sort en tenant les deux frères, pendant que Gérard les suit des yeux en tenant toujours fermée la porte du cabinet, où l'on voit Goberville.)

APRÈS.

VAUDEVILLE.

Un magnifique salon de l'hôtel du général comte de Surgy. Une table à droite de l'acteur.

SCÈNE PREMIÈRE.

DERNEVAL, MORIN.

MORIN.

C'est vous, monsieur Derneval, qui frappez de si bonne heure à la porte de l'hôtel?

DERNEVAL.

Oui, j'apportais à madame la comtesse et à sa fille cette romance d'Othello, qu'elles avaient désirée hier soir. Ces dames sont-elles visibles?

MORIN.

Point z'encore.

DERNEVAL.

Et le général?

MORIN.

Monsieur le comte de Surgy? il est dans son cabinet. Voulez-vous lui parler?

DERNEVAL.

Oui, sans doute. C'est-à-dire, non; il pourrait croire... Remets-lui seulement ces papiers.

MORIN.

C'est pour son procès ?

DERNEVAL.

Justement.

MORIN.

Une belle affaire, qui vous a fait z'honneur : je m'y connais, parce qu'un avocat, c'est censément z'un orateur, et que je l'ai z'été autrefois.

DERNEVAL.

Toi, Morin ?

MORIN.

Oui, monsieur.

AIR du vaudeville de Oui et Non.

Instruit ou non, ça n'y fait rien,
On est z'orateur de naissance ;
Et l'on vous comprend toujours bien
Quand on parle avec z'éloquence.
Pour l'orthographe, j'm'en passais,
Car ell' m'a toujours t'nu rancune,
Et l'on peut être bon Français
Sans le parler z'à la tribune.

Mais ce que je vous en dis là, c'était dans les temps. Vous êtes trop jeune, monsieur Derneval, pour avoir vu ces temps-là, et vous ne savez pas tout ce que les honnêtes gens t'ont souffert, quand on a, comme moi, tout perdu z'à la révolution ; qu'on a z'été compromis pour avoir sauvé des nobles, pour avoir fait z'évader une famille entière.

DERNEVAL.

Vraiment ! Ce brave Morin !

MORIN.

Et c'est en mémoire d'un service pareil, que j'ai t'autrefois rendu z'involontairement au général et à son frère, qu'il m'a nommé depuis concierge de son hôtel ; ce qui est toujours plus sûr que les honneurs et l'administration publique, surtout quand on n'est pas né dans la partie; et puis, il y a des profits t'au jour de l'an, à la fête de monsieur et de madame, et dans les solennités de famille, et j'espère que nous allons t'en avoir une. Un mariage.

DERNEVAL.

Que me dis-tu là! quoi! mademoiselle de Surgy...

MORIN.

C'est un secret; mais il n'y en a pas pour les portiers. Mam'zelle va z'épouser M. Alfred, son cousin, le fils de l'ancien marquis, ce jeune pair de France, qui est si aimable.

DERNEVAL, à part.

Il est donc vrai!

MORIN.

On l'attend même c'matin z'à déjeuner, et je parierais que c'est pour terminer z'invariablement.

DERNEVAL, à part.

Ah! il n'y a plus à hésiter; (Il se met à la table, et écrit.) il en arrivera ce qu'il pourra.

MORIN.

Que faites-vous donc?

DERNEVAL, écrivant toujours.

Rien. Puisque M. Alfred va venir dans l'instant, j'ai un service à te demander.

AIR de la valse des *Comédiens*.

Pourras-tu bien remplir avec mystère
La mission dont je vais te charger?

MORIN.

Avec plaisir : lorsque l'on fut confrère,
C'est bien le moins qu'on puisse s'obliger.

DERNEVAL, se levant.

Remets-lui donc...

MORIN.
Parlez, que faut-il faire?

DERNEVAL.
Ce seul billet.

MORIN.
C'est aisé; de grand cœur.
Et puis après?

DERNEVAL.
Ne rien dire et te taire.

MORIN.
C'est moins aisé quand on est z'orateur.

Ensemble.

DERNEVAL.
Mais c'est égal, lorsque l'on fut confrère,
C'est bien le moins qu'on puisse s'obliger;
Et tu sauras remplir avec mystère
La mission dont je veux te charger.

MORIN.
Mais c'est égal, lorsque l'on fut confrère,
C'est bien le moins qu'on puisse s'obliger;
Et je saurai remplir avec mystère
La mission dont on veut me charger.

DERNEVAL.
On sonne; c'est le général. Adieu.

(Il sort par le fond.)

SCÈNE II.

MORIN, LE GÉNÉRAL, sortant de l'appartement à droite.

LE GÉNÉRAL.
Eh bien, Morin! et mes lettres, et mes journaux?

MORIN.

Voici d'abord les papiers que vient de me remettre M. Derneval.

LE GÉNÉRAL.

Pourquoi n'est-il pas entré? Un brave jeune homme, un homme de talent, qui a plaidé pour moi deux ou trois causes importantes, un ami de la maison, que j'ai toujours du plaisir à voir.

MORIN.

AIR : Qu'il est flatteur d'épouser celle. (Le Jaloux malade.)

Voilà vos journaux que je monte ;
Mais je demand'rai pour ma part
Une faveur à monsieur l'comte.

LE GÉNÉRAL.

C'est le portier le plus bavard...
De paroles sois économe.

MORIN.

M'sieur lit les journaux qu'il a r'çus,
Et si j l'ennui', ça s'ra tout comme
S'il lisait un articl' de plus !

C'est z'au sujét de mon petit-fils Charlot, que mon général a z'eu la bonté de faire élever et d'envoyer à l'enseignement mutuel. Voilà z'à peine un mois qu'il y est, et il en sait déjà plus que moi, qui n'ai jamais su ni lire, ni écrire, comme mon général le sait bien.

LE GÉNÉRAL.

Et où est le mal?

MORIN.

Le mal, c'est que tous les concierges mes confrères, et celui de la vieille marquise, le suisse du n° 9, disent que c'est dangereux, et que ça peut lui donner de mauvaises idées.

LE GÉNÉRAL.

Que diable viens-tu me chanter là?

MORIN.

AIR : L'amour qu'Edmond a su me taire.

Ils dis'nt que loin d'quitter l'ornière,
Il faut suivr' les chemins battus ;
Qu'c'est pour vouloir êtr' plus qu'leur père
Que les enfants se sont perdus.
A la routine, enfant, restez docile,
Dussiez-vous y marcher tout seul.
Et votre aïeul fût-il un imbécile,
Soyez plutôt ce que fut votre aïeul.

LE GÉNÉRAL, le regardant.

Si ce diable de Caracalla savait lire, je croirais quelquefois qu'il lit la... ou bien... Fais-moi le plaisir de me laisser tranquille, et de retourner à ta loge.

MORIN.

Ne vous fâchez pas, monsieur, j'y pensais. Aussi bien je me rappelle qu'il y a là un vieux monsieur qui vous attend depuis un quart d'heure.

LE GÉNÉRAL.

Et tu ne l'as pas fait entrer sur-le-champ ?

AIR du vaudeville du *Piége.*

Je vous l'ai dit, je prétends et je veux
Que cet usage soit le vôtre,
Que nul ne fasse antichambre en ces lieux,
Un vieillard bien moins que tout autre.
Redoublant vos soins empressés,
Dès qu'il paraît je veux l'entendre ;
Ses cheveux blancs doivent vous dire assez
Que lui n'a pas le temps d'attendre !

SCÈNE III.

Les mêmes ; LE VICOMTE.

LE VICOMTE, entrant.

Annoncez le vicomte de La Morlière.

LE GÉNÉRAL.

Quel nom ai-je entendu?

LE VICOMTE.

Monsieur le duc de Surgy?

LE GÉNÉRAL.

Ce n'est pas moi, monsieur; je suis le général comte de Surgy.

LE VICOMTE.

Il serait possible! ce petit chevalier... Je suis donc bien changé, si vous ne reconnaissez pas en moi l'ami de votre frère, le compagnon de votre jeunesse?

LE GÉNÉRAL, le serrant dans ses bras.

Quoi! c'est vous? vous que depuis si longtemps nous croyions avoir perdu?

LE VICOMTE.

Oui, ça fait événement, ça fait coup de théâtre.

« Les morts après trente ans sortent-ils du tombeau? »

Quand je dis trente ans, c'est pour le vers, car il y en a quarante et plus que j'ai disparu et que je n'ai mis le pied en Europe.

LE GÉNÉRAL.

Et d'où venez-vous donc?

LE VICOMTE.

De l'autre monde, du fond de l'Atlantique. Ne vous souvient-il plus que j'étais parti pour rejoindre les vaisseaux de La Peyrouse, que j'ai retrouvés à Botany-Bay en février quatre-vingt-huit, et que je n'ai plus quittés? J'étais à bord de l'*Astrolabe* au moment de son naufrage, et je fus jeté sur une des îles *Mallicolo* avec deux de mes compagnons, des gens de qualité comme moi, le chevalier et le vicomte d'Osage, que vous connaissiez.

LE GÉNÉRAL.

Vous n'étiez que trois?

LE VICOMTE.

Oui, et puis deux matelots. Nous avons vécu là pendant quarante ans, ignorés de toute la terre, qui nous croyait perdus, et j'y serais encore, si le vaisseau du capitaine Jarry n'y avait pas abordé par hasard.

LE GÉNÉRAL.

En effet, les journaux anglais nous ont appris l'an passé qu'on avait découvert les derniers débris de l'expédition.

LE VICOMTE.

Ces débris, c'était moi. Le capitaine Jarry est un homme fort aimable pour un Anglais, car il n'entendait pas un mot de français, ni lui, ni personne de son équipage : impossible alors d'avoir aucune nouvelle de vous, ni de la cour; et arrivé au Havre hier, je n'ai eu que le temps de me mettre dans une chaise de poste, et de rouler toute la nuit, tant j'avais hâte de me trouver à Paris.

LE GÉNÉRAL

Je le crois sans peine.

LE VICOMTE.

J'ai dit au postillon de me mener à mon hôtel ordinaire, l'hôtel Saint-Féréol. Croiriez-vous qu'il m'a dit : « Je ne connais pas l'hôtel Saint-Féréol. » Enclos des Capucines, près les Feuillants, où nous descendions toujours, nous autres mousquetaires, quand nous venions de Versailles! Alors je me suis chargé de le conduire. Mais voici bien un autre événement; impossible de trouver le jardin des Capucines.

LE GÉNÉRAL.

Vraiment!

LE VICOMTE.

Disparu, enlevé, en plein jour, dans le quartier le plus populeux, ce jardin, si sombre et si agréable, où nous avions toujours des rencontres. Vous vous rappelez quand, le soir, il fallait mettre l'épée à la main pour rentrer chez soi; au lieu de cela, qu'est-ce que j'ai trouvé? une grande rue qui n'en finit plus.

LE GÉNÉRAL.

Celle qui mène place Vendôme, au ministère de la justice; la rue de la Paix.

LE VICOMTE.

Précisément.

LE GÉNÉRAL.

AIR : Il n'est pas temps de nous quitter.

Oui, c'est là son nom désormais;
Chez nous, où les lois sont chéries,
On voit la justice et la paix
Tout à côté des Tuileries;
Et le dieu de nos libertés,
Qui veut qu'aujourd'hui tout s'accorde,
Met la Chambre des Députés
Près la place de la Concorde!

LE VICOMTE.

Et puis, le long des Tuileries, cette rue immense, comment la nommez-vous?

LE GÉNÉRAL.

La rue de Rivoli.

LE VICOMTE.

On se perd là-dedans. C'est un amas de pierres, un horizon de moellons ; ce n'est plus une ville, c'est une carrière. Je ne reconnais plus mon Paris.

LE GÉNÉRAL.

On vous l'a un peu embelli.

LE VICOMTE.

On me l'a gâté. Mais où donc est le marquis ? il me tarde de l'embrasser.

LE GÉNÉRAL.

Mon frère ; nous l'avons perdu, il y a dix-neuf ans, à Wagram.

LE VICOMTE.

Wagram ? qu'est-ce que c'est que ça ? une de ses terres ?

LE GÉNÉRAL.

Non, morbleu ! une bataille, où la victoire nous est restée. Le marquis, qui était alors duc et chambellan, fut ramené par moi à Vienne, où il a succombé.

LE VICOMTE.

A Vienne ? en Dauphiné ?

LE GÉNÉRAL.

Non, la capitale de l'Autriche.

LE VICOMTE.

Et comment vous trouviez-vous là tous les deux ?

LE GÉNÉRAL.

Avec 300,000 hommes, qui y étaient entrés en vainqueurs.

LE VICOMTE.

Vous êtes entrés à Vienne ?

LE GÉNÉRAL.

Ce n'était pas la première fois, et à Berlin aussi ; et dans toutes les capitales de l'Europe.

LE VICOMTE.

Qu'est-ce que vous me dites là ? qu'est-ce que c'est que

des folies pareilles? Et au milieu de tout cela, mon pauvre chevalier, comment se sont trouvées vos affaires?

LE GÉNÉRAL.

Assez bien. Je suis maintenant un des premiers propriétaires de France, grâce aux fabriques que j'ai établies, aux manufactures que j'ai créées.

LE VICOMTE.

Vous! dans le commerce! Ah! mon cher ami, qu'est-ce que vous m'apprenez là? Votre famille doit être dans la désolation.

LE GÉNÉRAL.

Non vraiment, vu que nous partageons tout, et que je viens d'établir, en faveur de mon neveu Alfred, le fils de mon frère, un majorat de vingt mille écus de rente.

AIR : De sommeiller encor, ma chère. (Arlequin Joseph.)

> Sans préjugé chacun exerce
> Son industrie et ses talents;
> Nos vicomtes font le commerce,
> Nos chevaliers sont fabricants :
> Et dans ce siècle où l'on respecte
> Le mérite avec ou sans nom,
> Un marquis est mon architecte,
> Et mon médecin est baron!

LE VICOMTE.

Oui; mais la considération...

LE GÉNÉRAL.

Maintenant, mon cher, on est toujours considéré quand on paie à l'État vingt-cinq mille francs d'impôt.

LE VICOMTE.

Vous payez la taille!

LE GÉNÉRAL.

C'est ce qui arrive à tout le monde.

LE VICOMTE.

Les bourgeois, c'est bien; mais le comte de Surgy! mais moi! Je ne paierai pas; je ne paierai jamais.

LE GÉNÉRAL.

On vous fera saisir.

LE VICOMTE.

Le vicomte de La Morlière!

LE GÉNÉRAL.

Pourquoi pas?

LE VICOMTE.

Un homme de qualité!

LE GÉNÉRAL.

Tout comme un autre.

LE VICOMTE.

Qu'est-ce que c'est donc qu'un régime comme celui-là?

LE GÉNÉRAL.

Celui des lois.

LE VICOMTE.

Nous sommes au-dessus d'elles, nous autres, et je m'en moque.

LE GÉNÉRAL.

Prenez garde, et ne dites pas de mal de nos lois; car voilà mon neveu qui est pair de France, et qui en fait tous les jours.

SCÈNE IV.

Les mêmes; ALFRED.

ALFRED.

Bonjour, mon oncle. Comment cela va-t-il? J'apporte de bonnes nouvelles.

LE GÉNÉRAL.

Et moi aussi, car je te présente au vicomte de La Morlière, l'ancien ami de ton père.

ALFRED.

Un ami de mon père! (Lui donnant la main.) J'espère que cette amitié-là sera héréditaire, et que vous daignerez la transmettre à son fils.

LE VICOMTE.

Oui, oui, mon jeune ami, entre nous autres tout se transmet, je le vois, jusqu'aux bons sentiments.

LE GÉNÉRAL.

C'est un ancien compagnon de La Peyrouse, qui, après quarante ans d'exil, revient en son pays, qu'il trouve un peu changé.

ALFRED.

Mais sa fortune doit aussi l'être.

LE GÉNÉRAL.

Pour cela, nous n'en avons pas parlé, parce que cela me regarde.

LE VICOMTE.

Que voulez-vous dire?

LE GÉNÉRAL.

AIR : Ces postillons sont d'une maladresse.

D'un commerçant si l'état vous fait honte,
Vous pourriez bien refuser sans façon
L'industriel, mais non le noble comte;
Car je le suis, et dans l'occasion
Je fais valoir et mon titre et mon nom.

LE VICOMTE, lui prenant la main.

Malgré vos torts, malgré votre richesse,
Ah! dans ce cœur si prompt à m'obliger,
Il est un fonds d'immuable noblesse
    Qui ne peut déroger.

LE GÉNÉRAL.

A la bonne heure ! Vous acceptez, et vous voilà aussi de la famille. Tu disais donc, mon cher Alfred, qu'il y avait de bonnes nouvelles ?

ALFRED.

Oui, mon cher oncle, les élections s'annoncent bien, et j'espère qu'aujourd'hui la Chambre aura en vous un bon député de plus.

LE VICOMTE.

Les élections, la Chambre; qu'est-ce que cela ?

LE GÉNÉRAL.

Ce serait trop long à vous expliquer en un jour; car il a fallu quarante ans pour en arriver là; quarante ans d'orages.

AIR de la Sentinelle.

Vous souvient-il qu'autrefois je disais :
Cet horizon annonce la tempête ?
Elle est venue... horrible en ses excès,
Et trop longtemps gronda sur notre tête.
Mais des débris dispersés, confondus,
L'ordre renaît.

LE VICOMTE.

Et tous, après l'orage,
A leurs places sont revenus ?

LE GÉNÉRAL.

Oui, tous... excepté les abus,
Qui sont restés dans le naufrage.

(Le général va s'asseoir auprès de la table à droite.)

LE VICOMTE.

Je ne comprends pas; mais c'est égal. (A Alfred.) Et les plaisirs, et la jeunesse, comment, vous autres gentilshommes, menez-vous tout cela ?

ALFRED.

A merveille.

LE VICOMTE.

C'est bien, c'est très-bien, je me reconnais là; ça me rajeunit. Et les dettes, les créanciers, en as-tu beaucoup?

ALFRED.

Pas un seul.

LE VICOMTE.

Ton oncle les a donc payés ce matin?

ALFRED.

Apprenez que je paie moi-même ce que je dois.

LE VICOMTE.

Est-il bourgeois, le pair de France! Et ta petite maison, j'espère qu'elle est jolie, et que tu m'y mèneras, que tu nous donneras un petit souper.

ALFRED.

C'est qu'on ne soupe plus.

LE VICOMTE.

Ah! mon Dieu!

ALFRED.

Mais c'est tout comme, on dîne à sept heures.

LE VICOMTE.

Plus de petits soupers, plus de petites maisons!... je ne reconnais plus la jeunesse d'à présent; je la retrouve toute dérangée. Et à quoi, je vous le demande, s'occupent les jeunes gens?

ALFRED.

AIR : Il me faudra quitter l'empire. (Les Filles à marier.)

Aussi galants que vous, aussi fidèles,
Mais moins légers, moins futiles enfin,
Ils vont gaîment du boudoir de nos belles
A l'atelier de *Gérard*, de *Gudin*;
Ils vont entendre, admirer *Villemain*.
Vers les beaux-arts, les plaisirs, la science,
Courons, amis, courons en tilbury,
Dépêchons-nous : le siècle rajeuni

Avec ardeur vers la gloire s'élance,
Tâchons d'aller aussi vite que lui!
(Au général.)

Mais, à propos de plaisirs, comment ma tante et ma cousine se sont-elles trouvées de la représentation d'hier? Je ne vous ai pas encore demandé de leurs nouvelles.

LE VICOMTE.

Comment, mon cher comte, vous êtes marié? et vous ne me le dites pas, et vous ne me faites pas faire connaissance avec votre jeune femme?

LE GÉNÉRAL.

Jeune! jeune en notre genre; et puis ensuite, vous la connaissez déjà. Tenez, la voici.

(Alfred va au devant de sa tante, et lui offre la main.)

SCÈNE V.

Les mêmes; JULIE.

LE GÉNÉRAL.

Arrivez, chère amie, c'est aujourd'hui le jour des reconnaissances, et voici le vicomte de La Morlière qui désire vous présenter ses hommages et ses compliments.

LE VICOMTE.

O ciel, en croirai-je mes yeux!

LE GÉNÉRAL.

Quoi! vous la reconnaissez encore? Eh bien! mon ami, en fait de compliment, vous ne pouviez pas lui en adresser un plus flatteur.

LE VICOMTE.

C'est la petite Julie! c'est la femme de Gérard!

LE GÉNÉRAL.

C'est la mienne à présent, Gérard, qui fut notre sauveur,

5.

notre protecteur, notre ami, est mort à Austerlitz comme un brave qu'il était.

LE VICOMTE.

Austerlitz !

LE GÉNÉRAL.

Oui, encore une que vous ne connaissez pas; et j'ai pu enfin acquitter la dette de l'amour et de l'honneur.

AIR : Le choix que fait tout le village. (*Les deux Edmond.*)

Ma destinée à la sienne est unie,
    Après tant de maux, de tourments;
    Autrefois je lui dus la vie,
    Et le bonheur depuis vingt ans.

JULIE.

Oui, pour nos cœurs, où la paix est rentrée,
Sur nos vieux jours le bonheur luit enfin,
    Profitons-en ; une belle soirée
    Fait oublier l'orage du matin.

LE GÉNÉRAL, au vicomte qui est dans la dernière agitation, et qui veut sortir.

Eh mais ! vicomte, qu'avez-vous donc ?

LE VICOMTE.

Je ne puis rester dans cette maison, je m'en vais.

LE GÉNÉRAL et ALFRED.

Et pourquoi donc ?

LE VICOMTE.

Je ne puis supporter de pareilles mésalliances, et j'en rougis d'indignation ! un Surgy s'allier à une famille...

LE GÉNÉRAL.

Aussi illustre que la nôtre, mon cher; quand on est la sœur d'un maréchal de France...

(Alfred passe auprès de Julie.)

LE VICOMTE, se levant.

O ciel ! que dites-vous ! (Saluant Julie.) Comment ! madame n'était point la sœur de ce petit Raymond ?

LE GÉNÉRAL.

Si vraiment.

AIR du vaudeville des Scythes et les Amazones.

Mais ce Raymond dont votre esprit se raille,
Et qui partit son paquet sur le dos,
Lui qui jadis, au quai de la Ferraille,
Fut, grâce à vous, rangé sous nos drapeaux,
Et malgré lui forcé d'être un héros,
Eut bientôt pris sa gloire en patience ;
Et de soldat mon beau-frère Raymond
S'est trouvé prince et maréchal de France.

LE VICOMTE.

Et de quel droit ?

LE GÉNÉRAL.

Par le droit du canon.
Le voilà prince et maréchal de France,
Et c'est, morbleu ! par le droit du canon !

LE VICOMTE, à lui-même.

C'est fini, je n'en reviendrai pas ; je crois lire les *Mille et une Nuits*. (Au général.) Voyez, pourtant, si je vous avais cru ! Voilà un gaillard qui me doit ce qu'il est ; c'est moi qui suis la cause de sa fortune.

JULIE.

Après cela... il y a bien aidé.

LE VICOMTE.

Cependant, sans moi...

ALFRED.

Mais ma cousine, où est-elle donc ? je ne la vois pas.

JULIE.

Alfred pense toujours à sa cousine.

LE GÉNÉRAL.

Il n'y a pas de mal ; et si mes vœux sont exaucés, si mes projets se réalisent, bientôt, je l'espère, nous pourrons voir parmi nous un bon ménage de plus, n'est-ce pas, mon cher Alfred?

ALFRED.

Ah! mon oncle!...

SCÈNE VI.

LES MÊMES; MORIN.

MORIN, à voix basse, à Alfred, qui se trouve seul à la droite du théâtre.

Monsieur le duc, voici z'une lettre que j'ai depuis ce matin.

(Morin sort.)

LE GÉNÉRAL, à Julie et au vicomte.

Oui, je veux confondre nos biens, nos fortunes; ne plus faire qu'une seule et même famille. Depuis dix-huit ans c'est le rêve de ma vie, et nos enfants ne l'ignorent pas.

ALFRED, qui a lu la lettre.

Ah! mon Dieu!

JULIE.

Qu'est-ce donc?

ALFRED.

Rien, ma tante; c'est une affaire qui me concerne particulièrement, et dont je parlerai au général.

JULIE.

Je vous laisse, et vais rejoindre ma fille qui est à sa leçon de piano.

(Elle sort.)

LE VICOMTE, prêt à s'en aller.

Suis-je de trop?

ALFRED.

Un ami de mon père ne peut jamais l'être.

SCÈNE VII.

LE GÉNÉRAL, ALFRED, LE VICOMTE.

ALFRED.

Voici une lettre à laquelle j'étais loin de m'attendre, mais dont il m'est impossible de ne pas vous donner connaissance. Tenez, mon oncle, lisez.

LE GÉNÉRAL, regardant la signature.

Derneval! l'espoir de notre barreau... un jeune homme plein de talent, à qui je dois beaucoup de reconnaissance.

ALFRED.

Vous en aurez peut-être moins après avoir lu cette épître.

LE GÉNÉRAL, regardant la lettre et l'adresse.

« A monsieur Alfred de Surgy. Monsieur le duc, vous
« êtes riche, noble et brave, jouissant de l'estime univer-
« selle; vous avez tout pour vous, je n'ai rien. Je ne suis
« qu'un pauvre avocat inconnu encore; mais le malheur
« rapproche les distances; et celui qui se voit sans espoir
« n'a plus rien à ménager. Vous allez épouser une personne
« que j'adore depuis cinq ans; et quoique je ne lui aie
« jamais parlé de mon amour, j'ai quelques raisons de pen-
« ser qu'il est partagé. Vous êtes le premier à qui j'aie fait
« une pareille confidence, et j'ose croire que vous vous en
« montrerez digne, en me disputant un prix que je n'ai, il
« est vrai, aucun droit d'obtenir, mais que personne du
« moins n'obtiendra de mon vivant. DERNEVAL. »

(Le général reste anéanti, et la tête dans ses mains.)

LE VICOMTE.

Qu'est-ce que j'entends là? un avocat défier un homme comme il faut! Donnez-moi cette lettre. Je me rends à Versailles, j'obtiens un ordre du ministre, et ce soir il est à la Bastille.

ALFRED.

Eh! monsieur, cela ne se passe pas ainsi.

Il va à la table à droite, et écrit pendant que le général et le vicomte parlent ensemble.)

LE GÉNÉRAL.

Ah! c'est la ruine de toutes mes espérances. Pouvais-je m'attendre à un pareil amour? Je vais trouver ma fille, en parler avec elle, lui en parler en ami.

LE VICOMTE.

Y pensez-vous, corbleu! est-ce ainsi qu'un père de famille parle à ses enfants? Rappelez-vous que dans une circonstance à peu près pareille, c'était en 87 ou 88, la duchesse de Surgy, votre mère, me fit l'honneur de m'appeler aussi dans un conseil de famille où vous étiez, vous et votre frère.

LE GÉNÉRAL.

Ah! je ne l'ai point oublié.

LE VICOMTE.

Eh bien! monsieur, vous devez vous rappeler quelle dignité, quelle fermeté elle y déploya.

LE GÉNÉRAL.

Oui, et ce fut cette fermeté qui, pendant vingt ans, nous condamna tous au malheur.

LE VICOMTE.

Ça, c'est une autre affaire... mais elle soutint ses droits.

ALFRED.

Et mon oncle oubliera les siens pour faire le bonheur de sa fille, pour l'unir à celui qu'elle aime.

LE VICOMTE.

L'unir à un avocat

SCÈNE VIII.

LES MÊMES; UN DOMESTIQUE; puis DERNEVAL.

LE DOMESTIQUE, annonçant.

Monsieur Derneval.

LE GÉNÉRAL.

Dieu! c'est lui!

DERNEVAL salue tout le monde, et fait un geste de surprise en apercevant Alfred.

Monsieur Alfred, pardon, je ne m'attendais pas à vous rencontrer ici.

ALFRED.

J'ai reçu votre lettre, monsieur, et j'achevais ma réponse : j'aurai l'honneur de vous voir aujourd'hui à trois heures.

DERNEVAL.

Je vous remercie, monsieur le duc; je vous avais bien jugé, et je n'attendais pas moins de vous.

LE GÉNÉRAL, passant entre Alfred et Derneval. Il prend la main à Alfred, lui fait signe de garder le silence, et s'adressant à Derneval.)

Il me semble, monsieur, que c'était à moi d'abord que vous auriez dû vous adresser.

DERNEVAL.

Je venais, monsieur, réclamer cette grâce; j'aurais désiré vous parler seul.

LE GÉNÉRAL.

Maintenant, le secret serait inutile; je n'en ai point pour ma famille, pour mes amis : parlez sans crainte.

(Le comte s'assied sur un fauteuil à gauche.)

DERNEVAL.

Si jusqu'à présent, monsieur, je n'ai osé me déclarer, c'est qu'orphelin et sans fortune, on aurait pu croire qu'en demandant en mariage une riche héritière, j'étais guidé par un autre motif que celui de l'amour le plus pur. Depuis quelques instants seulement ma position vient de changer; j'ai un oncle qui m'a élevé, et de qui, malgré ses immenses richesses, je n'avais le droit de rien exiger, car en me donnant de l'éducation, et le moyen de faire moi-même ma fortune, il avait rempli tous les devoirs d'un bon parent, le reste me regardait; mais aujourd'hui, prêt à le quitter, peut-être pour jamais, j'ai cru devoir lui faire mes adieux, et lui rendre compte des motifs qui me faisaient agir. En entendant votre nom, celui de votre fille, il a tressailli, et se soutenait à peine; une extrême agitation se faisait remarquer dans tous ses traits. « Plût au ciel, me dit-il, qu'un tel mariage fût possible! ce serait le repos du reste de mes jours. Va dire au général que s'il veut consentir à cette union, je te donne cinq cent mille francs; et après moi, toute ma fortune, dont je voulais disposer en faveur des hospices. »

TOUS.
Il serait possible!

DERNEVAL.
Puis s'arrêtant, il m'a dit : « Non, de telles considérations ne suffiront pas auprès du général; il en est d'autres plus puissantes : il faut que je lui parle moi-même. » Et alors il s'est mis à son bureau, et a écrit cette lettre qu'il m'a prié de vous apporter moi-même.

ALFRED, au général.
Voyez, mon oncle, lisez vite.

LE GÉNÉRAL, lisant la lettre.
Un rendez-vous qu'on me demande. Mais cette écriture, que je crois connaître; le baron de Goberville...

LE VICOMTE, se levant.
Goberville! cet ancien procureur qui faisait l'usure, et les affaires de votre famille!

LE GÉNÉRAL.

L'auteur de tous nos maux !

LE VICOMTE.

Un spoliateur, un fripon !

DERNEVAL.

Monsieur, il est mon oncle, il fut mon bienfaiteur ; et devant moi je ne dois pas souffrir...

LE GÉNÉRAL.

Il a raison. (A Derneval.) Pardon, monsieur, je n'ai pas été maître d'un premier mouvement. (Montrant la lettre.) Lui, votre oncle ! ah ! voilà ce que je ne savais pas.

LE VICOMTE.

J'espère maintenant qu'il n'y a plus à hésiter, et que toute alliance est désormais impossible avec un... (Regardant Derneval et se reprenant.) avec un procureur : cela suffit ; et s'il osait se présenter...

SCÈNE IX.

Les mêmes ; MORIN.

MORIN, à voix basse, au général.

Monsieur, voilà quelqu'un qui descend de voiture, et qui demande à vous parler.

LE GÉNÉRAL.

Quel est-il ?

MORIN.

Vous ne le croiriez jamais ! il a z'un parler si humble et si doux, et puis ses gens, sa livrée, jusqu'à ses chevaux, tout cela a z'un air si digne, que j'osais t'à peine le regarder, lorsqu'en levant les yeux, je reconnais dans ce seigneur si respectable mon ancien collègue, le citoyen Sénèque.

LE GÉNÉRAL, bas.

Silence. (Haut.) C'est monsieur Goberville : qu'il entre.

LE VICOMTE.

Oui, qu'il entre! (Bas à Alfred.) J'en suis charmé, nous allons à nous deux le jeter par la fenêtre.

ALFRED.

C'était bon avant la révolution; mais maintenant on ne jette plus personne par les fenêtres, pas même ses créanciers.

LE VICOMTE.

Et qu'est-ce qu'on leur fait donc?

ALFRED.

On les paie.

LE VICOMTE.

Quel absurde régime!

LE GÉNÉRAL.

Alfred, Derneval, j'exige que l'affaire de ce matin n'ait pas de suites, et j'espère vous revoir après mon entretien avec votre oncle.

DERNEVAL, s'inclinant.

Monsieur, je suis à vos ordres.

(Il sort, le général le reconduit.)

ALFRED.

Et moi, alors, je cours trouver ma tante et ma cousine, les prévenir de ce qui se passe. (Au vicomte.) Venez.

LE VICOMTE, à Alfred qui l'entraîne.

Oui, tu as raison, je ferai mieux de m'en aller; car la vue seule d'un procureur...

AIR : J'ai vu le Parnasse des dames. (*Rien de trop.*)

Si j'en vois jamais sur ma route...

ALFRED.

Ils sont supprimés.

LE VICOMTE.

Tout de bon?

C'est un grand bienfait.

ALFRED.
Oui, sans doute,
De notre révolution.
LE VICOMTE.
Voici donc la première chose...
Que les destins en soient loués!
ALFRED, à part.
Ne lui disons pas, et pour cause,
Qu'il nous reste les avoués.
(Derneval, Alfred et le vicomte entrent dans l'appartement à droite.)

SCÈNE X.

LE GÉNÉRAL, GOBERVILLE.

UN DOMESTIQUE, annonçant.

M. le baron de Goberville.
LE GÉNÉRAL.

Qu'il entre!

GOBERVILLE, saluant le général, après un moment de silence.

La Providence, dont les desseins nous sont cachés, a sans doute eu ses raisons, monsieur le général, pour que nous nous retrouvions enfin, après un laps de temps aussi considérable.

LE GÉNÉRAL.

Oui, voilà vingt années à peu près que je n'avais entendu parler de vous.

GOBERVILLE.

Vous devez me trouver bien changé?

LE GÉNÉRAL.

Je désire pour vous que cela soit.

GOBERVILLE.

Et moi, s'il y a eu jadis entre nous des motifs de ressentiment, des sujets de haine, je désire, monsieur le général, qu'ils soient bannis de votre mémoire comme je les ai effacés de la mienne.

LE GÉNÉRAL.

Quoi! vraiment! vous avez eu la bonté d'oublier tout ce que...

GOBERVILLE.

Qui de nous, monsieur, n'est sujet à l'erreur? mais on est souvent plus méritoire par la réparation qu'on n'avait été coupable par l'offense; et il me semble, monsieur le comte, qu'en donnant à mon neveu et à mademoiselle votre fille une partie de mes biens...

LE GÉNÉRAL.

Cela vous rend, aux yeux du monde, paisible possesseur du reste : c'est comme si je vous en donnais quittance dans l'opinion publique.

GOBERVILLE.

Quand on a des places, de l'argent, de la réputation auprès de certaines personnes qui ont daigné m'admettre dans leur intimité, et de l'estime dans plusieurs journaux où je travaille incognito, on tiendrait à avoir un peu celle du public; et le mariage de mon neveu avec mademoiselle votre fille peut seul me la procurer.

LE GÉNÉRAL.

AIR : Ce modeste habit de village.

Quoi! vous aussi, de la publique estime
Malgré votre or vous sentez le besoin?
(A part.)
De notre âge éloge sublime!
Si le vicomte en était le témoin...
Oui, c'est l'honneur que seul on considère;
Et dans notre siècle à présent
L'estime publique est si chère
(Montrant Goberville.)
Qu'il n'en a pas, même pour son argent!

GOBERVILLE.

Alliance honorable pour moi, j'en conviens, mais qui, aujourd'hui, peut être utile pour vous.

LE GÉNÉRAL.

Comment?

GOBERVILLE.

Dans ce moment, vous êtes comme moi sur les rangs pour la députation.

LE GÉNÉRAL.

Vous, député!

GOBERVILLE.

Pas encore, mais c'est arrangé. Eh bien! nous pouvons l'être tous les deux.

LE GÉNÉRAL.

Que voulez-vous dire?

GOBERVILLE.

J'ai fait tant de bien depuis la clôture de la session, que ma nomination est sûre. J'ai pour moi les suffrages de tous les électeurs qui ont dîné chez moi; et si vous le voulez, leurs voix, dont je puis disposer, jointes à celles de vos amis, peuvent également assurer votre succès.

LE GÉNÉRAL, avec indignation.

Monsieur, j'aurais été disposé en faveur de votre neveu (et je n'en étais pas éloigné peut-être), qu'une telle proposition aurait suffi pour tout rompre entre nous.

AIR : Au dieu d'amour, à la jeunesse.

Les honneurs plaisent à mon âge,
Et je serais fier, j'en conviens,
D'obtenir le libre suffrage
De mes nobles concitoyens.
Mais les payer est un outrage,
C'est cesser d'être homme de bien.
Qui peut acheter un suffrage
N'est pas loin de vendre le sien!

SCÈNE XI.

Les mêmes; JULIE, ALFRED, LE VICOMTE, Amis du général qui l'entourent et le félicitent.

LE CHŒUR.

AIR : Honneur, honneur et gloire. (*La Muette de Portici.*)

Ah! quelle heureuse nouvelle!
Ce choix si mérité
Récompense son zèle ;
Le voilà député!

GOBERVILLE.
Quoi! l'on vient de l'élire?
Quel collége?

JULIE.
Le sien.

GOBERVILLE, à part.
Ah! tant mieux, je respire!
Ce n'est pas dans le mien.
Moi son collègue, il va se désoler :
Quelque prétexte qu'il allègue,
Il sera bien forcé de m'appeler
Mon honorable collègue.

LE CHŒUR.
Ah! quelle heureuse nouvelle
Ce choix si mérité
Récompense son zèle :
Le voilà député!

Ensemble.

LE CHŒUR.
Sur cet heureux événement,
Recevez notre compliment.

LE GÉNÉRAL et JULIE.

De cet heureux événement
Que mon cœur est fier et content!

LE VICOMTE.

Non, je n'y comprends rien, vraiment,
Qu'ont-ils donc tous en ce moment?

SCÈNE XII.

Les mêmes; DERNEVAL.

GOBERVILLE.

Mais, grâce au ciel, voilà aussi des nouvelles de notre arrondissement, mon neveu en arrive; (A Derneval.) Eh bien! je suis nommé?

DERNEVAL.

Non, mon oncle.

GOBERVILLE.

Et qui donc?

DERNEVAL.

Le général.

GOBERVILLE.

Dans deux colléges à la fois... et mes nombreux amis?

DERNEVAL.

Vous ont tenu parole; car monsieur ne l'emporte que d'une ou deux voix.

GOBERVILLE.

Il serait possible! j'espère au moins, quoique tu m'en aies dit hier au soir, que j'ai eu la tienne?

DERNEVAL.

Je vous en avais prévenu, et ne veux point vous tromper; comme mon parent, mon bienfaiteur, je vous respecte, je vous aime, vous pouvez disposer de tout ce que je possède;

mais de mon vote, de ma conscience, cela ne se pouvait pas.

GOBERVILLE.

Eh bien! tu seras déshérité! voilà ce qu'il y aura gagné.

LE GÉNÉRAL.

C'est ce qui vous trompe, monsieur; il n'y aura rien perdu.

GOBERVILLE.

Que voulez-vous dire?

LE GÉNÉRAL, serrant la main de Derneval.

Que je ne punis point les enfants des fautes de leur père; et que le mérite et l'honneur, partout où ils se trouvent, ont droit à notre estime. Oui, (Montrant sa femme.) vous avez la nôtre, celle de mon neveu, qui renonce pour vous à tous ses droits; et si ma fille vous aime, quoiqu'il m'en coûte encore de renoncer à des idées qui m'étaient chères, je les sacrifie sans hésiter au bonheur de mes enfants.

DERNEVAL.

Ah! monsieur!

ALFRED.

O le meilleur des hommes! (Au vicomte.) Eh bien! que dites-vous de tout cela?

LE VICOMTE.

Rien; j'en ai déjà tant vu, que je commence à m'y habituer.

LE GÉNÉRAL.

Et nous, mes amis, mes concitoyens, qui après tant d'orages, sommes enfin arrivés au port, et qui goûtons, à l'abri du trône et des lois, cette liberté sage et modérée que tous nos vœux appelaient depuis quarante ans, conservons-la bien; nous l'avons payée assez cher. Toujours unis, toujours d'accord, ne songeons plus au mal qu'on a fait, ne voyons que le bien qui existe, éloignons les tristes souvenirs, et disons tous, dans la France nouvelle : (Tendant une main à Derneval.) Union (Montrant dans le coin opposé Goberville resté seul, et le regardant d'un air de pitié.) et oubli.

LE CHŒUR.

Ah! quelle heureuse nouvelle!
Ce choix si mérité
Récompense son zèle :
Le voilà député!
Sur cet heureux événement,
Recevez notre compliment.

LE
BARON DE TRENCK

COMÉDIE-VAUDEVILLE EN DEUX ACTES

EN SOCIÉTÉ AVEC M. GERMAIN DELAVIGNE

Théatre de S. A. R. Madame. — 14 Octobre 1828.

PERSONNAGES.   ACTEURS.

LE COMTE DE LEWEMBERG, gouverneur de
    Magdebourg............................ MM. Dormeuil.
LE BARON DE MULDORF, commandant de la
    citadelle.............................   Ferville.
FRÉDÉRIC, baron de TRENCK.................   Allan.
REYNOLD, fils du gouverneur...............   Despréaux.
BALTHASARD, musicien de la garnison.......   Legrand.
FRANÇOIS, soldat..........................   Brienne.

LA COMTESSE DE LINTHAL, sœur de Fré-
    déric................................. Mmes Théodore.
EMMA, fille du gouverneur.................   Dormeuil.

Dames et Jeunes Gens de la ville. — Soldats.

A Magdebourg, au premier acte, dans l'hôtel du gouverneur. — Dans la citadelle, au deuxième acte.

LE
BARON DE TRENCK

ACTE PREMIER

Un salon élégant. — Au lever du rideau le gouverneur, assis sur le devant du théâtre, à droite de l'acteur, est occupé à lire une gazette.

SCÈNE PREMIÈRE.

LEWEMBERG, REYNOLD.

REYNOLD, entrant.

Mon père, voici un militaire qui demande à vous parler.

LEWEMBERG,

A moi?

REYNOLD.

A monsieur le gouverneur... et comme il n'y en a qu'un dans la ville de Magdebourg, M. le comte de Lewemberg, première autorité du pays, représentant Sa Majesté Frédéric II roi de Prusse...

LEWEMBERG.

AIR du vaudeville de la Robe et les Bottes.

De ces titres je te dispense,
Et tu m'as l'air, en les citant,

6

D'un préambule, ou bien d'une ordonnance.

REYNOLD.

Ma foi, ce n'est pas étonnant.
Ma main transcrit, sans omettre une clause,
Les vôtres ; et vous voyez bien
Qu'il m'en est resté quelque chose ;
Il en est tant dont il ne reste rien !

LEWEMBERG.

Reynold !... Depuis que ce gaillard-là est sorti des pages, il n'y a pas moyen de le faire taire... Dis à ce militaire d'entrer.

REYNOLD.

Pourquoi n'iriez-vous pas plutôt lui parler ?

LEWEMBERG.

Est-ce que ce serait convenable ?

REYNOLD.

Oui, mon père ; parce que je l'ai bien reconnu. C'est M. le major de Muldorf, le commandant de la citadelle. Il est capable de vous tenir une heure dans cet appartement, et cela nous gêne, ma sœur et moi. Nos camarades que j'attends vont arriver ; nous n'avons pas d'autre pièce pour le bal de ce soir, et pour la surprise que nous vous préparons.

LEWEMBERG.

Eh ! laisse-moi donc tranquille !

AIR du Verre.

Belle surprise en vérité,
Lorsque votre langue indiscrète
Depuis huit jours m'a tout conté ;
Vous l'auriez mis dans la gazette !

REYNOLD.

Tenez, franchement entre nous,
Nous aimons mieux tout vous apprendre...
Un vieux général tel que vous
Est trop difficile à surprendre.

LEWEMBERG.

Flatteur !

REYNOLD.

Je vais donc aller dire au commandant de la citadelle...

LEWEMBERG.

D'entrer sur-le-champ... il n'est pas fait pour attendre.

REYNOLD.

Chez lui, cependant, on attend bien autrement... ne fût-ce que ces pauvres prisonniers.

LEWEMBERG.

Reynold !... vous avez entendu ?

REYNOLD.

Oui, mon père... mais il me vient une idée de profiter de sa visite. Nous n'avons pour ce soir qu'un orchestre d'amateurs, c'est tout dire... Si le commandant voulait nous prêter la musique de son régiment ?...

LEWEMBERG.

C'est bon, c'est bon !

REYNOLD.

A cette condition-là, je lui donne audience. (Il va au-devant de M. de Muldorf qu'il introduit.) Entrez, entrez, monsieur le major... c'est grâce à moi que vous parlez au gouverneur ; car il ne le voulait pas... Je cours retrouver ma sœur.

(Il sort.)

SCÈNE II.

MULDORF, LEWEMBERG.

MULDORF.

Ces jeunes aspirants sont si aimables !

LEWEMBERG.

Une tête si chaude, si ardente !

MULDORF, froidement.

Ah! monseigneur! pour de l'étourderie, nous autres Allemands... Voilà comme j'étais autrefois, avant d'être commandant de l'importante citadelle de Magdebourg; la plus belle prison de l'Europe, je m'en vante.

LEWEMBERG.

Et quelles nouvelles?

MULDORF, à demi-voix.

D'importantes... Le prisonnier d'État a voulu s'échapper hier soir.

LEWEMBERG.

Qui? le jeune Frédéric? le baron de Trenck?

MULDORF.

Lui-même... c'est un diable.

LEWEMBERG.

Je vous en avais prévenu... ni grilles, ni verrous ne peuvent lui résister... c'est une adresse, une imagination, une intrépidité extraordinaires... c'est le génie de l'évasion!... Il est descendu de la forteresse de Spandau... cent cinquante pieds de hauteur... sans cordes, sans échelle, on ne sait pas comment. Plongé dans les cachots de Custrin, enterré vivant, il s'est frayé un chemin par-dessous les fortifications... Nulle part, enfin, on n'a pu le garder.

MULDORF.

C'est ce qui fait que j'y mets de l'amour-propre... cela me coûte moins qu'à un autre, parce que j'ai l'amour de mon état... Il y a des gens qui naissent poètes, orateurs, généraux d'armée... moi j'étais né gouverneur de prison, c'est ma vocation.

AIR du vaudeville du *Dîner de garçons*.

Dès mon enfance je rêvais
Grilles, verrous et barricades;
Et dans le collége où j'étais,

J'enfermais tous mes camarades.
Mes prisonniers font mon bonheur,
Nul autre que moi n'en approche...
Et toujours en bon gouverneur,
J'ai leur souvenir dans mon cœur,
Et leur liberté dans ma poche!

Aussi, je suis trop heureux de posséder M. le baron de Trenck... je le regarde comme un sujet précieux, qui doit me faire honneur dans le monde, et me donner l'occasion d'exercer mes talents... ma seule crainte est qu'on ne le mette trop tôt en liberté.

LEWEMBERG.

N'ayez pas peur : il est prisonnier pour longtemps.

MULDORF.

Vraiment?

LEWEMBERG.

Pour le reste de ses jours.

MULDORF.

C'est très-bien; mais en même temps c'est fort extraordinaire, parce qu'un joli cavalier, un ancien page du Roi, qui a de la naissance, de la fortune... On devrait me dire, au moins, pourquoi je le retiens ainsi.

LEWEMBERG.

À quoi bon?

MULDORF.

Pour ma dignité d'homme et de commandant de prison; parce que pour moi, qui exerce d'inclination et avec enthousiasme, il est humiliant de ressembler à un verrou, qui ferme toutes les portes sans savoir pourquoi.

LEWEMBERG.

Il faut croire, mon cher major, qu'il y a des raisons importantes... des raisons d'État.

MULDORF.

Que vous connaissez, j'en suis sûr; et vous en savez là-dessus plus que moi.

LEWEMBERG.

C'est possible... mais comme je ne puis le dire...

MULDORF.

Cela revient exactement au même.

LEWEMBERG.

En attendant, les derniers ordres que j'ai reçus de la cour sont d'une extrême sévérité, et je dois vous en faire part... Défense de le laisser communiquer avec qui que ce soit, et injonction expresse d'arrêter sur-le-champ les personnes qui pourraient l'aider à s'évader.

MULDORF.

Voilà qui est embarrassant; car s'il en est ainsi, je crains, monseigneur, d'avoir quelqu'un à arrêter dans votre maison.

LEWEMBERG.

Que me dites-vous?

MULDORF.

C'est à ce sujet que je venais vous consulter. La citadelle de Magdebourg, qui, grâce au ciel et à son commandant, est imprenable, comme chacun le sait, n'est de ce côté séparée de votre hôtel que par un bras de la rivière, sur lequel j'ai seul le droit de me promener... Hier, dans la soirée, il me prit, par hasard, la fantaisie de faire le tour des fortifications, parce qu'il faut qu'un commandant ait toujours l'air d'inspecter.

LEWEMBERG.

Bravo!

AIR du Ménage de Garçon.

J'approuve votre surveillance,
Pour un commandant c'est fort bien.

MULDORF.

Promenade sans conséquence...
Mais quand même on ne verrait rien,
On se montre ; et cela fait bien.
L'aspect seul d'un fonctionnaire
Met fin aux conspirations ;
Car lorsqu'il nous voit, le vulgaire
Croit toujours que nous le voyons !

J'aperçois une espèce de matelot, qui, couché sur le parapet, fumait tranquillement sa pipe, et au moment où je crie à mon canot d'avancer, il y saute le premier, me donne la main pour descendre, et s'empare des rames... Nous passons devant toutes les sentinelles, sous le feu de toutes les batteries ; j'examinais avec attention, tandis que mon gondolier, tout en fredonnant une petite tyrolienne, dirigeait la barque vers l'autre bord et du côté de votre hôtel. Tout à coup il aperçoit à une de vos fenêtres une écharpe rouge qu'agitait une main invisible... il se lève, et me dit : « Monsieur le commandant, je suis obligé de vous quitter ; je vous remercie de votre canot, sans lequel je n'aurais pu traverser ce bras de rivière, et de votre compagnie, sans laquelle je n'aurais pu échapper aux mousquets de vos sentinelles... » Je lui dis avec beaucoup de sang-froid :

AIR du Fleuve de la vie.

Mais qui donc êtes-vous, de grâce ?
— Moi ? le baron de Trenck. — O ciel !
Puis s'élançant avec audace,
Comme autrefois Guillaume Tell,
Il pousse ma barque et s'écrie :
— Adieu, monsieur le commandant,
Sans moi descendez maintenant
 Le fleuve de la vie !

Et je descendais toujours en criant : Arrêtez ! ce qui probablement n'aurait servi à rien, si, par bonheur, un jeune musicien de la garnison, Balthasard, un ivrogne, qui était en faute, et qui, avec une demi-douzaine de ses camarades, revenait de la guinguette après le rappel sonné, n'eût barré le passage au fugitif, et ne l'eût ramené, non sans peine, à la citadelle, où je l'ai réinstallé avec un surcroît de grilles et de verrous.

LEWEMBERG.

Quelle audace !... et vous croyez que cette écharpe était un signal ?... qu'il y avait intelligence entre lui et les gens de ma maison ?

MULDORF.

En fait d'intelligence, si toutefois la mienne n'est pas en défaut, je puis affirmer que le gaillard n'en manque point.

LEWEMBERG.

Et vous rappelez-vous quelle fenêtre ?

MULDORF.

La troisième du premier étage.

LEWEMBERG, à part.

O ciel !... (Haut.) Il suffit ; je verrai... j'interrogerai, et vous rendrai compte... Taisons-nous... c'est ma fille.

SCÈNE III.

EMMA, MULDORF, LEWEMBERG

EMMA, entrant par la droite, et saluant Muldorf.

Monsieur le major, je viens d'apprendre par mon frère que vous êtes ici, et j'espère bien que vous nous resterez... que vous daignerez assister à notre bal.

MULDORF.

Impossible, mademoiselle ; les devoirs de ma place... aujourd'hui surtout, je ne puis m'absenter... (A demi-voix à Lewemberg.) de peur que d'autres n'en fassent autant. (Haut.) Et d'aileurs, quand il y a seulement une demi-heure que hors de prison, je me trouve gêné et mal à mon aise, je ne suis plus libre ; il me faut mes grilles et mes verrous...

EMMA.

Pour respirer tranquillement

MULDORF.

Comme vous dites.

EMMA.

Daignerez-vous au moins accueillir notre pétition ?

MULDORF.

Et laquelle ?

EMMA.

Nous envoyer pour le bal les musiciens de votre régiment... Est-ce que mon père ne vous en a pas parlé ?

LEWEMBERG.

Non vraiment, je l'avais oublié... j'avais d'autres choses en tête.

MULDORF.

Mademoiselle ! trop heureux de vous être agréable... Je vous donnerai ce soir Balthasard et quatre de ses camarades.

AIR de la *Valse des Comédiens.*

Je veux payer sa conduite exemplaire ;
Je l'enverrai... pour lui c'est un honneur.

EMMA.

De notre bal l'orchestre militaire
Va redoubler l'éclat et la splendeur.
Jadis, mon père, au sein de la victoire
Ce bruit guerrier vous a fait tressaillir ;
S'il fut pour vous le signal de la gloire,
Qu'il soit pour nous le signal du plaisir !

Ensemble.

####### MULDORF.

Par ce service heureux de vous complaire,
A Balthasard je ferai cet honneur;
Puisse en effet l'orchestre militaire
De votre bal augmenter la splendeur.

####### LEWEMBERG et EMMA.

A nos danseurs vous êtes sûr de plaire,
De leur gaîté vous aurez tout l'honneur;
De notre bal l'orchestre militaire
Va redoubler l'éclat et la splendeur!

(Muldorf sort.)

SCÈNE IV.

EMMA, LEWEMBERG.

####### EMMA.

Comment, mon père, vous ne lui aviez rien dit de notre orchestre?... Voilà comme vous êtes; vous oubliez toujours les choses essentielles!

####### LEWEMBERG.

Tu crois?

####### EMMA.

Ah! mon Dieu, oui!

####### LEWEMBERG.

C'est possible; car il en est une très-importante dont je ne t'ai pas encore fait part... J'ai reçu des ordres de la cour qui te concernent.

####### EMMA.

Moi! vous voulez rire... Et quels sont ces ordres?

####### LEWEMBERG.

D'arrêter sur-le-champ, et de conduire à la citadelle les

personnes qui entretiendraient la moindre intelligence avec les prisonniers.

EMMA.

Ah! mon Dieu!

LEWEMBERG.

Et il y en a un... un jeune homme, qui a tenté de s'échapper.

EMMA.

Vraiment!

LEWEMBERG.

Mais il a été repris.

EMMA.

O ciel!

LEWEMBERG.

Tu le connais?

EMMA.

Non, mon père, je ne sais qui il est, j'ignore son nom... je l'ai à peine vu.

AIR : Ainsi que vous, je veux, mademoiselle.

Je sais qu'il peut être coupable ;
Mais il parait si malheureux !
Pourrais-je donc être blâmable
De déplorer son destin rigoureux ?
Non que je prenne sa défense ;
Mais la justice en ses arrêts
Peut avoir des torts... et je pense
Que la pitié n'en a jamais.

LEWEMBERG.

Depuis quand, et comment s'est-il offert à tes yeux ?

EMMA.

Ah! mon Dieu! je vais tout vous raconter... Il y a bien longtemps, il y a deux ans, en plein hiver, je voyageais avec ma tante ; et nous nous rendions à Berlin... A la porte d'une auberge de Stafeld, et pendant qu'on relayait, nous voyons des soldats, une escorte qui était arrêtée. On nous apprend qu'un beau jeune homme, un prisonnier d'État que l'on conduisait, venait de tomber de cheval, de se casser la jambe, et qu'il n'y avait point de chirurgien dans cet endroit... Nous avions avec nous Weber, notre jeune domestique. Je le prie de monter dans la chambre de ce pauvre jeune homme, de lui dire que de la première ville, ou du premier village où nous allions passer, nous lui enverrions du monde et des secours ; qu'enfin nous ferions tout pour le sauver... On redescend un instant après ; on ouvre la portière de notre voiture... Eh bien ! m'écriai-je, et le prisonnier ?... « Le prisonnier », me répondit quelqu'un qui avait le chapeau, la livrée et le manteau fourré de Weber, « le prisonnier va bien, grâce à vous, mademoiselle; il est libre, et n'oubliera jamais ce qu'il vous doit... » Je voulus jeter un cri... « Silence ! je ne puis dire un mot de plus ; mais dussé-je y perdre la vie, je ne quitterai point la Prusse sans vous voir encore, et vous remercier. » En achevant ces mots, il referme la portière ; et s'adressant au postillon, qui était déjà à cheval : « Postillon, partez. » La voiture roule ; il s'élance derrière, et traverse l'escorte de grenadiers qui se range des deux côtés de la route, pour nous laisser passer.

LEWEMBERG.

Je le reconnais là... Et il n'a pas tenu la promesse qu'il t'avait faite de te revoir encore, et de te remercier ?

EMMA.

Ah ! mon Dieu ! si... et voilà ce qui me désole ; car c'est cela, j'en suis sûre, qui a été cause de sa perte. Quelques semaines après, à l'Opéra de Berlin, un jour de grande représentation, nous étions dans notre loge ; la porte s'ouvre, je vois paraître notre jeune inconnu, en uniforme des gardes, avec de riches épaulettes, et chamarré de cordons... « Mademoiselle, me dit-il, je vous avais bien dit que je viendrais vous remercier. C'est pour cela que, depuis huit jours, je suis resté à Berlin; que partout je vous ai suivie; aujourd'hui seulement, j'ai pu vous aborder... » Dans ce moment, ses yeux rencontrent ceux du Roi, dont la loge était en face de la nôtre... Il s'écrie en s'enfuyant : « Sa Majesté m'a vu ; adieu... c'est fait de moi! » Et il disparaît... Mais quelques minutes après, le bruit circulait dans la salle qu'un jeune officier venait d'être arrêté, et je pensai, hélas ! que c'était le mien.

LEWEMBERG.

Comment !

EMMA.

Je veux dire : le nôtre.

LEWEMBERG.

Et depuis ?

EMMA.

Deux ans se sont écoulés sans que j'en aie entendu parler. Vous avez été nommé gouverneur de cette ville, où nous sommes venus habiter près de la citadelle.

AIR : De l'aimable Thémire.

Lorsque de ma fenêtre
Où j'étais sans témoin,
J'ai cru le voir paraître;
Mais de si loin... si loin,
Que, pour être sincère,
Si je l'ai reconnu...
Je vous jure, mon père,
Que c'est sans l'avoir vu.

Aussi, je n'étais pas bien sûre que ce fût lui, sans ce livre qu'avant-hier vous m'avez apporté vous-même.

LEWEMBERG, le prenant.

Qu'est-ce que c'est? *Histoire de l'Homme au masque de fer*... un volume que j'avais prêté au major de Muldorf, qui voulait y étudier la manière de garder les prisonniers d'État.

EMMA.

Eh bien! mon père; voyez vous-même, là... aux dernières pages.

LEWEMBERG.

Quelques lignes écrites à la main. (Lisant.) « Si vous n'avez « pas oublié l'auberge de Stafeld et la loge de l'Opéra, lisez « ces mots que vous seule pouvez comprendre. » (S'interrompant.) Qu'est-ce que cela veut dire? (Continuant.) « Ce livre, « qui appartient à quelqu'un de votre maison, tombera peut-« être entre vos mains. J'ose même espérer que le sujet « vous engagera à le lire jusqu'à la fin. Depuis plusieurs « mois, je vous aperçois tous les jours... Quoique bien loin, « je suis près de vous; et cette seule raison m'engage à « rester dans le lieu où je suis; car je n'ai pas l'habitude « de demeurer aussi longtemps dans le même endroit... » (S'interrompant.) Eh bien! par exemple! (Continuant.) « Que le « moindre indice, que le moindre signal de vous m'apprenne « que vous vous intéressez à ma liberté. Je l'aurai bientôt « recouvrée; et je me présenterai chez votre père pour vous « offrir ma main et ma fortune. » (A Emma.) Et tu n'as pas craint de lui avouer?...

EMMA.

Que je tremblais pour ses jours... lui qui voulait se présenter devant vous comme un fils.

LEWEMBERG.

Jamais... c'est impossible.

EMMA.

O ciel!... est-ce que sa naissance, sa famille?...

LEWEMBERG.

Elle est aussi illustre que la nôtre.

EMMA.

C'est donc sa fortune?

LEWEMBERG.

Il est plus riche que nous.

EMMA.

Il a donc commis quelque faute bien grave?... et le crime dont on le punit...

LEWEMBERG.

N'est que trop excusable, et ne lui ôterait rien de l'estime du monde; mais il est des personnes qui ne pouvaient, qui ne devaient pas lui pardonner... Je ne puis t'en dire davantage; et crois-moi, ma fille, pour ton bonheur et pour le mien, ne pense plus à quelqu'un qui doit passer le reste de ses jours dans la captivité.

EMMA.

Mais puisqu'il en sort quand il veut.

LEWEMBERG.

Je te le répète, mon enfant...

AIR : Pour le trouver j'arrive d'Allemagne. (*Yelva.*)

Bannis une tristesse vaine ;
Ce jeune étourdi t'oubliera.

EMMA.

Non, il m'aime, j'en suis certaine.

LEWEMBERG.

Et la preuve?

EMMA.

C'est qu'il est là.
Quand il pourrait disparaître au plus vite,
Il aime mieux, pour me prouver sa foi,
Rester captif près des lieux que j'habite
Que d'être libre loin de moi!

SCÈNE V.

REYNOLD, sortant de l'appartement à gauche; EMMA, LEWEMBERG.

REYNOLD.

Ma sœur, ma sœur! bonne nouvelle. Nous ne manquerons pas de jolies danseuses, car il nous en arrive des pays étrangers. Une voyageuse que j'ai reconnue; ton ancienne amie de pension, la comtesse de Linthal.

EMMA.

Que je n'ai pas vue depuis si longtemps!

REYNOLD.

Je le crois bien : elle revient de France, où elle a perdu son mari, il y a un an.

EMMA.

Il paraît que cette nouvelle-là t'intéresse?

REYNOLD.

Pour elle, certainement; parce qu'une veuve jeune et jolie... et puis une amie de ma sœur!... Elle ne passe qu'un jour ou deux à Magdebourg... mais je n'ai pas voulu qu'elle descendît à l'auberge. Je lui ai offert notre hôtel en ton nom, et en celui de mon père.

LEWEMBERG.

Et tu as bien fait... La comtesse de Linthal? n'était-ce pas la dame d'honneur, la favorite d'une de nos princesses?

EMMA.

De la sœur du roi... oui, sans doute; elle jouissait du plus grand crédit.

LEWEMBERG.

Ne pourrait-on galamment lui donner à entendre que le bal de ce soir est en son honneur?

REYNOLD.

Je m'en charge.

LEWEMBERG.

Mais, attends donc... La comtesse de Linthal!... la comtesse de Linthal!... Je crois me rappeler... N'était-elle pas, avant son mariage?...

REYNOLD.

Mademoiselle de Trenck... une illustre famille! la fille de ce vieux baron de Trenck, mort depuis longtemps, et qui n'a laissé que deux enfants, la comtesse et son frère Frédéric, qui servait avec moi dans les pages.

LEWEMBERG, à part.

Ah! mon Dieu!

REYNOLD.

Qu'est-ce donc?

LEWEMBERG.

Rien... Mais vous auriez dû me consulter avant de faire une pareille invitation. On va savoir que c'est chez moi que la comtesse de Linthal est descendue. Cela se répandra dans la ville. Il ne manquera pas de gens qui l'écriront à Berlin; et Dieu sait ce qu'on en pensera à la cour!

REYNOLD.

Où est le mal de recevoir une jolie femme, de lui donner un bal?

LEWEMBERG.

Le mal, le mal!... Vous êtes des enfants, qui ne savez pas comme moi jusqu'à quel point un bal peut compromettre un homme d'État.

REYNOLD.

AIR : Venez, mon père, ah! vous serez ravi. (*Les Inséparables.*)

Que craignez-vous? je n'y vois que plaisir.
   Chez nous les attraits et la grâce
N'ont jamais fait de tort aux gens en place
Et bien souvent en ont fait parvenir!

7.

EMMA.
Voilà sa voiture qui entre dans la cour.

LEWEMBERG.
Recevez-la, dites-lui qu'on m'attend.

REYNOLD, à sa sœur.
Il craint vraiment une disgrâce.
(Au comte.)
Rassurez-vous, j'y cours; un aspirant
N'a pas peur de perdre sa place.

(Lewemberg sort. — Reynold va au-devant de la comtesse, et rentre avec elle en lui donnant la main.)

SCÈNE VI.

EMMA, LA COMTESSE, REYNOLD.

EMMA, courant à la comtesse, qui entre.
Te voilà, chère Caroline! que je suis heureuse de te revoir!

LA COMTESSE.
Et moi donc! il y a si longtemps que, même dans ma patrie, je n'ai rencontré d'amis!

EMMA.
Que veux-tu dire? toi qui, au contraire, es désirée, fêtée...

REYNOLD.
Vous, madame, qui, à Berlin, faites l'ornement de tous les bals, et le désespoir de tous les danseurs... Il n'y avait jamais moyen d'être votre cavalier, ce dont j'enrageais.

EMMA.
Car mon frère était un de tes adorateurs.

REYNOLD.
Et vous ne vous en doutiez pas... Le moyen d'être remarqué, quand il y a foule.

LA COMTESSE.

Vraiment! alors il y a bien du changement; car je jouis maintenant de la plus belle solitude... Tout a disparu avec la place que j'occupais.

EMMA.

Est-ce que tu n'es plus auprès de la princesse?

LA COMTESSE.

Eh! mon Dieu, non! par ordre du Roi.

REYNOLD.

Ah! je comprends, maintenant.

LA COMTESSE.

Quoi donc?

REYNOLD.

Rien...

LA COMTESSE.

AIR : Ce que j'éprouve, en vous voyant. (ROMAGNESI.)

De la cour perdant les faveurs,
Qu'on perde amis, parents, fortune,
C'est une aventure commune...
Mais perdre ses adorateurs,
Voilà le plus grand des malheurs !
Mes sujets, que font disparaître
La disgrâce et l'adversité,
Je les rends à Sa Majesté.
Puisse-t-elle ne pas connaître
Ce que vaut leur fidélité!

Aussi, ce n'est pas là ce qui me chagrine; mais ce que je ne puis oublier, c'est le sort de mon frère, de ce pauvre Frédéric !

REYNOLD.

Que lui est-il donc arrivé?

LA COMTESSE.

Depuis trois ans, il a disparu... lui, mon meilleur ami... lui, que tant de brillantes qualités faisaient adorer de tout le monde.

EMMA.

Il serait mort!

LA COMTESSE.

Non; grâce au ciel, j'ai la certitude qu'il existe encore; mais il languit dans quelque prison ignorée.

EMMA.

Tout le monde est donc prisonnier! et pour quel motif?

LA COMTESSE.

Je ne l'ai jamais su au juste; mais j'ai voulu m'adresser à la princesse, notre protectrice, lui parler en faveur de Frédéric; et la froideur de son accueil a confirmé en mon esprit des soupçons déjà répandus à la cour.

EMMA et REYNOLD.

Quels sont-ils?

LA COMTESSE.

On disait, mais sans rien garantir, que mon frère, qui alors était page du roi, et trop jeune encore pour sentir les conséquences de sa témérité, avait osé élever ses vœux et ses regards trop haut, à ce qu'il paraît.

EMMA.

Voyez-vous cela!

LA COMTESSE.

Et le roi, qui ne plaisante pas, a fait mettre mon frère en prison pour le reste de ses jours, afin de lui apprendre...

REYNOLD.

C'est une injustice, parce qu'on ne peut pas empêcher les gens de regarder... Ce pauvre Frédéric, mon camarade!...

LA COMTESSE.

Ne pouvant rien obtenir de nos grands seigneurs ni de nos ministres, j'ai cherché des protections étrangères... j'en ai trouvé à la cour de France... On a écrit à l'ambassadeur, qui doit parler pour nous; l'aura-t-il fait? c'est ce que j'espère; et voilà pourquoi je me rendais à Berlin.

EMMA.

Et sait-on dans quelle prison il est retenu?

LA COMTESSE.

C'est un mystère... On assure cependant qu'il est à Custrin ou à Magdebourg.

EMMA.

O ciel!... Ce ne serait pas un tout jeune homme?... des yeux bleus... une physionomie distinguée?

LA COMTESSE.

Si vraiment.

EMMA.

Ah! mon Dieu!... (Lui montrant sur son petit livre les pages écrites à la main.) Et dis-moi, connais-tu cette écriture?

LA COMTESSE.

C'est la sienne... D'où vient ce message? Comment est-il entre tes mains?

EMMA.

Silence... vous saurez tout!

REYNOLD.

Une conspiration à nous trois, c'est charmant... (A sa sœur.) Et où as-tu vu Frédéric?

EMMA.

C'est sans le connaître que je m'intéressais à lui... c'est-à-dire non... depuis que je connais le motif de sa captivité, je ne m'y intéresse plus; et je trouve au contraire qu'il l'a méritée.

LA COMTESSE.

Allons, te voilà comme le Roi!

REYNOLD.

On vient... Passons chez ma sœur... (A la comtesse.) Comptez sur mon zèle, et, ce qui est plus difficile encore, sur ma discrétion.

(Ils entrent tous les trois dans l'appartement à gauche.)

SCÈNE VII.

LEWEMBERG, BALTHASARD, et QUATRE MUSICIENS.

(Les quatre musiciens restent au fond; Balthasard et Lewemberg sur le devant de la scène.)

LEWEMBERG, à Balthasard.

Allons, voyons, est-ce que cela me regarde?... adressez-vous à mes enfants... c'est encore une suite de la surprise!... (A part.) Vous verrez qu'il faudra que je paie les violons.

BALTHASARD.

Monseigneur, nous venons de la part de monsieur le major de Muldorf, le commandant de la citadelle.

LEWEMBERG.

C'est bien, c'est bien... je sais ce que c'est... vous êtes Balthasard.

BALTHASARD.

Oui, monseigneur... musicien civil et militaire, à volonté... également fort sur la trompette, la clarinette et le violon; sonnant la charge ou une contredanse, selon les idées des personnes.

AIR de *Marianne*. (DALAYRAC.)

Au combat si je suis terrible,
En guidant chasseurs et dragons,
Au bal mon coup d'archet sensible
Séduit filles et garçons.
Que d'citadelles,
Et que de belles,
Sans me vanter,
J'ai déjà fait sauter !
Grâce au physique,
A la musique,
Au bal, au feu,
Moi j'ai toujours beau jeu.

Et si j'ai fait mainte conquête
Par la trompette et le tambour,
J'en fais encor plus chaque jour
  Sans tambour ni trompette!

LEWEMBERG.

Il paraît, d'après ce que m'a dit le commandant, que tu bois volontiers pour deux.

BALTHASARD.

Comme musicien civil et militaire, c'est assez juste... mais je vous prie de croire que je n'oublie jamais la mesure... Par exemple, je demande pardon à monseigneur si aujourd'hui je ne donne pas le coup d'archet avec ma perfection ordinaire.

LEWEMBERG.

Et pourquoi cela?

BALTHASARD.

A cause d'une aventure qui me fait beaucoup d'honneur dans l'esprit de monsieur le commandant, mais qui en même temps me fait une fameuse douleur dans le poignet... Un prisonnier que j'ai arrêté hier, et qui, en se défendant, m'a asséné un coup de revers.

LEWEMBERG.

Je croyais qu'il était sans armes.

BALTHASARD.

Et la canne du commandant! cette canne qui lui avait servi pour s'élancer à bord et pour repousser le bateau... c'est la même qui plus tard... vlan!... et ça tombe un jour où j'ai besoin de tous mes moyens... Je ne pourrai pas faire une double croche sans penser à lui... ce gaillard-là, que je crois voir encore, et qui vous tapait sur un premier violon comme sur un tambour.

LEWEMBERG, riant.

Vraiment...

BALTHASARD.

Et le commandant qui le laisse échapper, comme si c'était

à un chef d'orchestre à conduire ses prisonniers! J'ai bien assez de mes musiciens... une... deux... partez de là... (Les musiciens commencent une symphonie militaire.) Eh! non... taisez-vous donc... pas encore.

SCÈNE VIII.

BALTHASARD, EMMA, LEWEMBERG.

EMMA.

Eh! mon Dieu! quel est ce bruit?... et cette symphonie militaire...

BALTHASARD.

Ne faites pas attention, mademoiselle, c'est mon orchestre qui va plus vite que le violon. Ces lurons-là sont comme les prisonniers du commandant... une fois lâchés, il n'y a pas moyen de les retenir.

EMMA.

Mon père, voilà toutes les dames qui arrivent au salon.

LEWEMBERG.

Je vais les recevoir, charge-toi de l'orchestre.

(Il sort.)

EMMA.

C'est bien... (Aux musiciens.) Tenez, messieurs, en attendant le bal, entrez par ici, c'est le chemin de l'office.

BALTHASARD.

AIR ALLEMAND, arrangé par M. Hus-Desforges.

(Pendant que Balthasard et les musiciens chantent cet air, Emma a appelé un domestique, auquel elle donne des ordres. — Celui-ci allume le lustre qui est dans le fond, et dispose l'appartement pour le bal.)

A l'office l'on nous appelle,
En avant mes nobles soutiens!

Le vin va réchauffer mon zèle,
Le vin va doubler mes moyens.

Amis, puisqu'il s'agit de boire,
Nous allons nous couvrir de gloire.
En avant, marchons,
Fifres et bassons ;
Si nous combattons,
C'est contre des flacons ;
Courons
A la victoire !

BALTHASARD et LES QUATRE MUSICIENS.

Amis, puisqu'il s'agit de boire, etc.

(Ils sortent par la gauche.)

SCÈNE IX.

EMMA, seule, les regardant sortir.

Ah bien ! oui... ce n'est pas maintenant que j'ai envie de danser, après ce que je viens d'apprendre. Ce pauvre jeune homme ! une captivité éternelle !... Je n'ai plus le courage de lui en vouloir... et au fait, à quoi cela servirait-il ? puisqu'il n'y a pas moyen de jamais lui chercher querelle, ni de jamais le revoir !... (Apercevant Frédéric.) Ah ! mon Dieu ! quelle imprudence !

SCÈNE X.

EMMA, FRÉDÉRIC, en grand costume de bal.

EMMA.

Comment, monsieur, c'est vous !

FRÉDÉRIC.

Est-ce à la surprise seule que je dois attribuer le trouble où je vous vois ?

EMMA.

Non, monsieur, non, ce n'est pas la surprise, car avec vous, il faut s'attendre à tout; mais c'est la frayeur que vous m'avez causée.

FRÉDÉRIC.

En effet, vous tremblez.

EMMA.

Et ce n'est pas pour moi! Oser vous montrer dans la maison du gouverneur!

FRÉDÉRIC.

Il y a, dit-on, une grande soirée, un bal charmant, et j'y viens.

EMMA.

Quelle audace !

FRÉDÉRIC.

Oui, de venir sans être invité; mais j'ose croire que vous serez assez bonne pour vouloir bien m'accueillir et me permettre de rester à ce bal. (Gaiement.) D'ailleurs, il est déjà trop tard pour rentrer chez moi; les portes de la citadelle se ferment toujours à neuf heures...

EMMA.

Y pensez-vous ?

FRÉDÉRIC.

C'est la consigne; et le commandant, qui est inflexible, ne m'ouvrirait pas, quand je le lui demanderais. Vous ne le connaissez pas comme moi.

EMMA.

Et comment avez-vous fait, monsieur, pour déjouer encore sa surveillance ?

FRÉDÉRIC.

La grande habitude !... quand on s'exerce à tromper, cela devient si aisé et si amusant! Vous saurez donc que tantôt, en quittant votre père, le commandant est passé chez moi, uniquement pour savoir si j'y étais. Enchanté de ne pas me trouver sorti, il m'a appris que, pour avoir le plaisir de me surveiller, il venait de refuser une invitation charmante... un bal chez le gouverneur; et pendant qu'il parlait, je sentais se glisser dans mon cœur l'envie irrésistible de venir à cette soirée. A peine m'a-t-il quitté que je me mets à ma toilette, sans plan, sans projets, sans idée arrêtée; sinon que je voulais aller à ce bal, et que j'irais... La porte s'ouvre, c'est François, un soldat qui sert de porte-clefs. Il m'apporte mon souper, et tout en prenant une prise de tabac, s'étonne de l'éclat inusité de mon costume. Sans lui répondre, je lui prends sa tabatière, je la lui jette dans les yeux; pendant qu'il tâche d'y voir clair, je m'élance, je ferme la porte, et je le laisse tête-à-tête avec mon souper, un poulet et une bouteille de vin... Je suis tranquille sur son compte : le voilà dedans et moi dehors !

EMMA.

Eh bien !... achevez.

FRÉDÉRIC.

Mais où aller?... Trois escaliers se présentaient... je prends le premier... tout chemin mène à Rome et à la liberté. En entrant dans un corridor, j'entends derrière moi la marche de plusieurs personnes... Craignant d'être poursuivi, je précipite mes pas, et j'arrive dans une cour où je vois un caisson tout attelé... L'impatience des chevaux me prouve que depuis longtemps, ils attendent un conducteur, dont j'entends les bottes retentir sur le pavé : en un clin d'œil, je suis dans le fourgon, et lui sur son siége. « Où vas-tu? lui crie un camarade. — A Brandebourg, dix lieues d'ici, pour chercher des munitions. » Le pont-levis s'abaisse; la voiture part, et nous voilà roulant sur la route de Brandebourg.

EMMA.

O ciel !

FRÉDÉRIC.

Vous sentez bien que pour aller au bal, c'était le plus

long ; et décidé à changer la direction du char qui m'entraînait malgré moi, je jette hors du fourgon le premier objet que je trouve sous ma main. C'était le bagage et les armes de mon cocher, qui, au bruit de leur chute, s'arrête en jurant, descend de son siège, court les ramasser à dix pas en arrière... Moi, sorti du caisson, j'avais déjà pris sa place, saisi les guides, fouetté les chevaux, et laissé loin de moi mon compagnon de voyage, qui, parti en voiture, sera retourné à pied... Pour moi, assis sur ce trône usurpé, tenant les rênes et dirigeant les événements, je suis descendu à la porte de votre hôtel, ici, au bal, en toilette ; pas la moindre éclaboussure... ce que c'est que d'arriver en voiture !

EMMA.

Ah ! mon Dieu ! mon Dieu ! quelle tête ! et quelle imprudence ! vous ne songez donc pas...

FRÉDÉRIC.

A rien, qu'à vous, à vous seule.

EMMA.

Mais mon père...

FRÉDÉRIC.

Il ne m'a jamais vu.

EMMA.

Et tout ce monde qui sera à cette soirée !...

FRÉDÉRIC.

Qu'importe ? ici, à Magdebourg, personne ne me connaît.

EMMA.

C'est ce qui vous trompe, vous avez ici des amis, des parents...

FRÉDÉRIC.

Que dites-vous ?... (Se retournant et apercevant Reynold qui entre avec la comtesse.) Ma sœur !

SCÈNE XI.

EMMA, FRÉDÉRIC, LA COMTESSE, REYNOLD.

LA COMTESSE, serrant Frédéric dans ses bras.

Mon frère, c'est toi que je revois !

REYNOLD.

Cher Frédéric !

FRÉDÉRIC.

Reynold, mon ancien ami !

EMMA.

Et le fils du gouverneur... qui va vous dénoncer.

FRÉDÉRIC, riant.

Je l'en défie.

LA COMTESSE.

Et c'est ici le lieu que tu choisis pour refuge !

FRÉDÉRIC.

C'est l'endroit le plus sûr... on ne viendra pas m'y chercher... qui pourrait me soupçonner ici, ce soir, au bal ?

LA COMTESSE.

D'accord... mais il ne faut qu'un hasard... une imprudence.

FRÉDÉRIC.

Eh ! qu'importe ?... (Montrant Emma.) le bonheur de la voir... celui d'être avec vous, ne vaut-il pas qu'on risque quelque chose ? Songez donc que demain, quand les portes de la ville seront ouvertes, il faudra fuir, m'éloigner... mais du moins je l'aurai vue... j'aurai passé quelques heures auprès d'elle.

EMMA.

A-t-on jamais raisonné ainsi ?

REYNOLD.

On vient... ce sont nos amis.

LA COMTESSE.

Comment le présenter à votre père ?

REYNOLD.

Comme un des camarades que nous attendions... soyez tranquille... je m'en charge.

SCÈNE XII.

EMMA, LA COMTESSE, FRÉDÉRIC, LEWEMBERG, REYNOLD; LES JEUNES GENS DE LA VILLE et LES DAMES occupent le fond.

FINALE.

(Musique de M. Hus Desforges.)

LE CHOEUR.

A cette aimable fête
Hâtons-nous d'accourir,
Et que chacun s'apprête
A se bien divertir !

REYNOLD, bas, aux jeunes gens de la ville.

Voyez-vous cet ami qui vous est inconnu ?
Il faut qu'ici chacun se persuade
Que c'est Butler notre ancien camarade.

TOUS, bas.

C'est entendu, c'est convenu.
(Haut.)
Après une aussi longue absence
Ce cher Butler, notre meilleur ami !...

FRÉDÉRIC.

Mes chers amis, combien je suis ravi
De faire votre connaissance.

REYNOLD, le présentant au gouverneur.

C'est un ami qui nous est cher,
Notre camarade Butler.

LE CHOEUR.
A cette aimable fête, etc.

SCÈNE XIII.

LES MÊMES; BALTHASARD, MUSICIENS, se plaçant sur une espèce d'estrade qu'on vient d'établir sur le théâtre à droite de l'acteur. Balthasard seul est debout au bas de l'estrade, Lewemberg est assis à côté de lui. Frédéric donne la main à Emma; un jeune officier à la comtesse; ils valsent sur le devant, tandis que les jeunes gens et les dames de la ville valsent dans le fond.

LEWEMBERG.
L'orchestre en place, et que le bal commence!
BALTHASARD, à son orchestre, et tenant son violon.
Attaquons bien la note; allons, de l'assurance,
J'ai mon honneur à soutenir.
(Faisant un geste de douleur.)
Aïe! la main!
LEWEMBERG.
Qu'as-tu?
BALTHASARD, jouant toujours une valse.
Rien, c'est un souvenir.
(Aux musiciens.)
Piano...
(Au comte.)
C'est la clavicule;
Non, je veux dire la rotule...
De la main gauche.
(En ce moment, Frédéric, qui passe près de lui en valsant, lui marche sur le pied.)
Aïe! le pied!
De la jambe à présent je suis estropié.
(Le regardant.)
Et ce danseur... ô ciel! rien qu'à cette tournure...
J'ai cru voir... c'est bien étonnant!

FRÉDÉRIC, s'arrêtant.
Mais il ne va pas en mesure ;
Musicien ignorant...

BALTHASARD, le regardant en face.
C'est lui !

FRÉDÉRIC, le reconnaissant.
Grand Dieu !

BALTHASARD.
C'est lui ;
Il s'est encore enfui !
Camarades, à moi ! qu'à l'instant on l'arrête !
C'est notre prisonnier.

TOUS.
Troubler ainsi la fête !

BALTHASARD.
De s'enfuir il se fait un jeu.

EMMA, LA COMTESSE et REYNOLD.
O ciel !

LEWEMBERG.
Qui donc est-il ?

BALTHASARD.
Parbleu !
C'est le baron de Trenck.

TOUS.
Grand Dieu !

Ensemble.

EMMA, REYNOLD, LA COMTESSE.
O malheur ! ô disgrâce !
Lui-même il s'est trahi !
Quel péril le menace,
Hélas ! c'est fait de lui !

LEWEMBERG.
Qu'entends-je ! quelle audace !
Oser venir ici !

Non, vraiment, point de grâce !
J'en suis fâché pour lui.

FRÉDÉRIC.

Supportons ma disgrâce
Avec un front hardi ;
Quand le malheur menace,
Soyons plus grand que lui !

TOUTES LES DAMES.

N'est-il donc point de grâce ?
Nous vous prions pour lui !

LEWEMBERG, à Reynold.

Quoi ! monsieur ; quoi ! mon fils ! par une telle ruse
C'est donc ainsi que l'on m'abuse !

REYNOLD, allant à Frédéric.

Nous ne vous avons pas menti ;
(Lui prenant la main.)
Il était malheureux... c'est être notre ami !

TOUS.

Oui, c'était notre ami !

REYNOLD.

Est-ce un crime ?

LEWEMBERG.

Oui, très-grand ; une ordonnance expresse
Condamne tous ceux dont l'adresse
Protégerait son évasion.
Et je dois être inexorable,
Lorsque mon fils est le coupable.
(A Balthasard.)
Vous conduirez ces messieurs en prison ;
Oui... vingt-quatre heures de prison.

FRÉDÉRIC.

C'est un plaisir, en bonne compagnie.

TOUTES LES DAMES.

Ces pauvres jeunes gens !

FRÉDÉRIC, à Emma et à la comtesse.

Calmez-vous, je vous prie ;
Oui, mesdames, nous reviendrons :
De la prison nous sortirons ;
Et si la chose est impossible,
Je vous jure, sur mon honneur,
De vous faire venir en ce lieu si terrible,
Vous et monsieur le gouverneur.

Ensemble.

EMMA, REYNOLD, LA COMTESSE.

O malheur ! ô disgrâce ! etc.

LEWEMBERG.

Qu'entends-je ! quelle audace ! etc.

FRÉDÉRIC.

Supportons ma disgrâce, etc.

TOUTES LES DAMES.

Nous demandons sa grâce ;
Nous vous prions pour lui !

(Balthasard et ses compagnons entourent Frédéric, qui dit adieu aux dames.)

ACTE DEUXIÈME

Une chambre de la citadelle de Magdebourg. — Deux portes latérales, une porte au fond, avec un grand guichet garni de barreaux de fer; la porte à droite de l'acteur est la porte d'entrée, garnie de verrous en dehors. Du côté opposé, la chambre du commandant. Au fond une table sur laquelle sont deux bougies. A côté de la chambre du commandant, une table pour écrire debout. Des fauteuils à droite et à gauche.

SCÈNE PREMIÈRE.

MULDORF, seul, debout, travaillant à la table.

Quelle superbe prison que celle de Magdebourg! et combien j'en suis fier!... Il y a pourtant des gens qui osent lui préférer la Tour de Londres, ou la Bastille de Paris... Je voudrais bien les voir ici! les belles voûtes, les belles murailles! comme elles sont épaisses! comme elles sont noires!

AIR : J'en guette un petit de mon âge. (*Les Scythes et les Amazones.*)

De bons barreaux bien scellés dans la pierre,
De bons guichets d'une solidité...
Tout est prévu! pas d'air... ni de lumière;
   C'est un chef-d'œuvre, en vérité!
   Aussi je pense, plus j'inspecte
   Ces lieux qu'il a pris soin d'orner,
Qu'on aurait dû pour toujours y donner
   Un logement à l'architecte.

Il y a cependant un défaut, mais qui ne vient pas de lui. Ce n'est pas assez meublé, assez peuplé... Dans un bel édifice comme celui-ci, il pourrait tenir bien à l'aise, bien gentiment, une trentaine de prisonniers d'État... et je n'en ai pas assez pour exercer ma surveillance... (On entend tirer les verrous en dehors.) Qui vient là? Balthasard!... il n'est cependant guère plus de minuit.

SCÈNE II.

BALTHASARD, MULDORF.

MULDORF.
Est-ce que le bal serait déjà fini?

BALTHASARD.
Il y a bien d'autres nouvelles, et de bonnes! Je ramène le prisonnier, le baron de Trenck.

MULDORF, vivement.
Est-ce qu'il était parti?

BALTHASARD.
Oui, vraiment.

MULDORF.
Je ne le savais pas... Et où était-il caché?

BALTHASARD.
Dans le salon du gouverneur, où il dansait une valse.

MULDORF.
En es-tu bien sûr?... une valse?

BALTHASARD.
C'est moi qui la jouais; et voilà deux fois, depuis hier, que je vous le ramène.

MULDORF.
Tu en seras récompensé... tu auras une gratification.

BALTHASARD.
Tenez, mon commandant, j'aimerais mieux autre chose; une place ici... par exemple.

MULDORF.
Toi, un musicien !

BALTHASARD.
La musique militaire est agréable... mais elle est trop vagabonde ! ça ne mène à rien qu'à valser tous les mois de garnison en garnison, à la suite du régiment... et les nouvelles connaissances, c'est si dangereux !... on boit avec l'un, on boit avec l'autre ; et ce qui vient du tambour s'en va par la flûte... tandis qu'une place dans une prison, c'est solide !... quand on y est, on y reste.

MULDORF.
Je vois que tu es comme moi... que tu as une vocation... eh bien ! nous verrons ; car je ne peux pas penser à tout, avec les soins dont je suis chargé... Il faut d'abord que je change M. le baron de Trenck de prison, parce que je n'ai plus confiance dans celle où il était... j'ai envie de le mettre au numéro 13.

BALTHASARD.
Mauvais numéro, qui vous portera malheur.

MULDORF.
C'est un cachot particulier... un cachot de distinction.

BALTHASARD.
Et les autres prisonniers ?...

MULDORF.
Est-ce qu'il y en a d'autres qui s'étaient échappés ?

BALTHASARD.
Eh non !... des nouveaux... des complices...

AIR : Qu'il est flatteur d'épouser celle. (Le Jaloux malade.)

Ils sont une demi-douzaine.

MULDORF, se frottant les mains.
Quoi ! six prisonniers ?... c'est très-bon

BALTHASARD.
C'est encor moi qui les ramène ;

8

Quel bénéfic' pour la prison !
Gn'y a pas, à ma connaissance,
De baillis, ni de gens duRoi,
Qui, même avec leur éloquence,
Vous en rapport'nt autant que moi.

MULDORF.

Tu as raison... je t'accorde ta demande... Désormais, tu seras attaché à la prison... tu n'en sortiras plus.

BALTHASARD.

Ah ! commandant ! quelle faveur !

MULDORF.

A condition que tu déploieras le même zèle... et pour ton entrée en fonctions, tu vas faire placer les autres prisonniers dans des chambres séparées.

BALTHASARD.

Oui, commandant.

MULDORF.

Séparées... tu entends bien ?

BALTHASARD.

Parbleu !... si un musicien ne savait pas ce que c'est que des parties séparées... Vous voulez éviter les morceaux d'ensemble ?

MULDORF.

Justement... J'entends notre fugitif qu'on ramène... il faut que j'aie avec lui une conversation adroite et insidieuse... Laisse-nous.

(Deux soldats amènent Frédéric, et sur un signe du commandant ils sortent avec Balthasard.)

SCÈNE III.

FRÉDÉRIC, MULDORF.

MULDORF.

Approchez, monsieur, approchez... Qu'est-ce que c'es

que cette rage de vouloir toujours s'en aller, de ne pouvoir rester nulle part?... cette fois, du moins, comment vous y êtes-vous pris?

AIR : A soixante ans on ne doit pas remettre. (*Le Dîner de Madelon.*)

Est-ce par ruse, ou bien par escalade?
De tels projets pour lui l'on doit frémir;
Car de prison chaque fois qu'il s'évade,
    Gaiment il s'expose à périr.

FRÉDÉRIC.

C'est le danger qui double le plaisir.
La liberté, que toujours j'ai chérie,
Est ma maîtresse et mon bien le plus doux;
Elle m'attend, et je trouve, entre nous,
Tout naturel que l'on risque sa vie
Pour arriver plus tôt au rendez-vous!

La seule chose que je me reproche, commandant, c'est d'être parti sans vous faire mes adieux; mais vous pouvez être sûr que la première fois...

MULDORF.

Quelle audace! vous espérez encore?...

FRÉDÉRIC.

Espérer!... un prisonnier ne fait que cela... Apprenez que j'ai douze moyens infaillibles, dont un seul suffirait pour me faire sortir de toutes les prisons du royaume.

MULDORF.

Il serait possible!... Eh bien! mon cher Frédéric, si cela est vrai, je vous en prie, je vous en conjure, dites-m'en un seul... rien qu'un seul, et je vous accorde sur-le-champ tout ce que vous me demanderez... pourvu que ce ne soit point incompatible avec les devoirs de ma place.

FRÉDÉRIC.

A la bonne heure! nous commençons à nous entendre, et je n'abuserai point de mes avantages... je vous demanderai seulement de faire venir ici un de mes amis, dont mon imprudence a causé la captivité... le fils du gouverneur.

MULDORF.

Le fils du gouverneur est mon prisonnier!

FRÉDÉRIC.

Vous voyez bien que vous n'en saviez rien, et que c'est moi qui vous l'apprends; mais c'est par-dessus le marché... cela ne comptera pas... Je vous demande de me laisser causer avec lui pendant un quart d'heure... ici même ou dans sa prison, à votre choix...

MULDORF.

Un quart d'heure de conversation... Soit, ce sera ici, dans cet appartement, qui est le mien; et à la condition que vous allez m'apprendre un de vos douze moyens.

FRÉDÉRIC.

Volontiers; mais ce sera le plus faible de tous, parce que vous sentez bien que ce qu'il y a de mieux je le garde pour moi et pour mon usage particulier.

MULDORF.

C'est trop juste. Or donc, si je vous faisais enfermer dans la prison n° 13, par quel moyen en sortiriez-vous?

FRÉDÉRIC.

La prison n° 13, qui est au-dessus du concierge?

MULDORF.

Oui.

FRÉDÉRIC.

Une croisée d'un demi-pied avec quatre barreaux, et une porte en fer avec trois serrures...

MULDORF.

Vous la connaissez aussi bien que moi.

FRÉDÉRIC.

C'est mon état de prendre des renseignements et d'étudier la topographie...

MULDORF.

Eh bien!... ce moyen...

FRÉDÉRIC.

Dès que je vous l'aurai dit, cela vous paraîtra la chose la plus simple et la plus facile ; vous serez étonné de n'y avoir pas pensé ; vous allez vous écrier : La belle malice ! il n'y a rien au monde de plus commun... D'accord, mais encore fallait-il le deviner.]

MULDORF.

Eh bien ! voyons donc, voyons ce moyen si simple de sortir d'une prison bien fermée.

FRÉDÉRIC, lui donnant une clef qu'il sort de sa poche.

En voici la clef.

MULDORF, étonné.

Bah !

FRÉDÉRIC.

Voyez plutôt.

MULDORF.

C'est ma foi vrai ! Le passe-partout qui ouvre toutes les serrures ! Et comment vous l'êtes-vous procuré ?

FRÉDÉRIC.

Je ne me suis pas engagé à vous le dire... Oh ! vous pouvez le garder... je n'en ai pas besoin.

MULDORF.

Et si je vous enfermais maintenant ?

FRÉDÉRIC.

Comme vous voudrez... Je ne vous en ai dit qu'un, le numéro un... Ainsi, comptez... il m'en reste encore...

MULDORF.

C'est juste ; c'est une imprudence à moi de n'avoir pas fait ajouter de bons verrous en dehors... mais dès demain il y en aura deux ; et alors que ferez-vous ?

FRÉDÉRIC, froidement.

A Custrin, il y en avait quatre ; et me voilà. (Mouvement de surprise du major.) Mais j'ai tenu ma parole, c'est à vous de tenir la vôtre en me laissant avec mon ami.

MULDORF.

C'est juste... Holà ! quelqu'un.

SCÈNE IV.

Les mêmes ; FRANÇOIS.

MULDORF.

C'est François ! D'où viens-tu donc ? On t'a appelé toute la soirée.

FRANÇOIS.

Ce n'est pas ma faute, mon commandant ; j'étais enfermé dans la prison de M. le baron.

MULDORF.

Qui t'y avait mis ?

FRANÇOIS.

Lui-même, que Dieu confonde !...

MULDORF.

Encore !

FRÉDÉRIC.

Cela me paraît assez juste... il m'a enfermé si souvent... Chacun son tour !

MULDORF.

Est-ce le moyen numéro deux ?

FRÉDÉRIC.

A peu près... François, va chercher un prisonnier qui vient d'entrer... M. Reynold, le fils du gouverneur, et amène-le ici sur-le-champ.

FRANÇOIS.

Faut-il, mon commandant ?

MULDORF.

Sans doute.

FRANÇOIS, montrant Frédéric.

Il paraît que c'est lui qui donne les ordres.

FRÉDÉRIC, lui donnant de l'argent.

Et de plus... voilà pour ta peine.

FRANÇOIS.

C'est différent... Dieu vous bénisse !...

FRÉDÉRIC, à part.

Il dit cela à cause de la tabatière.

(François sort.)

MULDORF.

Vous voyez que j'exécute loyalement mes conditions... j'en exige cependant une nouvelle... c'est que, d'ici à demain, vous ne ferez aucune tentative d'évasion.

FRÉDÉRIC.

C'est une trêve que vous demandez ?

AIR du vaudeville des *Frères de lait*.

Je l'accorde, j'ai l'âme bonne.

MULDORF.

Soyez prisonnier parmi nous,
Sur parole.

FRÉDÉRIC.

Je vous la donne.

MULDORF.

C'est un moyen.

FRÉDÉRIC.

Et le plus sûr de tous ;
Oui, ce moyen est le plus sûr de tous.
Sous vos verrous, j'étais libre... et sans peine
Je l'aurais su prouver à mon geôlier.
Mais aujourd'hui, c'est l'honneur qui m'enchaîne ;
D'aujourd'hui seul me voilà prisonnier !

MULDORF, à part.

Profitons de la trêve pour doubler les postes, renforcer les cadenas; et comme les ruses de guerre sont permises... (Montrant du doigt la chambre à coucher qui est à gauche.) j'en médite une qui sera digne de lui, et qui doit réussir.

(Il entre dans la chambre à gauche.)

SCÈNE V.

REYNOLD, FRÉDÉRIC, FRANÇOIS et DEUX SOLDATS.

(Reynold entre escorté par François et deux soldats, qui sortent sur un signe de Frédéric.)

FRÉDÉRIC.

Mais voici ce cher Reynold, mon compagnon d'infortune!

REYNOLD, courant à lui.

Frédéric! Comment suis-je assez heureux pour te voir?

FRÉDÉRIC.

Je viens d'arranger cela avec le commandant... Je l'y ai amené par capitulation.

REYNOLD.

Cela se trouve d'autant mieux, que j'avais tant de choses à te dire...

FRÉDÉRIC.

Je m'en doutais.

REYNOLD.

Tu sais bien qu'hier au soir, au moment de la reconnaissance, quand Balthasard t'a emmené... lui et ses compagnons avaient tellement peur de perdre leur prisonnier qu'ils ont tous voulu l'escorter.

FRÉDÉRIC.

Ça fait plaisir, c'est honorable.

REYNOLD.

Ce n'est qu'une demi-heure après qu'on a envoyé de la citadelle une compagnie de soldats pour nous chercher; pendant ce temps, un courrier était arrivé à l'hôtel de la comtesse de Linthal, et la lettre qu'on lui faisait passer contenait des choses importantes, dont il fallait que tu eusses connaissance... Malheureusement, tu n'étais plus là... tu n'étais plus libre...

FRÉDÉRIC.

De quoi s'agissait-il?

REYNOLD.

C'était une lettre de l'ambassadeur de France à Berlin... Il avait parlé en ta faveur... il avait demandé ta grâce, qui d'abord avait été refusée... mais il a insisté avec tant de chaleur, que le Roi a dit : « Eh bien! qu'il devienne sage, qu'il se range... qu'il se marie... et alors nous verrons... »

FRÉDÉRIC.

O ciel!

REYNOLD.

« Mais, Sire, a reparti l'ambassadeur, que Votre Majesté commence par le faire mettre en liberté. — Non pas. »

AIR du vaudeville des *Visitandines.*

« — Comment se marier ainsi?
C'est impossible. — Qu'il s'arrange :
Peu m'importe; tant pis pour lui! »

FRÉDÉRIC.

Certes, le caprice est étrange.
Grand Roi, soit dit sans vous blesser,
Je vois quel dessein est le vôtre :
A l'hymen il veut me forcer,
Afin de me faire passer
　D'une prison dans une autre!

Mais il se trompe; je ne demande pas mieux... Que ton père m'accorde la main de ta sœur, et le Roi est satisfait.

REYNOLD.

C'est bien ce que nous lui avons dit sur-le-champ... Mais mon père, qui, pour la première fois de sa vie, est d'un sentiment contraire à celui de Sa Majesté, ne veut te donner ma sœur que quand tu seras tout à fait libre.

FRÉDÉRIC.

Il serait vrai!... Et moi, qui suis prisonnier sur parole... Je viens de la donner au commandant pour aujourd'hui.

REYNOLD.

Et cette nuit, mon père emmène ma sœur.

FRÉDÉRIC.

Mon ami, il faut t'y opposer, ou je suis perdu!

REYNOLD.

Et le moyen?... Moi, et mes compagnons ne sommes-nous pas sous clef?

FRÉDÉRIC.

Je n'ai pas donné de parole pour vous; et je puis agir.

REYNOLD.

Et comment feras-tu?... Songe donc que nous sommes enfermés, qu'il y a une garnison, que le château est fort...

FRÉDÉRIC.

Très-fort... mais le commandant ne l'est pas, et cela rend la partie égale... Pour la garnison, il y a une revue que l'on doit passer demain à quelques lieues d'ici, et le régiment est sorti ce soir pour se rendre au camp. Il ne reste que quinze hommes commandés par le sergent Franck.

REYNOLD.

Quinze hommes!... c'est plus qu'il ne faut.

FRÉDÉRIC.

Ce n'est pas assez... car il y a une poterne où l'on a négligé de mettre un factionnaire... C'est par là que vous sortirez

REYNOLD.

Oui ; mais, avant tout, comment sortir de nos cachots ?

FRÉDÉRIC.

Cela me regarde... Imagine-toi que je connais tous les appartements de cette citadelle, que je les ai tous étudiés... excepté celui-ci, l'appartement du gouverneur, (Muldorf paraît à la porte de sa chambre, et écoute la conversation des deux prisonniers.) où je viens pour la première fois... et la salle d'armes, où je ne suis jamais entré... Mais, excepté ces deux endroits-là, je vous promets de vous délivrer de tous ceux où l'on pourrait vous mettre... Silence...? C'est le major qui revient.

SCÈNE VI.

Les mêmes ; MULDORF ; puis FRANÇOIS et deux Soldats.

MULDORF, à part.

A merveille !... je n'en ai pas perdu un mot... et maintenant que je connais le plan de l'ennemi... (A Frédéric, tirant sa montre.) J'espère que j'ai tenu ma parole... le quart d'heure est expiré.

FRÉDÉRIC.

Et même quelques minutes de plus... Quand vous vous y mettez... vous faites grandement les choses.

MULDORF.

Holà !... (François et les deux soldats entrent. — A Reynold.) Monsieur ne m'en voudra pas, si je suis obligé de faire reconduire le fils du gouverneur... J'espère bien que cette détention ne sera pas longue.

REYNOLD, regardant Frédéric.

Je l'espère aussi.

MULDORF.

Je l'adoucirai, du moins, par tous les égards qui seront

en mon pouvoir, et je veux, pour commencer, vous réunir à vos compagnons. (Aux deux soldats qui sont entrés.) Vous allez conduire monsieur et ses amis dans la salle d'armes.

FRÉDÉRIC et REYNOLD, à demi-voix.

Dans la salle d'armes... O ciel!

FRÉDÉRIC, bas au major.

Y pensez-vous?... les réunir tous ensemble, pour qu'ils s'échappent plus aisément!... C'est une imprudence dont je me crois obligé de vous avertir.

MULDORF.

Je vous remercie... mais c'est égal.

FRÉDÉRIC.

Je vous répète, commandant...

MULDORF.

Peu m'importe... c'est moi seul que cela regarde.

FRÉDÉRIC.

Cela nous regarde tous... il y va de la sûreté générale; car, enfin, il doit y avoir des armes... dans cette salle d'armes... Et s'ils se révoltent... s'ils brûlent la citadelle?...

MULDORF.

Je suis là pour maintenir l'ordre; et, en attendant, je maintiens mon arrêté... (Aux soldats.) Emmenez les prisonniers dans la salle d'armes, et apportez-m'en la clef.

(François et les deux soldats sortent, et emmènent Reynold.)

SCÈNE VII.

MULDORF, FRÉDÉRIC.

FRÉDÉRIC, à part.

Voilà qui est fort embarrassant... et je ne sais pas comment les tirer de là... Heureusement que je suis libre encore... Mais, est-ce qu'une fois par hasard il s'avisera d'avoir de l'esprit?

MULDORF.

Pour vous, monsieur, d'après notre traité, vous ne retournerez pas ce soir dans votre prison... Vous n'en aurez pas d'autre que cet appartement, où vous passerez la nuit auprès de moi.

FRÉDÉRIC.

Hein! que dites-vous?... (A part.) Allons, décidément, il en a... (Haut.) Ne suis-je pas prisonnier sur parole... et par conséquent, libre?

MULDORF.

De rester ici, sous ma surveillance particulière.

FRÉDÉRIC.

Ce n'est pas là ce dont nous sommes convenus; et si vous manquez à votre promesse, je retire la mienne.

MULDORF.

Comme vous voudrez.

FRÉDÉRIC.

La trêve est rompue.

MULDORF.

Et les hostilités vont recommencer.

FRÉDÉRIC.

C'est ce que je demande. (Avec dignité.) Qu'on me ramène dans ma prison.

MULDORF.

Non, monsieur... la guerre n'empêche pas entre ennemis les égards et les procédés.

FRÉDÉRIC.

Je n'en veux pas.

MULDORF.

Ce sera bien malgré vous.

FRÉDÉRIC.

J'aime mieux la rigueur.

MULDORF.

Vous n'en aurez pas.

FRÉDÉRIC.

AIR du vaudeville de *Partie et Revanche*.

Monsieur, c'est une tyrannie,
C'est violer la liberté;
Car enfin, telle est mon envie,
Je veux être persécuté.

MULDORF.

C'est impossible en vérité.

FRÉDÉRIC, à part.

Au malheur c'est bien être en butte!

MULDORF, à part, le regardant.

Je vois donc qu'il est ici-bas
Bien des gens que l'on persécute,
En ne les persécutant pas.

(Balthasard entre.)

Ah! c'est Balthasard!

FRÉDÉRIC, à part.

Mon mauvais génie... Il ne manquait plus que cela...
Quand il arrive, c'est toujours le signal d'une déroute.

SCÈNE VIII.

MULDORF, FRÉDÉRIC, BALTHASARD.

BALTHASARD.

Mon commandant, tous vos jeunes gens sont casernés dans la salle d'armes... des fenêtres hautes de vingt pieds... et une porte bien fermée et bien cadenassée, dont voici les clefs étiquetées.

MULDORF, les mettant dans sa poche.

C'est bien... sur les quinze hommes qui nous restent, dis

au sergent Franck d'en mettre deux en sentinelle à la porte de cette chambre.

BALTHASARD.

Oui, commandant.

MULDORF.

En outre, et pour première expédition dont je te charge, tu surveilleras toi-même ce prisonnier que je mets sous ta garde... ta place en dépend.

BALTHASARD.

Oui, commandant... nous nous connaissons déjà.

MULDORF.

Et pour être prêt à exécuter sur-le-champ les moindres ordres que je donnerai, ou que j'enverrai, tu ne dormiras pas de la nuit.

BALTHASARD.

Oui, commandant.

MULDORF.

Marche... (Balthasard sort par la porte à droite.) Pour moi, je vais me coucher, parce qu'il faut que la vigilance ferme quelquefois les yeux, ne fût-ce que pour mieux y voir... Si M. de Trenck veut un lit de camp à côté du mien... il ne tient qu'à lui de passer dans ma chambre à coucher.

FRÉDÉRIC, qui est allé s'asseoir sur le fauteuil à droite.

Je n'ai pas sommeil.

MULDORF.

Comme vous voudrez... là, ou ici... liberté tout entière, tant que ça peut s'étendre... trente pieds carrés... pour moi, je vais me déshabiller, et dans cinq minutes, je gage bien que je serai endormi... on dort si bien quand on est tranquille, et je le suis maintenant. (A part.) Je le tiens enfin; et nous verrons qui sera le plus adroit.

(Il prend une bougie sur la table du fond, et rentre dans sa chambre, à gauche de l'acteur.)

SCÈNE IX.

FRÉDÉRIC, seul.

La position devient désavantageuse! dans un pays inconnu, où je n'ai pas l'habitude de manœuvrer, et resserré entre deux corps d'armée ennemis... (Il prend la bougie sur la table, et montrant la porte à droite.) Là, les avant-postes de Balthasard, avec ses deux sentinelles... ici, (Montrant la porte à gauche.) le quartier-général du commandant... (S'approchant et écoutant.) Si je l'empêchais de dormir?... Ce serait une vengeance qui me coûterait trop cher, car il me ferait la conversation... (Il pose la bougie sur la table, auprès de la porte de la chambre de Muldorf.) Allons, allons, rien à tenter de ces deux côtés... il n'y a de salut que par ici... (Montrant le fond.) une porte bien fermée, et un large guichet avec des barreaux de fer... c'est par là qu'il faut sortir... ne perdons pas de temps... (Il ôte sa cravate.) Si j'étais chez moi... cela irait bien plus vite... mais je n'ai là que mes équipages de campagne... mes limes anglaises qui ne me quittent jamais, (Il en prend une dans sa cravate.) et j'espère bien que ce treillage-là ne me résistera pas longtemps... C'est encore heureux que le commandant ait voulu dormir, et qu'il m'ait laissé seul... sans cela... (Apercevant la porte à droite qui s'ouvre.) Dieux! toujours ce damné de Balthasard!

(Il s'éloigne de la porte du fond.)

SCÈNE X.

BALTHASARD, FRÉDÉRIC.

FRÉDÉRIC.

Que viens-tu faire ici?... qu'est-ce qui t'amène?

BALTHASARD.

Mes réflexions.

######### FRÉDÉRIC.

Qu'est-ce que tu as besoin de réfléchir?... Vois ton commandant... il est chez lui... fais-en autant.

######### BALTHASARD.

Non pas... il m'a dit de mettre deux sentinelles à cette porte... j'en ai mis trois.

######### FRÉDÉRIC.

Imbécile!

######### BALTHASARD.

Et de plus... je suis venu m'établir ici.

######### FRÉDÉRIC.

Et de quel droit?

######### BALTHASARD

Je ne vous dérangerai pas... je serai là, tranquillement, dans ce fauteuil... et si vous avez quelque chose à faire, je vous regarderai.

######### FRÉDÉRIC, à part.

J'aimerais mieux avoir affaire à trois commandants qu'à un animal aussi obstiné... Abandonnons la place, et battons en retraite, près du major, dont la présence m'inspirera peut-être. (Regardant dans la chambre de Muldorf.) Eh! mais je vois vraiment qu'il m'a tenu parole... il ronfle déjà... tant mieux...

AIR du vaudeville de l'Écu de six francs.

> A ton maître je m'en vais rendre
> Compte de ce que j'ai pu voir;
> J'espère qu'il saura t'apprendre
> La discipline et le devoir.
> S'il faut qu'un simple subalterne
> Se mêle d'avoir à présent
> Plus d'esprit que son commandant,
> Comment veut-on que l'on gouverne?

(Il entre dans la chambre à gauche.)

9.

SCÈNE XI.

BALTHASARD, seul.

Ah bien oui!... c'est le commandant lui-même qui m'a donné carte blanche... ce que nous appelons en musique *ad libitum*... et maintenant que j'ai une place dans la maison... je ne me soucie pas de la perdre. Une bonne place qui me convient... où il n'y a rien à faire, et où je n'ai pas peur de m'ennuyer, parce que je cultiverai mon talent.

AIR des *Scythes et les Amazones*.

D'étudier ici je me propose
La clarinette, un superbe instrument
Qu'on m'défendait autrefois, et pour cause
Que ça faisait déserter l'régiment.
Mais dans ces lieux aucun danger n'existe,
Aussi je vais m'en donner à plaisir.
J' suis sûr d'avoir, c'est doux pour un artiste,
Des auditeurs qui ne peuvent s'enfuir; (*Bis.*)
Je les tiens... ils ne peuvent s'enfuir!

Mais les beaux-arts ne me feront pas négliger la surveillance... car il faut ici avoir toujours les yeux ouverts; et c'est sans doute pour m'y habituer que le commandant m'a ordonné de passer la nuit sans dormir. (Il s'assied dans le fauteuil, qu'il place au milieu du théâtre.) C'est bien aisé à dire... mais quand on est là, comme moi, dans un bon fauteuil... (Bâillant.) je crois que je bâille... et qu'on sent le sommeil qui vient... qui vient... on a beau résister... et c'est ce que je fais... car, si je ne résistais pas... je serais déjà bien loin... oui... mon commandant... oui... monsieur Frédéric... nous le te... nons... il est là... (Il s'endort tout à fait, puis au bout de quelques secondes, il se réveille tout à coup.) Hein!... qu'est-ce que c'est?... je crois que malgré moi, j'ai perdu connaissance... et si je reste seul dans cette chambre, je vais repartir encore... (Se levant et marchant.) Au fait, ils sont trois

factionnaires à la porte, et je suis seul dans l'appartement...
je pourrais répartir toutes nos forces d'une manière plus
égale... deux en dedans, deux en dehors, et puis on s'empêche mutuellement de s'évanouir, en s'avertissant d'avance.
(S'approchant de la porte à droite.) Factionnaire?... Les voilà
tous trois couchés sur les marches de l'escalier... c'est assez
bien, parce qu'on ne peut pas sortir sans marcher sur eux...
Factionnaire?... hein!... je crois qu'ils dorment tous trois,
comme s'ils étaient dans leur lit... Ah! mon Dieu! en voilà
un qui roule dans la ruelle!... c'est un factionnaire à relever... Attendez, attendez... je suis à vous... et je m'en vais
leur apprendre...

(Il sort par la porte à droite.)

SCÈNE XII.

FRÉDÉRIC, sortant de la porte à gauche; il a les habits du commandant, son chapeau, sa longue redingote. Il est grandi de six pouces.

Il dormait.. je me suis mis dans ses habits... et avec des
échasses dans ses bottes, me voilà aussi grand homme que
lui!... à quoi tient la grandeur! Balthasard n'est plus là;
mais il ne doit pas être loin... Voyons vite l'inventaire de
ses poches... une tabatière; je la garderai comme souvenir...
des clefs, dont je n'ai que faire... celles de la salle d'armes...
c'est différent... On vient...

(Il se met à la table à la Tronchin, et écrit debout, en tournant le dos
à Balthasard et à François qui entrent.)

SCÈNE XIII.

FRÉDÉRIC, BALTHASARD, FRANÇOIS.

BALTHASARD.

Ce que c'est que de dormir!... je te demande où tu allais,
si je ne t'avais pas retenu. . reste ici, en faction, et retiens-

moi à ton tour... s'il y a lieu... (Apercevant Frédéric qui lui tourne le dos.) Dieux! le commandant! déjà à l'ouvrage, avant le jour... il est éveillé plus que nous... (A demi-voix.) Commandant...

(Ici commence l'air du *Muletier*.)
(Frédéric, sans se détourner, lui fait signe de la main droite de se taire.)

BALTHASARD, à François.

Il travaille, et ne veut pas être dérangé.

FRÉDÉRIC, achevant d'écrire une lettre qu'il montre, et qu'il met dans sa poche.

Ceci est pour le brave Franck, notre sergent. (Il jette un coup d'œil à la dérobée sur Balthasard et le factionnaire, qui sont au deux côtés de la porte. Le factionnaire est du côté du spectateur.) Allons il est temps... (Il prend sa canne, qu'il avait posée sur la table, puis ses gants, ensuite il souffle la lumière, et sans regarder Balthasard, il lui fait signe d'aller se placer auprès de la porte à gauche.)

BALTHASARD, traversant le théâtre.

Oui, commandant, je vais m'y établir.

(Frédéric va ensuite à François, qui est auprès de la porte à droite: celui-ci lui présente les armes. Frédéric s'arrête, redresse un peu le fusil de François, et sort en passant derrière lui. — On entend en dehors les deux factionnaires qui lui présentent les armes.)

SCÈNE XIV.

FRANÇOIS, à la porte à droite, BALTHASARD, à la porte à gauche.

BALTHASARD.

Tu le vois bien... je t'ai toujours dit de tenir ton fusil mieux que cela... tu ne peux pas rester droit, les épaules effacées... tu te fais relever par le commandant, qui, ordinairement pourtant, n'a pas l'habitude de prendre garde, ni d'apercevoir les choses... (Roulement de tambour.) Hein!... qu'est-ce que c'est?... écoute donc... un roulement de tambour!... est-ce qu'il y aurait une alerte? est-ce que le commandant aurait besoin de nous? Courons vite... mais auparavant fermons cette porte.

(Il sort avec François, fermant la porte à droite, au moment où le major sort de la porte à gauche.)

SCÈNE XV.

MULDORF, en manches de chemise, et à moitié habillé.

Qu'est-ce que c'est?... qu'est-ce que c'est de me réveiller ainsi en sursaut?... A peine ai-je eu le temps de m'habiller, et de m'habiller sans lumière!... Balthasard... sentinelle... holà!... où sont-ils?... A propos, et mon prisonnier... s'il dort, malgré ce tapage, il faut qu'il ait le sommeil dur. (S'approchant de la chambre à gauche.) Monsieur de Trenck!... monsieur le baron!... (Le tambour bat la générale.) Il ne peut pas m'entendre à cause des tambours... Maudits tambours, taisez-vous donc!... qu'on sache où on en est!... Qui diable, dans cette citadelle, s'avise de battre la générale sans m'en prévenir?... c'est ce que je vais savoir. (Il s'approche de la porte à droite.) Eh bien! la porte est fermée... (Frappant.) enfermer le commandant, c'est inimaginable! Ouvrira-t-on?...

SCÈNE XVI.

MULDORF, BALTHASARD.

BALTHASARD, une lanterne à la main.

Quoi! c'est vous, commandant?... vous êtes partout.

MULDORF.

Qu'est-ce que cela veut dire?

BALTHASARD.

Que je ne vous ai jamais vu une activité pareille... vous

vous multipliez dans les dangers... vous aviez donc la clef?

MULDORF.

Pour sortir?

BALTHASARD.

Eh non! pour entrer, puisque vous voilà... Du reste, tous vos ordres viennent d'être exécutés, et j'espère que nous le rattraperons.

MULDORF.

Qui donc?

BALTHASARD.

Le prisonnier.

MULDORF.

Il s'est donc encore échappé?... qui vous l'a dit?

BALTHASARD.

C'est vous qui venez de nous l'apprendre.

MULDORF.

Moi!...

BALTHASARD.

C'est-à-dire de nous l'écrire... un ordre de vous, adressé au sergent Franck, et qu'il m'a donné par la raison qu'il ne sait pas lire.

MULDORF.

Un ordre de moi!... et qu'est-ce que je disais dans cet ordre?

BALTHASARD.

Voici les propres paroles : « Sergent, le prisonnier vient « de s'échapper... Je cours à sa poursuite par la porte de « Brandebourg. Rassemblez tous vos hommes, relevez tous « vos postes, et courez sur la route de Bergheim sans perdre « un moment. »

MULDORF.

J'ai donné un pareil ordre!

BALTHASARD.

Qui vient d'être exécuté. Le sergent Franck et ses quinze hommes viennent de sortir.

MULDORF.

Il n'y a donc personne ici ?... Cours après eux.

BALTHASARD.

Si je sors, il y en aura encore moins... et puis ils sont déjà loin.

MULDORF.

Il a raison ; c'est un ordre qui n'a pas le sens commun.

BALTHASARD.

Ça n'a pas le sens commun... (Mouvement de Muldorf.) Cependant, commandant, si le prisonnier s'est échappé, il faut bien le poursuivre.

MULDORF.

C'est vrai, c'est vrai... Mais qui diable a donné cet ordre-là sans m'en prévenir ?... et comment ce prisonnier que nous tenions là, sous clef... entre nous deux... C'est ma faute, de m'être endormi.

BALTHASARD.

Vous !... du tout, vous étiez sur pied avant moi... à inspecter, à faire votre ronde.

MULDORF.

Tu crois ?

BALTHASARD.

Parbleu ! je vous ai vu debout... en grande tenue... et je ne sais pas pourquoi vous avez ôté votre habit... à moins que ce ne fût pour mieux courir... et vous allez gagner du froid.

MULDORF.

C'est ce que je dis depuis une heure... va me le chercher... dépêche-toi.

(Balthasard entre dans la chambre à gauche.)

SCÈNE XVII.

MULDORF, seul.

Je n'ai pas voulu ôter à un subordonné la bonne opinion qu'il a de mon activité... mais je ne conçois pas comment j'étais tout à l'heure sur pied?... J'étais donc levé avant d'être éveillé?... Mais conçoit-on une pareille négligence... ce Balthasard... ces trois sentinelles qui étaient là... il s'est donc évaporé?

SCÈNE XVIII.

MULDORF, BALTHASARD, rentrant avec des habits.

BALTHASARD.

Je n'y conçois rien... il paraît qu'il passe comme il veut.

MULDORF, qui ne peut passer la manche de l'habit.

Ce n'est pas comme cet habit-là... que diable m'as-tu apporté?

BALTHASARD.

C'est un habit.

MULDORF.

C'est une veste.

BALTHASARD.

L'uniforme du prisonnier... Ce gaillard-là est-il malin!

MULDORF.

Est-ce que ça peut m'aller?... Donne-moi autre chose... ma robe de chambre... un autre habit... tu vois bien que je tousse... et que je viens de m'enrhumer.

(Balthasard lui donne une robe de chambre. Pendant qu'il la met, le gouverneur entre par la porte à droite.)

SCÈNE XIX.

LEWEMBERG, MULDORF, BALTHASARD; puis FRÉDÉRIC.

LEWEMBERG.

Oui, commandant, c'est moi qui, prêt à partir pour un voyage, suis venu vous donner mes dernières instructions, et vous recommander surtout la plus grande vigilance.

BALTHASARD, à part.

Cela se trouve bien.

LEWEMBERG.

Je vais à Berlin soumettre à l'approbation du Roi un projet que je médite... J'emmène avec moi ma fille et la comtesse de Linthal.

MULDORF.

Et où sont ces dames?

LEWEMBERG.

En bas, dans ma voiture ; et ce qui nous a fort étonnés, c'est qu'en entrant, nous avons trouvé les portes de la citadelle toutes grandes ouvertes.

MULDORF.

Quelle négligence !... c'est le sergent Franck et toute la garnison qui, en sortant ce matin...

BALTHASARD.

Non, commandant, je l'avais fermée sur eux.

MULDORF.

Et personne pour vous recevoir ?...

LEWEMBERG.

Si vraiment... des jeunes gens charmants, très-aimables, très-empressés... excellente tenue, et en costume de bal, qui sont venus nous donner la main, me conduire jusqu'ici... Et jugez de ma surprise, en reconnaissant en eux les amis, les camarades de mon fils, mes convives d'hier au soir.

BALTHASARD et MULDORF.

Nos prisonniers !

LEWEMBERG.

Que vous auriez dû traiter un peu plus sévèrement... non que je prêche la rigueur... mais ils avaient l'air d'être les maîtres de la citadelle.

BALTHASARD.

Miséricorde ! ils sont sortis de la salle d'armes.

MULDORF.

Il n'y a plus de prisonniers au château !

BALTHASARD.

Il n'y en a plus.

FRÉDÉRIC, paraissant à la porte à droite.

Il y en a encore.

(Il sort, et ferme la porte, dont on entend tirer les verrous en dehors.)

MULDORF.

O ciel ! on nous enferme.

LEWEMBERG, souriant.

Tous les trois... c'est un peu fort... et qu'est-ce que je vois là ?

FRÉDÉRIC, présentant un papier par le guichet de la porte au fond.

Une sommation des assiégeants.

BALTHASARD, prenant le papier.

Adressée à monseigneur.

MULDORF.

Un manifeste !

LEWEMBERG.

Donne. (Lisant.) « Monsieur le gouverneur, vous savez la « condition que le Roi a mise à ma liberté... pour me lais- « ser sortir de prison, il veut que je sois marié... » (S'in- terrompant.) C'est vrai... (Il lit.) « C'est donc de vous que dé- « pend ma délivrance. Je ne vous parlerai pas de mon « amour, de mon rang, de ma fortune... » (S'interrompant.)

Je les connais... (Il lit.) « Je ne vous ferai pas même va-
« loir l'avantage de vous tenir comme prisonnier, et ces
« dames comme otages... je ne veux rien devoir qu'à vous-
« même et à votre générosité... Mais si vous me refu-
« sez... s'il faut perdre à la fois, et celle que j'aime, et l'es-
« poir de la liberté... vous savez ce dont je suis capable...
« et je ferai plutôt sauter la citadelle... Votre respectueux
« gendre, Frédéric, baron de Trenck, qui attend votre
« réponse derrière la porte. »

MULDORF.

Et vous pourriez jamais consentir ?...

LEWEMBERG, à demi-voix.

Avec d'autant moins de peine, que c'est pour lui que je me rendais à Berlin; et, au moment de tout concilier, il ne serait pas prudent de lui laisser commettre une nouvelle extravagance, qui suspendrait la clémence du Roi.

MULDORF.

Comme vous voudrez... pour ce qui vous regarde... Mais, moi, je ne peux pas laisser sortir ainsi... un prisonnier... qui nous tient sous clef... Nous ne le pouvons pas... n'est-ce pas, Balthasard ?

BALTHASARD.

Non, monsieur le major ; moi, d'abord, je suis furieux.

MULDORF.

Moi, je suis commandant.

LEWEMBERG.

Et moi, je suis neutre.

MULDORF.

Et nous ne capitulerons qu'à la dernière extrémité. (On entend le tambour dans le lointain.) Écoutez... du secours qui nous arrive... (S'approchant du fond, et criant à haute voix.) C'est le sergent et la garnison qui rentrent au château.

FRÉDÉRIC, rouvrant le guichet.

Dont les portes sont fermées... et ils sont prisonniers en dehors, comme vous en dedans, c'est encore un moyen... le dixième...

BALTHASARD, à Muldorf.

Si c'est ainsi, commandant..., ne pouvant plus être secourus... nous ferions peut-être aussi bien...

MULDORF.

Pas encore... et cette clef qu'il m'a rendue... le passe-partout qui ouvre toutes les serrures... (Courant vers le guichet.) J'ai le onzième moyen.

FRÉDÉRIC, en dehors, tirant de gros verrous.

Et moi, le douzième.

MULDORF.

C'est fini.

BALTHASARD.

Nous sommes... bloqués.

LE CHŒUR en dehors.

AIR de la Muette.

Ah! pour nous quelle gloire
Que ce moment est doux !
Nous avons la victoire :
Prisonniers, rendez-vous !

LEWEMBERG, à Muldorf.

Superbe fut la résistance
Et sans déshonneur, commandant,
Après une telle défense
On peut se rendre.

MULDORF et BALTHASARD, criant.

L'on se rend.

SCÈNE XX.

Toutes les portes s'ouvrent : paraissent FRÉDÉRIC, REYNOLD, EMMA, LA COMTESSE, et TOUS LES JEUNES GENS.

LE CHŒUR.

Ah ! pour nous quelle gloire !
Les vaincus nous sont chers ;
N'usons de la victoire
Que pour briser leurs fers.
Daignez excuser nos erreurs ;
Que les vaincus pardonnent aux vainqueurs !

MULDORF, à Frédéric.

Monsieur, vous n'êtes plus sous ma juridiction, vous êtes marié par ordre du roi, et c'est à mademoiselle (Montrant Emma.) que je remets tous mes droits.

LA COMTESSE.

Acceptez-vous un pareil geôlier ?

FRÉDÉRIC.

Et je promets de ne jamais le tromper.

MULDORF.

Je n'aurais pas cédé ainsi, monsieur, sans les prières de monseigneur votre beau-père, (Regardant Balthasard.) et puis j'étais si mal secondé !

BALTHASARD.

Parbleu ! mon commandant, c'est ma première déroute... Quel est le musicien qui, une fois en sa vie, n'a pas joué faux ?

FRÉDÉRIC.

Tu prendras ta revanche au bal de mes noces... tu conduiras l'orchestre, à condition que ce jour-là tu n'interrompras pas la valse pour nous mener coucher en prison.

TOUS.

Ah ! pour nous quelle gloire !

Les vaincus nous sont chers !
N'usons de la victoire
Que pour briser leurs fers.
Daignez excuser nos erreurs ;
Que les vaincus pardonnent aux vainqueurs :
Pardonnez aux vainqueurs !

LES MORALISTES

COMÉDIE-VAUDEVILLE EN UN ACTE

EN SOCIÉTÉ AVEC M. VARNER.

Théatre de S. A. R. Madame. — 22 Novembre 1828.

PERSONNAGES.	ACTEURS.
M. SIMON, propriétaire . . . . MM.	Dormeuil.
M. CANIVET, son ami.	Klein.
FRÉDÉRIC, son locataire	Allan.
SAINT-EUGÈNE, ami de Frédéric.	Numa.
THOMASSEAU, chef d'office au café de Paris. . .	Legrand.
NANETTE, fille du portier de M. Simon. . . . . . Mme	Minette.

Jeunes Gens, amis de Frédéric. — Dames de la connaissance de M. Simon. — Musiciens. — Garçons de café. — Domestiques.

Paris, chez M. Simon.

LES MORALISTES

Une grande salle. — Porte au fond, deux portes d'appartements à droite et à gauche de la porte du fond. Sur le second plan, des deux côtés, deux autres portes : la porte à droite de l'acteur est celle de l'appartement de Frédéric. Au fond, à gauche, une grande table dressée, prête à être servie; à droite, une autre petite table chargée d'assiettes, de verres, etc.

SCÈNE PREMIÈRE.

M. SIMON, M. CANIVET, sonnent à la porte du fond; NANETTE, sortant de la chambre de Frédéric.

NANETTE, un plumeau à la main.
Qui est-ce qui sonne? Ah! c'est M. Simon, le propriétaire. Votre servante, monsieur.

SIMON.
Bonjour, petite. M. Frédéric, où est-il?

NANETTE.
Il est sorti, mais il ne tardera pas à rentrer; car il m'a bien recommandé de me dépêcher. Aussi, vous voyez, je suis là à faire sa chambre.

CANIVET.
Nous pouvons l'attendre ici, dans la salle à manger?

NANETTE.

Certainement, puisque vous êtes avec le propriétaire. Je vous demande pardon de ne pas vous tenir compagnie. (Montrant son plumeau.) Vous voyez... le devoir avant tout.

(Elle rentre dans la chambre de Frédéric.)

SCÈNE II.

SIMON, CANIVET.

SIMON.

Que je suis heureux de recevoir à Paris ce bon M. Canivet, un homme aussi recommandable!

CANIVET.

Je suis vraiment confus.

SIMON.

Il y a longtemps que je vous désirais; mais vous aviez de la peine à vous arracher à vos travaux sédentaires, à vos œuvres méritoires. Vous ne manquez pas d'occupations... administrateur général du bien des pauvres de la ville de Nantes.

CANIVET.

Je tâche de remplir mes devoirs avec zèle.

SIMON.

Je sais là-dessus quels sont vos principes. Aussi quand je vous ai proposé à nos actionnaires, pour être à la tête de cette grande entreprise que nous avons formée à Nantes, tout le monde a appuyé ma proposition. Pour la première fois, nous avons été d'accord; et l'on vous a nommé à l'unanimité.

AIR : Voulant par ses œuvres complètes. (*Voltaire chez Ninon.*)

Nos malheureux actionnaires
Qui, dès longtemps, ne touchaient rien,
Ont vu tous vos mœurs exemplaires,

Ont vu votre amour pour le bien...
Ont vu votre vertu si grande,
Et tout ce qu'ils ont vu chez vous
Leur a donné l'espoir bien doux
De voir enfin un dividende !

CANIVET.

Je ne puis pas vous dire quelle importance j'attachais à cette place, que me disputait vivement notre receveur général. D'abord, la considération personnelle, et puis, d'immenses intérêts particuliers qui y sont liés. Enfin, mon cher monsieur Simon, il faut qu'avant la nomination définitive vous me présentiez à ces messieurs.

SIMON.

C'est très-facile. Venez ce soir au bal que je leur donne.

CANIVET.

Comment, vous donnez un bal?

SIMON.

Oui, dans mon logement, ici dessus. C'est la première fois que cela m'arrive; mais j'y suis obligé. Il faut bien faire comme tout le monde. Sans cela, et si on n'avait pas, comme eux, l'air de se ruiner, on passerait pour un avare. Maintenant, la plupart des affaires se discutent au bal : ce qui fait qu'elles se traitent un peu plus légèrement.

CANIVET.

Que voulez-vous que j'aille faire à votre bal, moi qui ne suis pas homme de plaisir?

SIMON.

Soyez tranquille, dans ces réunions-là on ne s'amuse pas.

CANIVET.

Alors je viendrai; mais c'est un sacrifice.

SIMON.

Je vous annoncerai à nos actionnaires. Vous causerez; vous y ferez votre partie de piquet, si toutefois nous trouvons un adversaire de votre force; car vous avez, dit-on, une réputation...

CANIVET.

AIR : Restez, restez, troupe jolie. (*Les Gardes-Marine*.)

C'est là le jeu de la sagesse.

SIMON.

Et vous le jouez savamment.

CANIVET.

Je suis, sans vanter mon adresse,
Le plus fort du département;
Mais c'est mon seul amusement.
Et la jeunesse, moins frivole,
De ce jeu devrait faire un cours;
Avec le temps l'amour s'envole,
Mais le piquet reste toujours !

(Regardant autour de lui.)

C'est singulier, M. Frédéric ne rentre pas.

SIMON.

Ah çà ! quel intérêt prenez-vous donc à mon jeune locataire?

CANIVET.

Un très-grand, que je puis vous confier. Ma femme et ma fille l'ont vu à Paris l'hiver dernier, chez vous, et dans d'autres sociétés. Ma femme en est enchantée, ma fille le trouve fort bien.

SIMON.

Et l'on voudrait en faire un mari pour elle?

CANIVET.

Tout le monde dit oui, moi je ne dis pas non; mais je veux savoir à quoi m'en tenir sur ses principes, sur sa moralité, parce que la morale avant tout.

SIMON.

Sans doute.

CANIVET.

Qu'est-ce que vous en pensez, vous, son propriétaire?

SIMON.

Tout le bien possible. Il paie son terme avec une exactitude... Je ne le vois guère que tous les trois mois; mais c'est égal, c'est avec peine que je renoncerais à ses visites.

AIR du vaudeville de la Robe et les Bottes.

Il a bon ton, bon goût, bonne manière,
Faisant toujours frotter son escalier.

CANIVET.

Sa conduite?

SIMON.

Elle est exemplaire;
Il a partout fait mettre du papier.

CANIVET.

Son caractère?

SIMON.

Accommodant et sage,
N'ayant jamais, je dois le publier,
De dispute pour l'éclairage,
Ni pour les gages du portier.

Aussi je suis désolé que vous l'emmeniez, et qu'il ait mis écriteau.

CANIVET.

Tant mieux; vous me faites un plaisir...

SCÈNE III.

SIMON, CANIVET, THOMASSEAU.

THOMASSEAU.

Pardon, messieurs, si je vous interromps, c'est qu'il faut que je commence à mettre le couvert. M. Frédéric n'est pas ici?

SIMON.

Non. Qu'est-ce que vous lui voulez ?

THOMASSEAU.

Rien. C'était seulement pour lui demander une petite explication. Il a commandé au café de Paris, où j'ai l'honneur d'être chef d'office, un dîner à trente francs par tête.

CANIVET, à part.

Juste ciel! trente francs par tête!

THOMASSEAU.

Et je voudrais savoir... vous pourriez me dire cela... si c'est sans le vin... parce que ça fait tout de suite une différence. M. Frédéric et ses amis sont si altérés!

CANIVET.

Qu'est-ce qu'il dit là ?

SIMON.

Bah! quelquefois, par extraordinaire, dans les grandes chaleurs.

THOMASSEAU.

Toujours, une soif permanente; ils ne donnent pas dans le travers du siècle, dans l'eau rougie. Ils ne craignent pas les inflammations.

AIR du vaudeville de l'Actrice.

>Si tout le monde, en conscience,
>Leur ressemblait dans ce pays,
>On n'aurait pas besoin, je pense,
>De débouchés pour nos produits.
>Consommateurs par excellence
>Et patriotes à l'excès,
>Ils avalent les vins de France
>Presque aussi bien que des Anglais;
>Ils boivent mieux que des Anglais! (*Bis.*)

Voyez plutôt la carte d'avant-hier : vingt-cinq bouteilles de champagne; c'est écrit en toutes lettres.

SIMON.

Qu'est-ce que ça prouve?

THOMASSEAU.

Ça prouve qu'il les doit. (A Simon.) Et si c'est vous, (Simon lui tourne le dos. — A Canivet.) ou vous, monsieur, qui êtes chargé de payer, je vous prierai de ne pas oublier le garçon.

(Canivet lui tourne le dos, et Thomasseau commence à dresser la table.)

CANIVET, à part.

Bonté divine! (A Simon.) Ah! qu'est-ce que vous me disiez donc?

SIMON.

Je n'en savais pas davantage. En province on se connaît trop, à Paris on ne se connaît pas assez. D'ailleurs, il ne faut pas attacher à cela trop d'importance.

CANIVET.

Par exemple!

SIMON.

Ce jeune homme aime à bien traiter ses amis; il est généreux, ce n'est pas un défaut; et si on n'a pas d'autres reproches à lui faire...

SCÈNE IV.

SIMON, CANIVET, NANETTE, THOMASSEAU et DEUX GARÇONS DE CAFÉ.

(Thomasseau et deux garçons commencent à disposer tout ce qu'il faut pour garnir la table.)

NANETTE, sortant de la chambre de Frédéric.

Tout est en ordre là-dedans, et l'on peut maintenant montrer le logement. (A Canivet.) Monsieur vient sans doute pour le voir? il est à louer, meublé, ou non meublé, comme monsieur voudra.

CANIVET.

C'est possible. (Bas à Simon.) Quelle est cette petite ?

SIMON.

C'est la fille de mon portier.

CANIVET, à part.

Bon, comme qui dirait la gazette de la maison; elle peut nous donner des renseignements.

NANETTE.

C'est un appartement très-commode. (Bas à Thomasseau.) Il faut en faire l'éloge devant le propriétaire. (Haut à Canivet.) D'abord, une grande antichambre, où le matin il y avait quelquefois jusqu'à quinze personnes à attendre.

CANIVET.

A attendre ! quoi ?

THOMASSEAU.

De l'argent, comme moi tout à l'heure.

CANIVET, bas à Simon.

Vous l'entendez ?

NANETTE.

Quant à la salle à manger, vous y êtes. On peut y donner un repas de trente couverts.

THOMASSEAU.

Ils étaient trente-trois la semaine dernière, et bien à leur aise.

NANETTE.

Enfin, la chambre à coucher est charmante, un demi-jour; un lit de cinq pieds; deux sorties, ce qui est très-commode dans un appartement de garçon; et même, si monsieur est marié, quelquefois ça peut être utile.

CANIVET, se mettant les mains sur les yeux.

Deux sorties !

SIMON, à Canivet.

Non; la porte est condamnée, on ne s'en sert pas.

NANETTE.

Je vous demande pardon, car l'autre fois j'ai vu descendre par le petit escalier une fort jolie dame.

CANIVET.

O scandale!

NANETTE.

Du tout; personne, excepté moi, ne l'a aperçue. (A Thomasseau.) N'est-ce pas? Il n'y a que quand elle a eu passé la porte cochère, un monsieur, qui se trouvait dans la rue à faire antichambre, je ne sais comment, parce que, moi, j'avais dit qu'il n'y avait personne, s'est écrié : « Dieu, c'est elle! c'est indigne! c'est affreux! » Enfin un tas d'extravagances.

THOMASSEAU.

Des bêtises.

NANETTE.

Si bien que M. Frédéric et le mari se sont battus.

CANIVET.

Comment, un mari!

THOMASSEAU.

Un vrai mari.

CANIVET.

Un duel!

NANETTE.

Oh! allez, ce n'est pas le premier; et M. Frédéric s'en tire toujours gentiment, grâce au ciel! car moi je l'aime, M. Frédéric, et ce n'est pas moi qui en dirai jamais du mal. Si monsieur veut entrer...

(Thomasseau va préparer la table, Nanette s'occupe à épousseter.)

CANIVET.

Non; j'attendrai son retour. (A Simon.) Eh bien! qu'en dites-vous?

SIMON.

Je dis... je dis que ce n'est pas très-exemplaire; mais il n'a que vingt ans; il faut que jeunesse se passe.

CANIVET.

Une pareille absence de mœurs!

SIMON.

Il en a peut-être; cela n'empêche pas; mais en même temps, il a des passions; et voilà... quand on n'en a plus, quand on est comme vous et moi, on se trouve à son aise : il est bien plus facile d'être moral. Et puis, écoutez donc, tout cela est peut-être exagéré, on peut l'avoir calomnié.

CANIVET.

C'est égal; il faut que je voie par moi-même; la chose est trop importante. Dès que quelqu'un peut s'oublier un instant, je dis un seul instant, il n'a plus de droits à la confiance.

SIMON.

Vous reviendrez, je l'espère, à de meilleurs sentiments. Si, en attendant, vous voulez monter chez moi, Nanette vous avertira dès que ce jeune homme sera rentré. (A Nanette.) Tu entends, petite?

NANETTE.

Oui, monsieur.

SIMON, à Canivet.

AIR de la *Valse des Comédiens*.

Allons, mon cher, indulgence au coupable!

CANIVET.

En sa faveur, monsieur, ne parlez plus...
Loger chez vous un garnement semblable!

SIMON.

S'il ne fallait loger que des vertus,
Nous n'aurions plus, hélas! de locataires,
Que quelques-uns, tout en haut, vers le ciel;

Et je connais bien des propriétaires
Qui ne pourraient habiter leur hôtel.

Ensemble.

SIMON.

Allons, mon cher, indulgence au coupable,
Je vous promets qu'il n'y reviendra plus;
Daignez lui tendre une main secourable,
C'est dans son cœur rappeler les vertus.

CANIVET.

Jamais, jamais d'indulgence au coupable!
Quand tous les droits sont par lui méconnus,
Je dois toujours rester inexorable,
Et la rigueur est au rang des vertus.

(Ils sortent ensemble par le fond.)

SCÈNE V.

NANETTE, THOMASSEAU, puis FRÉDÉRIC.

THOMASSEAU, arrangeant le couvert.

Enfin, ils s'en vont. Mam'selle Nanette, laissez donc un instant votre plumeau; vous ne m'avez encore rien dit aujourd'hui.

NANETTE, époussetant.

C'est que je ne suis pas en train de parler, quand on a de l'ouvrage à faire!...

THOMASSEAU, mettant le couvert.

Ça n'empêche pas le sentiment d'aller son train. Venez donc, mam'selle Nanette. (Ils descendent ensemble sur le devant de la scène.) Quand est-ce donc que je serai à la tête d'un café pour mon compte, avec le titre de votre époux? je grille d'être marié; on ne pourra plus me dire: Garçon! Je serai mon maître, c'est-à-dire jusqu'à un certain point, puisque j'aurai ma femme.

AIR du vaudeville de *Turenne*.

Dans un endroit tout tapissé de glaces,
Tandis que, placée au comptoir,
Vous ferez admirer vos grâces,
Près des fourneaux déployant mon savoir,
Je rôtirai du matin jusqu'au soir.
Mais vers minuit, quittant l'office,
D'amour alors seulement enflammé,
Quand le restaurant s'ra fermé,
Je serai tout à vot' service!

NANETTE.

C'est bon, c'est bon, occupez-vous de mettre le couvert, car voilà monsieur qui rentre.

(Thomasseau va à la table qu'il arrange et sort.)

FRÉDÉRIC, entrant par le fond.

Vivat! tout réussit au gré de mes vœux; je suis le plus heureux des hommes.

NANETTE.

Que vous est-il donc arrivé?

FRÉDÉRIC.

Je sors de chez mon adversaire, celui qui avait reçu un coup d'épée.

NANETTE.

Vous l'avez trouvé en bon état?

FRÉDÉRIC.

Je ne l'ai pas trouvé du tout! il était allé se promener aux Tuileries; c'est bon signe; me voilà tranquille de ce côté-là; et, comme un bonheur ne va jamais sans l'autre, j'ai reçu des nouvelles de celle que j'aime, de ma chère Sophie, de ma femme; car je vais bientôt lui donner ce titre. Au bas de la lettre de sa mère, elle m'a écrit trois lignes, les plus aimables, les plus tendres; je l'ai pressée mille fois sur mes lèvres! Si ce mariage-là avait dû se différer encore six mois, je crois que j'aurais perdu la tête.

NANETTE.

Avec ça que vous auriez moins de peine qu'un autre ! (Elle va chercher les lettres qui sont sur la table, et les donne à Frédéric.) Car, sauf votre respect, il n'est déjà bruit dans le quartier que de vos extravagances.

FRÉDÉRIC.

Tant mieux; il faut cela avant le mariage; c'est une dette à payer, c'est une garantie pour l'avenir; et, avec moi, ma femme aura toutes les garanties possibles.

NANETTE, à part.

C'est juste; je ne suis pas assez sûre que Thomasseau ait été mauvais sujet.

FRÉDÉRIC, qui a ouvert plusieurs lettres.

Ce sont les réponses à mes invitations. Quand il s'agit de dîner, les amis sont d'une exactitude...

NANETTE.

Ah ! j'oubliais de vous dire qu'il se présente quelqu'un pour louer votre appartement.

FRÉDÉRIC.

C'est bon. S'il voulait en même temps m'acheter une partie de mes meubles, ça me rendrait service. Je ne peux pas les emporter à Nantes; tandis que l'argent, si j'en avais...

NANETTE.

Ce serait la même chose. J'ai idée que vous le laisseriez ici.

FRÉDÉRIC, lisant les dernières lettres.

Tu crois? c'est possible... Ils acceptent tous. Il n'y a que Saint-Eugène qui ne m'ait pas répondu (A Nanette.) Il n'est pas venu en mon absence?

NANETTE.

Non, monsieur.

FRÉDÉRIC.

C'est singulier. Voilà plus de quinze jours que je ne l'a vu. Il faut qu'il ait été malade. C'est que sa présence est indispensable dans une réunion où nous voulons nous amuser.

NANETTE.

Il est donc bien gai ?

FRÉDÉRIC.

AIR du vaudeville de *Partie et Revanche*.

Sur le déclin de la jeunesse,
Profitant du temps qui va fuir,
Il n'apprécie, il n'aime la richesse
Qu'autant qu'elle mène au plaisir ;
Nul n'entend mieux l'art de jouir.
Mais la fortune imprévoyante,
Qui, le créant, semblait le destiner
A dépenser vingt mille écus de rente,
N'oublia rien que de les lui donner !

NANETTE.

Monsieur, je crois que je l'entends.

FRÉDÉRIC.

Bonne nouvelle ! (Allant au-devant de Saint-Eugène qui entre par la porte du fond.) Eh ! arrive donc.

NANETTE, à part.

Et nous, allons avertir le vieux monsieur.

(Elle sort.)

SCÈNE VI.

FRÉDÉRIC, SAINT-EUGÈNE, marchant d'un air grave, et à comptés.

FRÉDÉRIC.

Je commençais à croire que tu étais mort.

SAINT-EUGÈNE, très-froidement.

Mon ami, c'est à peu près comme si je l'étais.

FRÉDÉRIC.

Comment ! à peu près ? que veux-tu dire ?

SAINT-EUGÈNE.

Que je suis mort pour le monde, que j'ai renoncé à ses plaisirs.

FRÉDÉRIC, avec incrédulité.

Toi!

SAINT-EUGÈNE.

Oui, mon ami ; je ne sors plus, je ne bois plus, et je ne ris plus.

FRÉDÉRIC.

Est-ce que tu es devenu fou ?

SAINT-EUGÈNE.

Je suis devenu raisonnable, ce qui est beaucoup plus étonnant. On se lasse de tout sur cette terre ; il m'a pris subitement un goût prononcé pour la retraite et l'économie ; ça m'est venu juste au moment où il ne me restait plus rien.

FRÉDÉRIC.

C'est ce qui s'appelle saisir l'à-propos.

SAINT-EUGÈNE.

J'ai rompu avec la société. Je me suis enfermé chez moi avec Sénèque, Charron, Labruyère, La Rochefoucault, et autres bons auteurs ; je ne vois qu'eux, je ne lis qu'eux. Aussi je commence à avoir dans la tête une fort jolie collection de sentences et de maximes morales.

FRÉDÉRIC.

Si tu n'as pas autre chose à offrir aux huissiers...

SAINT-EUGÈNE.

Mon ami, la morale a toujours son prix, on a toujours quelque chose à gagner avec elle. Ma conversion a fait du bruit. Deux grandes dames, deux comtesses du faubourg Saint-Germain, en ont été vivement touchées ; elles ont résolu de me prendre sous leur protection, de continuer à me sauver, et, pour cela, de m'éloigner de Paris, de me faire obtenir un emploi en province, et elles en sont venues à bout.

FRÉDÉRIC.

Vraiment !

SAINT-EUGÈNE.

Oui, mon ami, me voilà placé, moi, et mes nouveaux principes ! Nous sommes nommés, dans le département de la Loire-Inférieure, sous-administrateurs du bien des pauvres.

FRÉDÉRIC.

Toi ! à ton âge !

SAINT-EUGÈNE.

Mon ami, j'ai maintenant l'âge que je veux.

AIR du vaudeville du *Piège*.

Dans mon cœur de désirs épris,
Je sens encore la jeunesse ;
Mais, sur mon front, j'ai là des cheveux gris
Qui représentent la sagesse.
Aussi chacun se dit : c'est un Caton !
La multitude, aisément égarée,
Croit qu'on s'attache au char de la raison,
Dès qu'on en porte la livrée !

FRÉDÉRIC.

A la bonne heure ; mais te placer parmi les pauvres !

SAINT-EUGÈNE, froppant son gousset.

Il me semble que j'y ai des droits ; c'est un emploi modeste, peu d'appointements, mais beaucoup de bien à faire ; j'ai des projets superbes, je veux que tous les pauvres deviennent riches.

FRÉDÉRIC.

Ils ne demanderont pas mieux.

SAINT-EUGÈNE.

J'ai eu un de mes prédécesseurs qui y est devenu millionnaire, et il n'est sorti de l'administration que parce qu'il finissait par y être déplacé. Du reste, je vais habiter

Nantes ; j'y serai sous les yeux et la surveillance de M. Canivet, administrateur en chef.

FRÉDÉRIC.

Qu'est-ce que tu me dis là ? M. Canivet ! quel bonheur ! moi qui épouse sa fille ! nous allons nous trouver réunis.

SAINT-EUGÈNE.

Tu te maries ! à la bonne heure ; car si tu étais resté garçon, nous n'aurions pas pu nous voir ; et même encore maintenant tu pourrais me faire du tort, à moins que tu ne veuilles aussi te jeter dans la réforme.

FRÉDÉRIC.

Laisse-moi donc tranquille.

SAINT-EUGÈNE.

Il est temps de faire un retour sur toi-même, de renoncer à ces vains plaisirs qui ne procurent jamais qu'une fausse joie, une ivresse de quelques heures, trop souvent expiée par des années de regret et de repentir.

FRÉDÉRIC.

Diable ! comme tu pérores ! A quoi tend ce beau sermon ?

SAINT-EUGÈNE.

Mon ami, je m'essaie.

FRÉDÉRIC.

Le moment est assez mal choisi ; tu as reçu ma lettre ?

SAINT-EUGÈNE.

Oui, mon ami.

FRÉDÉRIC.

Il s'agit d'un déjeuner de garçons.

SAINT-EUGÈNE.

Dieux ! si mes comtesses du faubourg Saint-Germain venaient à le savoir ! je serais perdu... Je me sauve.

(Fausse sortie.)

FRÉDÉRIC, l'arrêtant.

Y penses-tu !... Ce serait trahir l'amitié. Je réunis tous mes intimes, et j'ai compté sur toi : c'est peut-être la dernière fois que nous déjeunerons ensemble.

SAINT-EUGÈNE.

La dernière fois ! c'est bien tentant, et si j'étais sûr que la société fût...

FRÉDÉRIC.

Tout ce qu'il y a de plus mauvais sujets.

SAINT-EUGÈNE.

A la bonne heure ! on peut essayer de les convertir ; c'est un but qui justifie tout.

FRÉDÉRIC.

Tu acceptes ?

SAINT-EUGÈNE.

Je me risque ; je me dévoue à l'amitié.

FRÉDÉRIC, lui prenant la main.

A merveille ; je te reconnais là.

SAINT-EUGÈNE, d'un ton piteux.

Le repas sera-t-il un peu soigné ?

FRÉDÉRIC.

Je l'ai commandé au Café de Paris.

SAINT-EUGÈNE.

C'est bien ; parce que, si je m'expose, je ne veux pas que ce soit pour rien. Aurons-nous du champagne ?

FRÉDÉRIC.

Sans doute.

SAINT-EUGÈNE.

Aurons-nous des dames ?

FRÉDÉRIC.

Non.

SAINT-EUGÈNE.

Tant pis, parce qu'on aurait été plus réservé; tu aurais dû en inviter quelques-unes, dans l'intérêt de la morale.

SCÈNE VII.

NANETTE, FRÉDÉRIC, SAINT-EUGÈNE, peu après CANIVET.

NANETTE, accourant.

Monsieur, monsieur, bonne nouvelle!

FRÉDÉRIC et SAINT-EUGÈNE.

Est-ce le déjeuner?

NANETTE.

Non, c'est ce monsieur qui vient pour louer votre appartement, il me suit.

FRÉDÉRIC.

C'est égal! tu es charmante, et pour ta peine...

(Il veut l'embrasser.)

SAINT-EUGÈNE, détournant la tête.

Mon ami, je t'en prie.

CANIVET, au fond.

M. Frédéric?

FRÉDÉRIC, embrassant Nanette.

C'est moi, monsieur.

CANIVET, s'avançant entre Frédéric et Saint-Eugène.

A merveille! que je ne vous dérange pas. La fille de votre portier!

FRÉDÉRIC.

Où est le mal, quand elle est gentille?

NANETTE, sortant.

Il y a des dames du premier étage qui ne nous valent pas.

CANIVET.

Et vous n'avez pas de honte...

SAINT-EUGÈNE, à part et montrant Canivet.

Il paraît que c'est un confrère en morale ; maintenant on en trouve partout. (A Canivet.) C'est ce que je lui disais tout à l'heure. Monsieur, n'est-il pas déplorable que la jeunesse actuelle ?...

FRÉDÉRIC.

Ah çà ! à qui en avez-vous donc ?... ne dirait-on pas, à vous entendre, que vous n'avez jamais jeté les yeux sur une femme ?

CANIVET.

Je ne dis pas cela, monsieur ; je ne veux pas me faire meilleur que je ne suis ; j'ai les passions peut-être plus vives qu'un autre ; mais je les raisonne. Quand je rencontre une jolie femme, je détourne les yeux, et je me dis : « Encore quelques années, et cette fraîcheur va disparaître ; ces joues vont se flétrir ; ce front, paré de grâce, va se sillonner de rides. »

SAINT-EUGÈNE.

Monsieur a raison : plus de désirs, plus d'illusion : c'est la sagesse.

FRÉDÉRIC, passant entre Canivet et Saint-Eugène.

Eh ! monsieur, c'est la vieillesse ! et dites-moi, par râce, messieurs les rigoristes...

AIR du vaudeville des Amazones.

Depuis qu'on fait de la morale en France,
Et que par elle on veut se signaler,
Plus qu'autrefois, voit-on la bienfaisance,
La probité, les vertus y briller ?

SAINT-EUGÈNE.

Elles viendront à force d'en parler.
Sachez, monsieur, qui criez au scandale,
Qu'on ne peut pas toujours faire le bien,

En attendant on fait de la morale,
C'est un à-compte et ça n'engage à rien,
Par bonheur, cela n'engage à rien !

FRÉDÉRIC, à Saint-Eugène.

Eh ! laisse-moi tranquille. (A Canivet.) Mais, pardon, monsieur ; nous voilà loin du but qui vous amène, car je présume que vous n'êtes pas venu seulement pour les principes.

CANIVET.

Non, sans doute ; c'est par circonstance. Je suis capitaliste de mon état ; on me nomme Saint... Saint-Martin.

FRÉDÉRIC.

M. de Saint-Martin ! il y en a tant ! serait-ce mon voisin, celui de la rue Taitbout ?

CANIVET.

Précisément.

FRÉDÉRIC.

Enchanté de faire votre connaissance ; voilà si longtemps que j'entends parler de vous... on vous cite partout comme la Providence des jeunes gens à la mode.

CANIVET, à part.

Il paraît qu'il me prend pour un usurier ; tant mieux.

FRÉDÉRIC.

Nous n'avons pas encore fait d'affaires ensemble ; mais nous commencerons aujourd'hui. Mon appartement, mes meubles, tout est à votre service ; je suis accommodant, car j'ai besoin d'argent : j'ai un voyage à faire, des amis à régaler ; je leur donne à déjeuner, un grand déjeuner, aujourd'hui à cinq heures...

SAINT-EUGÈNE.

Hélas ! oui...

FRÉDÉRIC.

Pour leur faire mes adieux ; aussi je ne veux rien épargner; fête complète! et que ce soir les pièces d'or roulent à l'écarté!

CANIVET.

Comment! monsieur, vous jouez? il ne manquait plus que cela; ce jeu qui ruine tous les jeunes gens...

FRÉDÉRIC.

Vous ne l'aimez pas, il va sur vos brisées; mais moi, je ne trouve rien d'amusant comme une partie un peu animée; quand on flotte entre la crainte et l'espérance, quand on peut tout perdre d'un seul coup, il y a vraiment de l'émotion et du plaisir.

SAINT-EUGÈNE.

O déplorable aveuglement! voilà pourtant comme je pensais, comme je penserais peut-être encore, si, par une faveur spéciale, la fortune ne m'avait pas ôté jusqu'à la dernière pièce. Qu'il est heureux l'homme qui n'a rien! la fortune n'a plus de leçon à lui donner, à moins qu'elle ne les lui donne *gratis*, ce qui est toujours un avantage.

CANIVET, à Frédéric.

Monsieur, vous avez là un ami précieux.

FRÉDÉRIC.

Puisqu'il vous plaît, restez avec nous à déjeuner; vous philosopherez ensemble tout à votre aise, au dessert, au vin de Champagne, car vous en boirez.

CANIVET.

Moi!

FRÉDÉRIC.

Vous ne l'aimez peut-être pas?

CANIVET.

Je ne dis pas cela, monsieur, je l'aime peut-être autant que vous; mais je n'en bois jamais. Quand on m'offre le premier verre, je refuse, pour ne pas être tenté d'en prendre un second.

SAINT-EUGÈNE.

Il est sûr que c'est le meilleur moyen.

CANIVET.

Et puis je me représente les suites fâcheuses de l'ivresse.

SAINT-EUGÈNE.

Le sommeil de toutes les facultés.

CANIVET.

On ne sait plus ce qu'on dit, ce qu'on fait; on devient colère, emporté.

SAINT-EUGÈNE.

C'est pour avoir bu trop de champagne qu'Alexandre tua Clitus, qu'il brûla... Persépolis!

FRÉDÉRIC.

Eh bien! pendant que nous sommes à jeun, profitons de cela pour faire notre petit bail, notre acte de vente.

SCÈNE VIII.

Les mêmes; NANETTE, THOMASSEAU.

NANETTE, à Frédéric.

Monsieur, voilà vos amis qui arrivent par le petit escalier.

THOMASSEAU.

Faut-il servir?

FRÉDÉRIC.

Pas encore : les affaires d'abord, car je les aime.

CANIVET.

Oui, vous aimez tout : le vin, le jeu et les dames.

FRÉDÉRIC.

Pour ce qui est de cela, je n'en aime qu'une, celle que je veux épouser.

CANIVET, montrant Nanette.

Témoin cette jeune fille que vous embrassiez tout à l'heure.

THOMASSEAU, à part.

Qu'est-ce que c'est? mademoiselle Nanette, ma prétendue !

NANETTE, de même.

De quoi se mêle-t-il donc, celui-là? est-il bavard ! s'il vient des locataires comme ça dans la maison, ça va faire un beau train... Une maison qui était si tranquille !

FRÉDÉRIC.

Allons, allons, ne perdons pas de temps.

AIR du ballet de *Cendrillon.*

Allons signer.

CANIVET.

Qui, moi? très-volontiers.

FRÉDÉRIC.

Je vous aurai pour locataire.

CANIVET.

Pour locataire, oui.

(A part.)

Mais, pour ton beau-père,
Tu peux rayer cela de tes papiers.

FRÉDÉRIC.

Le déjeuner... pour boire à mes amours.

CANIVET, à part.

Ses espérances sont précoces ;
Ce repas-là, morbleu! va pour toujours
Renverser celui de ses noces!

Ensemble.

FRÉDÉRIC.

Allons signer. Le roi des usuriers
Va devenir mon locataire ;
C'est agréable, et c'est bien, je l'espère,
Le moyen d'être au mieux dans ses papiers.

SAINT-EUGÈNE.

Allez signer. Lr roi des usuriers
  Va devenir son locataire;
C'est agréable, et c'est bien, je l'espère,
Le moyen d'être au mieux dans ses papiers.

CANIVET.

Allons signer. Je serai volontiers
  Votre très-humble locataire;
  (A part.)
Mais, désormais, pour être son beau-père,
Il peut rayer cela de ses papiers.

(Frédéric entre avec M. Canivet dans sa chambre.)

SCÈNE IX.

SAINT-EUGÈNE, NANETTE, THOMASSEAU.

THOMASSEAU, à Nanette.

Qu'est-ce qu'il a dit? qu'est-ce qu'il a dit?

NANETTE.

Tu le sais bien.

THOMASSEAU.

C'est égal, je veux...

NANETTE.

Tu veux que je recommence?

THOMASSEAU.

Eh bien! par exemple.

SAINT-EUGÈNE.

Allons, ne vas-tu pas lui faire une scène, et laisser brûler notre dîner?

NANETTE.

Sans doute; allez veiller à vos sauces, à vos fricassées. Est-ce qu'un cuisinier doit avoir le temps d'être jaloux?... ce n'est qu'à cause de ça que je vous épousais.

THOMASSEAU.

Quand j'entends parler ainsi, il me semble que je suis sur des fourneaux, que je suis sur le gril.

NANETTE.

Tais-toi donc, j'entends M. Simon, le propriétaire, et devant lui...

THOMASSEAU.

Qu'est-ce que ça me fait?

NANETTE.

Est-il bête! il va lui donner des doutes sur la fidélité de sa portière.

SAINT-EUGÈNE.

Eh! oui, vraiment, tu auras le temps d'être jaloux quand tu seras marié.

THOMASSEAU.

Je veux commencer maintenant.

SAINT-EUGÈNE.

Eh! va donc, va donc! (Il pousse Thomasseau dehors.) Comme ce couvert est mis! pas seulement du vin sur la table.

(Il s'occupe à placer des bouteilles.)

SCÈNE X.

NANETTE, SIMON, SAINT-EUGÈNE, au fond.

SIMON.

Eh! bien, petite, où est donc ce monsieur que tu es venue chercher?

NANETTE, désignant la chambre de Frédéric.

Là-dedans, avec M. Frédéric.

SIMON, à part.

Ensemble! tant mieux; gardons-nous de les déranger; il ne faut pas troubler l'explication entre le gendre et le beau-père. (Haut à Nanette.) Tu lui remettras ce papier.

NANETTE.

Oui, monsieur.

SIMON.

C'est un projet d'acte, un papier ; il sait ce que c'est.

NANETTE.

Oui, monsieur.

SIMON.

Et tu lui rappelleras qu'il faut absolument qu'il vienne à mon bal. Voilà qui est entendu. Maintenant, je remonte chez moi achever mes dispositions ; quand on n'a pas l'habitude de recevoir, qu'il faut tout improviser... Il y a dix ans que je n'ai fait de feu dans mon salon ; aussi la cheminée fume : on sera obligé de laisser la fenêtre entr'ouverte... (En s'en allant, il salue Saint-Eugène qui est auprès de la table.) Monsieur, j'ai l'honneur de vous saluer... Mais ce n'est pas un inconvénient, ça servira à renouveler l'air.

(Il sort par le fond.)

SCÈNE XI.

NANETTE, SAINT-EUGÈNE.

SAINT-EUGÈNE.

Tiens, le propriétaire qui fait aussi des affaires avec M. de Saint-Martin : tout le monde s'en mêle.

NANETTE.

Qu'est-ce que ce papier-là ? c'est plié comme une assignation.

SAINT-EUGÈNE.

Laisse donc !

NANETTE.

Moi, je ne les connais que par celles de M. Frédéric ; si c'en était encore, voyez donc.

SAINT-EUGÈNE, prenant le papier.

Y penses-tu? (Y jetant les yeux, à part.) Dieu! quel nom viens-je de lire! M. Canivet, de Nantes... M. Canivet serait ici! mon administrateur en chef, le beau-père de Frédéric!

AIR : A soixante ans, on ne doit pas remettre. (*Le Dîner de Madelon.*)

Oui, c'est bien lui. C'est facile à comprendre ;
Sous un faux nom, sous un titre inconnu,
Il vient ici, pour connaître son gendre,
Pour éprouver ses mœurs et sa vertu ;
Pauvre garçon! Ah! le voilà perdu!
Moi, je suis fort; car mon langage austère,
Car la morale ont su me préserver ;
Grande leçon, qui doit bien nous prouver
Qu'à tout hasard il faut toujours en faire ;
On ne sait pas ce qui peut arriver.

Mais Frédéric, faut-il le prévenir du danger? non; il perdrait la tête, il gâterait tout; il faut le sauver à son insu, à moi tout seul. Avec du sang-froid et de l'imagination... (Après un moment de réflexion.) C'est ça, rien n'est encore désespéré. Viens ici, Nanette; viens! j'ai à te parler. Tu vas dire à Thomasseau de nous mettre ici des carafes, d'en mettre six sur la table.

NANETTE.

Des carafes! y pensez-vous! jamais ces messieurs n'en laissent paraître, et Thomasseau ne voudrait pas...

SAINT-EUGÈNE.

Et pourquoi?

NANETTE.

Parce que les marchands de vin n fournissent jamais l'eau séparément.

SAINT-EUGÈNE.

Oui; mais tu lui diras de remplir celles-ci avec du vin blanc clair et limpide; que ce soit à s'y méprendre.

NANETTE.

C'est différent : avec du Châblis; c'est ce qui ressemble le plus à l'eau d'Arcueil. Je vais lui dire...

SAINT-EUGÈNE.

Écoute encore : ce n'est pas tout. Veux-tu être mariée?

NANETTE.

Est-ce que ça se demande? et quoique Thomasseau soit jaloux, si je pouvais l'épouser dès demain, je serais prête dès aujourd'hui; mais, pour cela, il nous manque...

SAINT-EUGÈNE.

Une dot.

NANETTE.

Pas autre chose. Si j'avais seulement mille écus; Thomasseau prétend qu'avec cela il trouverait soixante mille francs de crédit, et qu'il ne faudrait pas davantage pour établir un joli petit café dans un faubourg.

SAINT-EUGÈNE.

AIR : J'ai vu le Parnasse des dames. (*Rien de trop.*)

Eh bien! parlons avec franchise;
Tous ces rêves si séduisants,
Si tu veux, je les réalise.

NANETTE, étonnée.

Comment, à moi, trois mille francs !

SAINT-EUGÈNE.

Oui; de toi dépend cette affaire.

NANETTE.

Vous croyez que je les aurai?

SAINT-EUGÈNE.

Oh! tu peux y compter, ma chère;
Ce n'est pas moi qui les paierai.

NANETTE.

A la bonne heure!

SAINT-EUGÈNE.

Mais il s'agit, pour cela, de nous rendre un grand service.

NANETTE.

Qu'est-ce que c'est?

SAINT-EUGÈNE.

Tu as vu cet étranger qui est là-dedans avec Frédéric?

NANETTE.

Ce nouveau locataire, que je n'aime pas du tout?

SAINT-EUGÈNE.

C'est égal; tâche d'obtenir qu'il consente à t'embrasser devant témoin, et les mille écus sont à toi.

NANETTE.

Y pensez-vous? il ne voudra jamais; il a l'air si sévère!

SAINT-EUGÈNE.

Cela te regarde.

NANETTE.

Et puis, il est bien laid.

SAINT-EUGÈNE.

Sans cela, où serait le mérite? c'est un acte de dévouement qu'on te demande. Je l'entends, c'est convenu.

NANETTE.

Mais, monsieur, comment donc faut-il que je fasse?

SAINT-EUGÈNE.

C'est entendu; le voilà, je te laisse.

(Il entre dans la première chambre à gauche.)

SCÈNE XII.

NANETTE, puis CANIVET.

NANETTE.

C'est drôle, tout de même, qu'il me donne mille écus, pour qu'un autre... encore, si c'était lui, ce serait plus naturel. N'importe, faut que je tâche d'en venir à mon honneur; je ne sais trop comment m'y prendre, je ne puis pas aller prier ce monsieur de... je ne me suis jamais trouvée dans cette position-là.

(Dans ce moment Canivet sort de la chambre de Frédéric. Nanette lui fait une belle révérence; mais il passe devant elle sans la regarder.)

CANIVET, à part.

Il est ravi de l'argent que je viens de lui donner, il le paiera cher. Dans l'excès de sa joie, il m'a renouvelé son invitation à ce déjeuner dînatoire, soit! (Il s'assied sur un fauteuil à droite.) Je vais en apprendre de belles. Tant mieux : je me ferai connaître au dessert, j'aurai le plaisir de le confondre : voilà le bouquet que je lui prépare.

NANETTE, à part, regardant Canivet à gauche.

Dieu! a-t-il l'air sévère de ce côté-ci! ce n'est pas de ce côté-là qu'il m'embrassera; voyons de l'autre. (Elle passe à la droite de Canivet.) C'est encore pis... (Repassant à gauche. Timidement et baissant les yeux :) Monsieur...

CANIVET, avec brusquerie et sans se lever.

Qu'est-ce que vous me voulez?

NANETTE, lui donnant le papier que lui a remis Simon.

C'est un papier que l'on m'a chargée de vous remettre.

CANIVET, le prenant.

Ah! c'est de la part de nos actionnaires! cet acte de société, si important pour moi. C'est bon, allez-vous-en.

NANETTE, à part.

Est-il gentil! (Haut.) C'est que j'aurais quelque chose à vous demander.

CANIVET.

Qu'est-ce que c'est?

NANETTE.

AIR du vaudeville de *l'Ecu de six francs*.

V'là justement le difficile;
Je n'ose pas, en vérité.

CANIVET, lui tournant le dos.

En ce cas, laissez-moi tranquille.

NANETTE, à part.

Allons, le v'là d' l'autre côté.
Comment alors fair' sa conquête?
Car, pour l'am'ner à m'embrasser,
Il m' semble qu'il faut commencer
Par lui faire tourner la tête!

(Haut.)
Monsieur...

CANIVET.

Encore?

NANETTE.

Eh quoi! vous refusez de m'écouter? vous qui paraissez si bon!

CANIVET, se levant.

Puisqu'il n'y a pas moyen de vous faire taire, parlez, pourvu que vous vous dépêchiez.

NANETTE, avec une feinte émotion.

Hélas! vous voyez une personne bien embarrassée et bien chagrine.

CANIVET.

En vérité! Oh! à votre âge on ne manque pas de consolateurs; adressez-vous, par exemple, à M. Frédéric.

NANETTE.

Voilà justement comme vous êtes dans l'erreur, et il faut que je vous explique...

CANIVET.

C'est inutile; je vous crois sur parole.

NANETTE.

M'accuser sans m'entendre, refuser d'écouter une pauvre fille qui vous en supplie!... je n'aurais jamais cru cela de vous, d'un homme si respectable!

CANIVET, à part.

Elle a raison; au fait, je dois l'écouter.

NANETTE.

Ah! je suis bien malheureuse!

CANIVET.

Mais, qu'avez-vous donc, ma chère enfant?

NANETTE, à part.

Il a dit : Ma chère enfant. (Haut, avec une douleur affectée.) Ah!

CANIVET, à part.

En effet; il est possible que cette pauvre fille soit honnête. (A Nanette.) Voyons, parlez.

NANETTE, à part, avec satisfaction.

Le voilà qui s'approche. (A Canivet.) Eh! bien, monsieur... (A part.) Qu'est-ce que je m'en vais lui dire? (Haut.) Eh bien! vous saurez donc...

SCÈNE XIII.

Les mêmes; THOMASSEAU.

THOMASSEAU, du fond.

Mam'selle Nanette, mam'selle Nanette!

(Canivet va se rasseoir.)

NANETTE, à part.

Ce Thomasseau qui vient nous déranger au moment où ça commençait! (Haut, avec impatience.) Qu'est-ce que c'est?

THOMASSEAU, s'approchant de Nanette.

Rien. Ce n'est certainement pas pour me raccommoder avec vous. Mais enfin, on vous demande en bas. C'est le service, ce n'est pas moi.

NANETTE.

Je ne puis pas, je suis occupée.

THOMASSEAU.

Faut-il que je vous aide?

NANETTE.

Je n'ai pas besoin de toi, tu ne me servirais à rien; au contraire : je t'appellerai quand il faudra que tu viennes.

THOMASSEAU.

Ça suffit. On vous comprend, et on vous laisse; on s'en va. (Regardant Canivet.) Avec celui-là, je n'ai pas peur... (Sur un signe d'impatience de Nanette.) On s'en va, mam'selle; on s'en va.

(Il sort par le fond.)

SCÈNE XIV.

CANIVET, NANETTE.

NANETTE, à part.

C'est maintenant à recommencer.

CANIVET, froidement.

Eh bien! mademoiselle?

NANETTE.

Eh bien! monsieur... (A part.) Il ne se rapproche pas. (Haut.) Vous saurez donc que j'allais me marier à un garçon, qui n'est certainement pas beau, vous venez de le voir; ni spirituel, vous l'avez entendu; mais enfin, en fait de mari, dans ce moment où tout est si rare, on prend ce qu'on trouve. Celui-ci m'aimait, et vous êtes cause qu'il ne m'aime plus.

CANIVET.

Moi?

NANETTE.

Sans doute; vous avez dit ce matin, devant lui, que M. Frédéric m'avait embrassée, car lui n'en aurait rien su; et quoique ce fût à bonne intention, lui qui n'a pas d'esprit, a vu ça du mauvais côté; il s'est fâché, et maintenant il ne veut plus m'épouser.

CANIVET.

Il serait possible !

NANETTE.

Oui, monsieur; et voilà comment vous êtes cause que je resterai fille.

CANIVET, se levant et allant à Nanette.

J'en serais désolé.

NANETTE.

Et moi aussi; ce n'est pas tant pour le mari que pour la réputation et mon honneur, car j'y tiens; je vous en prie, monsieur, voyez un peu ce qu'il y aurait à y faire.

CANIVET.

S'il en est ainsi, c'est à moi de réparer mes torts. J'irai trouver ton prétendu... Car, au fait, cette jeune fille, elle a de bons principes.

NANETTE.

Oh! oui, monsieur.

CANIVET, la regardant attentivement.

Et de plus, elle est tout à fait gentille.

NANETTE.

Vous êtes bien bon. (A part.) Il y revient.

CANIVET.

Je le forcerai bien à te rendre justice.

NANETTE.

C'est tout ce que je demande, et... (Se jetant dans les bras de Canivet.) Vous serez mon sauveur, mon père !

CANIVET, l'embrassant.

Cette chère enfant !

NANETTE, à part.

Faut-il qu'il n'y ait personne !

CANIVET.

Et de plus, je ferai quelque chose pour toi.

NANETTE.

Ah! je ne veux rien, monsieur; votre estime me suffit; j'étais si heureuse tout à l'heure, quand vous me traitiez comme votre fille! et tout ce que je vous demande, c'est que vous m'embrassiez encore.

CANIVET.

De grand cœur. (L'embrassant.) Pauvre petite!

NANETTE.

Encore une petite fois.

(Canivet l'embrasse encore.)

SCÈNE XV.

LES MÊMES; THOMASSEAU, puis SAINT-EUGÈNE.

(Au moment où Canivet embrasse Nanette, Thomasseau entre par le fond, tenant un plat de ses deux mains.)

THOMASSEAU.

Qu'est-ce que je vois là? Eh bien! par exemple, en qui avoir confiance?... fi! monsieur.

CANIVET.

A qui en a-t-il donc?

SAINT-EUGÈNE, sortant du cabinet à gauche.

Quel est ce bruit? qu'est-ce donc?

THOMASSEAU.

C'est monsieur qui embrasse Nanette.

SAINT-EUGÈNE, à Nanette.

Bien sûr?

NANETTE.

Certainement. Thomasseau était là.

THOMASSEAU.

C'est une horreur! C'est... si je n'avais pas peur de répandre... c'est la seconde fois d'aujourd'hui, sans compter ce qui arrive quand je n'y suis pas.

CANIVET.

Je vous atteste que cette jeune fille est un modèle de sagesse.

SAINT-EUGÈNE, bas à Canivet.

Vous avez raison de dire comme ça, c'est plus moral.

SCÈNE XVI.

LES MÊMES; FRÉDÉRIC, sort de sa chambre, accompagné de PLUSIEURS DE SES AMIS, tandis que PLUSIEURS AUTRES CONVIVES entrent par le fond, et vont saluer Saint-Eugène.

LES CONVIVES.

AIR : Oh! la bonne folie. (Le comte Ory.)

Allons, allons, à table!
La gaîté, le plaisir,
A ce banquet aimable
Viennent nous réunir!

(Pendant ce chœur, qui se chante sur le devant de la scène, les domestiques mettent la table au milieu du théâtre; et, à la fin du chœur, tout le monde prend sa place à table. — Saint-Eugène engage Canivet à se placer à côté de lui; Canivet se place à l'extrémité de la table, à droite, auprès de Saint-Eugène. Frédéric occupe le milieu.)

SAINT-EUGÈNE.

Quel beau silence!

UN DES CONVIVES, de la gauche, à Frédéric, en lui montrant Canivet.

Quel est donc ce monsieur?

FRÉDÉRIC, à demi-voix.

C'est M. de Saint-Martin, fameux capitaliste, qui demeure

ici près, (Tous les convives se lèvant, et saluent Canivet.) et j'ai pensé que c'était une connaissance utile à vous faire faire.

TOUS LES CONVIVES.

Oui, sans doute.

SAINT-EUGÈNE, à Canivet.

Je me suis placé à côté de vous, pour que nous puissions causer ensemble, et parler raison.

CANIVET.

Oui; que les principes trouvent au moins un refuge dans notre coin.

SAINT-EUGÈNE, à Canivet.

Vous ne mangez pas?

CANIVET.

Je n'ai pas faim.

SAINT-EUGÈNE.

Ni moi non plus; mais il faut faire comme tout le monde.

CANIVET, présentant son assiette.

En ce cas, donnez-moi quelques truffes.

FRÉDÉRIC, à Canivet.

Vous ne buvez pas?

CANIVET.

Je n'ai pas soif.

SAINT-EUGÈNE

Ni moi non plus; c'est égal, il faut faire comme tout le monde.

(Il remplit son verre et celui de Canivet.)

CANIVET.

C'est donc pour vous obéir. (A part, vidant lentement son verre, et prenant une gorgée à chaque phrase.) Que dirait-on de voir un administrateur des deniers du pauvre dîner à trente francs par tête, (Il boit.) au milieu d'une troupe de jeunes insensés? (Il boit.) Mais j'ai mon projet; cela me suffit, (Il boit.) et comme ma conduite a un but moral...

(Il boit.)

FRÉDÉRIC, s'adressant à toute la société.

Messieurs, je vous recommande cette bouteille, c'est un porto excellent.

SAINT-EUGÈNE, versant à Canivet.

Vous devez vous y connaître ; dites-nous ce que vous en pensez ?

CANIVET, après l'avoir goûté.

Parfait ; mais je voudrais avoir de l'eau.

SAINT-EUGÈNE, à Thomasseau.

Qu'on nous donne une carafe.

THOMASSEAU.

Voilà, voilà. (Il verse à Canivet. Bas, à Saint-Eugène.) C'est l'eau en question.

CANIVET, après avoir bu, et présentant de nouveau son verre.

Encore de l'eau ?

(Thomasseau lui en verse.)

SAINT-EUGÈNE, à part.

Il paraît qu'il y prend goût.

FRÉDÉRIC, à Thomasseau qui lui offre de l'eau.

Fi donc ! pas d'eau rougie, nous ne connaissons pas cela.

TOUS.

Ni nous non plus !

SAINT-EUGÈNE.

AIR des *Créoles*. (BERTON.)

COUPLETS.

Premier couplet.

Messieurs, silence ! et pour cause ;
Un seul instant, taisez-vous ;
C'est un toast que je propose,
Il nous intéresse tous :
Oui, mes amis, faisant gloire
De vous ramener au bien,

Je vous propose de boire
A la morale !

TOUS.

C'est bien.

SAINT-EUGÈNE, à Frédéric.

Pour accorder ma soif, que rien n'égale,
Avec la sobriété,
Verse, verse à la morale,
Je veux boire à sa santé !

CANIVET, et les autres convives.

Verse, verse à la morale,
Je veux boire à sa santé !

(Les domestiques emplissent les verres des convives.)

SAINT-EUGÈNE.

Ici du champagne ? (Prenant la bouteille, et s'adressant à Canivet.) Vous ne pouvez pas refuser un verre de champagne à la morale.

CANIVET, s'animant.

Non, certainement ; à la morale, messieurs !

TOUS.

A la morale !

SAINT-EUGÈNE.

Et pas d'eau cette fois.

CANIVET et TOUS LES CONVIVES

Pas d'eau !

SAINT-EUGÈNE.

C'est ça, la morale la plus pure.

TOUS, se levant et trinquant.

A la morale !

SAINT-EUGÈNE.

A ses bienfaits !

TOUS.

A ses bienfaits !

CANIVET.

Faites mousser pour les bienfaits.

(Ils boivent.)

SAINT-EUGÈNE, se levant.

Messieurs, j'ai une seconde proposition à vous faire.

CANIVET, un peu en train.

Voyons la proposition.

SAINT-EUGÈNE.

C'est de recommencer.

TOUS, se levant.

Approuvé !

FRÉDÉRIC.

Deuxième couplet.

Il faut que ce jour expie
Tous les méfaits d'autrefois ;
Je bois à l'économie !

CANIVET.

A l'abstinence je bois !

SAINT-EUGÈNE.

Quelle tiédeur est la vôtre!
La sagesse exige plus;
Et je veux, l'une après l'autre,
Boire à toutes les vertus.
Oui, pour rester ici jusqu'à l'aurore,
Et pour boire encore plus,
Verse, verse, verse encore,
Verse à toutes les vertus !

CANIVET et les autres.

Verse, verse, verse encore,
Verse à toutes les vertus ;
Je veux boire à la vertu !

(Les domestiques versent encore.)

12.

LES CONVIVES.

AIR : Qu'il avait de bon vin. (*Le comte Ory.*)

(Musique arrangée et composée par M. Hus-Desforges.)

Buvons, il a raison ;
Lorsque le vin est bon,
De boire on a raison !
Que la morale austère
Préside à ce festin ;
A sa santé si chère
Buvons jusqu'à demain !

SAINT-EUGÈNE.

Le bon vin ! combien je l'honore !
T'en reste-t-il beaucoup encore ?

FRÉDÉRIC.

Cent bouteilles.

SAINT-EUGÈNE.

En vérité !
Je te les joue à l'écarté.

TOUS.

C'est accepté, c'est accepté !

SAINT-EUGÈNE, à Canivet.

Vous parirez de mon côté.

CANIVET.

Qui, moi ? jamais d'un jeu semblable !
Je n'en sais qu'un de tolérable :
C'est le piquet.

SAINT-EUGÈNE.

Jeu très-savant,
Mais à la fois très-difficile.
Le jouez-vous passablement ?

CANIVET, piqué.

Si je le joue ?

SAINT-EUGÈNE, montrant un des convives.

Eh ! oui vraiment...

Car voilà, mon cher, un habile
Qui pourrait vous mettre en défaut...

CANIVET, d'un air de mépris.

Monsieur !

SAINT-EUGÈNE.

Et vous faire capot.

CANIVET, s'échauffant.

Je l'en défie !

LE CONVIVE.

Et l'on vous prend au mot.
Quinze louis comptant...

SAINT-EUGÈNE, à Canivet.

Il est à nous ; nous les tenons ;
C'est une victoire assurée.
Nous trouverons
Dans la chambre à côté,
Et le piquet et l'écarté.
Allez, amis, la lice est préparée.

Ensemble.

(Reprise du premier motif.)

CANIVET.

Oui, de ce fanfaron
J'espère avoir raison.

SAINT-EUGÈNE.

Quand le motif est bon,
L'on a toujours raison.

FRÉDÉRIC et LES CONVIVES.

C'est nous qui jugerons
Entre les deux champions.

TOUS, se levant de table.

Le talent, la science,
Fixeront le destin ;
On peut ainsi, je pense,
Jouer jusqu'à demain !

Buvons, jouons, buvons jusqu'à demain !
(Pendant ce dernier chœur, les domestiques enlèvent la table. A la fin du chœur, Frédéric, Canivet et tous les convives entrent en désordre dans la chambre à gauche, dont la porte reste ouverte.)

SCÈNE XVII.

SAINT-EUGÈNE, seul.

Bravo ! ça commence à s'animer ; les têtes s'échauffent, et la mienne aussi, par contre-coup. J'éprouve une satisfaction intérieure, je me sens à mon aise, je suis heureux ; j'étais né pour le désordre ; c'est malgré moi que je me suis jeté dans les bras de la morale.

AIR de Lantara.

Malgré moi la raison austère
Sous ses lois prétend me ranger ;
Hélas ! transfuge involontaire,
J'ai dû passer dans un camp étranger,
Il m'a fallu passer à l'étranger !
Mais quand j'entends les cris de la folie,
Mon cœur tressaille ; ô délire nouveau !
C'est l'exilé revoyant sa patrie,
Le déserteur retrouvant son drapeau !

(Plusieurs garçons entrent.)

Qu'est-ce que c'est que ces gens-là ? qu'est-ce que vous apportez ?

UN DES GARÇONS.

Ce sont les glaces que l'on a commandées pour le bal.

SAINT-EUGÈNE.

Il donne un bal ! il ne m'en avait pas parlé. (Plusieurs musiciens entrent avec leurs instruments.) Plus de doute, voici l'orchestre : c'est délicieux. (Aux garçons de café.) Établissez-vous dans la petite pièce du fond. (Ils entrent dans la première chambre à droite. Aux musiciens :) Vous, dans la grande salle ;

il n'y a pas encore de danseurs ; c'est égal, jouez des contredanses pour vous amuser, (Les musiciens entrent dans la salle au fond, à droite.) comme au bal de l'Opéra ; ça fera venir du monde.

SCÈNE XVIII.

SAINT-EUGÈNE, Dames et Messieurs en costumes de bal.

SAINT-EUGÈNE.

Qu'est-ce que je disais ? (s'approchant des dames auxquelles il donne la main.) Donnez-vous la peine de passer dans le salon. (A d'autres dames qui arrivent.) On vous attend avec impatience ; le maître de la maison va venir tout à l'heure. (D'autres dames entrent accompagnées de cavaliers.) Oh ! encore ! Par ici, mesdames ; débarrassez-vous de vos schalls, de vos manteaux. (Revenant sur le devant de la scène.) Toutes physionomies honnêtes, je n'en connais pas une. Et lui qui me disait encore ce matin qu'il n'y aurait pas de dames !

SCÈNE XIX.

NANETTE, SAINT-EUGÈNE.

NANETTE, accourant.

Monsieur, monsieur, ces dames qui viennent d'entrer demandent M. Simon.

SAINT-EUGÈNE.

Qu'est-ce que ça me fait ?

NANETTE.

C'est que je m'en vais vous dire, le propriétaire donne ce soir un bal, ici dessus ; et il paraît que ce sont de ses connaissances.

SAINT-EUGÈNE.

Vraiment. (Riant.) Attends donc : je commence à comprendre; on se sera trompé d'étage, et, sans le vouloir, nous lui aurons escamoté toute sa société. Tant pis; honnêtement nous ne pouvons pas les mettre à la porte. Le bal est commencé.

(On entend à droite les premières mesures d'une contredanse ; et à gauche, dans la salle de jeu, sur le même air, le chœur suivant :

LES CONVIVES.
Amis, célébrons sans cesse
Le jeu, le vin et l'amour;
Et goûtons, avec ivresse,
Tous les plaisirs en ce jour !

(La ritournelle continue.)

SAINT-EUGÈNE, parlant sur la ritournelle.

Entends-tu les violons? et les joueurs d'écarté, comme ils s'en donnent ! Dis qu'on leur porte des rafraîchissements. (Nanette sort.) Il faut entretenir le feu sacré. (Plusieurs garçons passent avec des bols de punch enflammé, des glaces, etc., et entrent dans le salon du bal et dans la salle de jeu.) Quel coup d'œil enivrant! quel délicieux tapage !

SCÈNE XX.

SIMON, SAINT-EUGÈNE.

SIMON, à part.

C'est incroyable le bruit qui se fait au premier; tandis que chez moi, c'est d'un calme, d'un silence... je suis tout seul à me promener dans mon salon illuminé.

SAINT-EUGÈNE.

Ah! c'est vous, monsieur Simon! Nous ferez-vous l'honneur de passer ici la soirée ?

SIMON.

Merci, je ne puis pas; je donne un bal.

SAINT-EUGÈNE.

C'est comme nous.

SIMON.

Vous sentez que, quand on attend du monde......

SAINT-EUGÈNE.

Ah! vous en attendez?

SIMON.

Beaucoup; j'ai même fait monter au grenier une partie de mes meubles, pour que l'on fût plus à son aise.

SAINT-EUGÈNE.

Vous avez raison. Dans les soirées d'aujourd'hui, on ne peut pas se retourner, on étouffe.

SIMON.

Ce ne sera pas le défaut de la mienne; je n'ai encore personne; je comptais au moins sur ce monsieur que j'ai laissé ce matin avec votre ami.

SAINT-EUGÈNE.

M. Canivet?

SIMON.

Il vous a dit son nom?

SAINT-EUGÈNE.

Parbleu! *in vino veritas*. C'est un diable qui, à table, a bu comme quatre.

SIMON.

Ce n'est pas possible; un sage tel que lui!

SAINT-EUGÈNE.

Raison de plus. Quand ils s'y mettent une fois.....

AIR du vaudeville de l'Homme Vert.

Un philosophe, un sage austère,
Comme un autre ne tombe pas;
Pour nous qui marchons terre à terre,
Lorsque nous faisons un faux pas,
La chute est à peine sensible.

Mais quand la sagesse en défaut
Vient à broncher, ah! c'est terrible!
Car elle tombe de plus haut.

SCÈNE XXI.

SIMON, SAINT-EUGÈNE, THOMASSEAU.

THOMASSEAU, sortant de la salle de jeu, à Saint-Eugène.

En vérité, monsieur, c'est très-mal à M. Frédéric. Comment! il prend le dîner au Café de Paris, et les glaces chez Tortoni, qui est notre ennemi naturel!... Au surplus, on ne fait pas grand honneur aux rafraîchissements du confrère; ils sont trop occupés à jouer, surtout ce grand monsieur.

SAINT-EUGÈNE.

Oui. (Bas, à Simon.) C'est encore M. Canivet.

THOMASSEAU.

Il paraît qu'il avait d'abord gagné ces messieurs au piquet; on lui a demandé une revanche à l'écarté, qu'il a bien fallu accorder, et il a gagné encore plus de mille écus.

SIMON.

Mille écus!

SAINT-EUGÈNE.

Quelle horreur! moi qui suis de moitié avec lui.

THOMASSEAU.

Il faut que ce soit un joueur de profession; il retourne toujours le roi, ce qui n'est pas naturel : aussi, ces messieurs, qui perdaient toujours, commençaient à se fâcher.

SIMON.

A lui de pareils défauts!

THOMASSEAU.

Des défauts! il les a tous : le jeu, il y est; le vin, il y

était tout à l'heure; et les femmes! vous le savez, j'ai surpris mam'selle Nanette en tête-à-tête avec lui.

SIMON.

Jugez donc les gens sur leurs discours!... Moi qui étais sa caution, je n'en réponds plus; je m'en vais le faire entendre à nos actionnaires.

SAINT-EUGÈNE.

Et vous avez raison; car, à vos actionnaires,
Il faut des actions et non pas des...

SIMON, regardant dans le salon du fond, à droite.

Eh! mais, qu'est-ce que je vois! les voici, ce sont eux; ils sont en train de danser. Comment se trouvent-ils ici? Peu importe, l'essentiel est de les avertir. M. Canivet se justifiera s'il le peut.

(Il sort. L'orchestre reprend très-fort.)

SCÈNE XXII.

SAINT-EUGÈNE, CANIVET.

CANIVET, sortant de la pièce où l'on joue, et s'adressant à la cantonade.

Eh bien! nous verrons; il ne faut pas croire que, parce qu'on a cinquante ans... certainement, ce n'est pas vous qui me ferez reculer.

SAINT-EUGÈNE.

Qu'est-ce donc?

CANIVET.

Les soupçons les plus injurieux, que j'ai repoussés comme je le devais; d'ailleurs, dans la chaleur du jeu...

SAINT-EUGÈNE.

Et pourquoi jouer? pourquoi se livrer à cette passion dangereuse?

Scribe. — Œuvres complètes.   IIme Série. — 18me Vol. — 13

CANIVET.

Eh! monsieur, vous êtes de moitié avec moi.

SAINT-EUGÈNE.

Qu'importe, monsieur! Quand nous aurions gagné mille écus... car c'est, je crois, mille écus... que nous avons gagnés... il n'en est pas moins vrai que le jeu...

CANIVET.

Je sais cela aussi bien que vous; mais est-ce ma faute si, en sortant de table, on se laisse entraîner? quand on a bu un peu plus qu'à l'ordinaire...

SAINT-EUGÈNE.

Et pourquoi boire, monsieur?

CANIVET.

C'est vous qui me versiez!

SAINT-EUGÈNE.

C'est vrai; mais où serait le mérite si on ne résistait pas? C'est ce que je disais tout à l'heure à M. Simon, qui vous attendait ici.

CANIVET.

Ah! mon Dieu, c'est juste! j'ai oublié son rendez-vous. Est-ce qu'il saurait?...

SAINT-EUGÈNE.

Lui! il sait tout. Mais quand il a vu que vous étiez en partie de plaisir, et en train de gagner de l'argent, il n'a pas voulu vous déranger. Il est allé en causer avec ses actionnaires.

(Pendant que Saint-Eugène parle, Frédéric et tous les jeunes gens sortent de la salle de jeu, et se tiennent un instant derrière Canivet.)

CANIVET.

Je suis un homme perdu : sortons.

(Il veut sortir, Frédéric et les jeunes gens l'arrêtent.)

SCÈNE XXIII.

SAINT-EUGÈNE, CANIVET, FRÉDÉRIC et LES CONVIVES.

FRÉDÉRIC, à Canivet.

Arrêtez, monsieur; vous ne nous quitterez pas ainsi, nous avons trop d'intérêt à savoir qui vous êtes.

CANIVET

Que voulez-vous dire?

FRÉDÉRIC.

Vous vous êtes fait passer pour M. de Saint-Martin, le capitaliste ; or, M. de Saint-Martin est là à côté, et en train de danser.

CANIVET, à part.

O ciel!

FRÉDÉRIC.

Vous comprenez, monsieur, qu'on ne prend pas le nom et le titre d'un homme aussi recommandable, sans des motifs qu'il nous importe de connaître; et avant de donner notre argent, nous voulons savoir avec qui nous l'avons perdu.

CANIVET, à part.

C'est fait de moi.

SAINT-EUGÈNE, à demi-voix.

Pas encore; je suis là pour vous sauver.

FRÉDÉRIC.

Monsieur, il faut dire votre nom.

TOUS LES JEUNES GENS.

Oui, votre nom?

SAINT-EUGÈNE.

Son nom, jeunes gens! vous demandez son nom! il ne le dira pas, il ne peut pas le dire maintenant.

CANIVET, à part.

Est-ce que ce monsieur-là me connaît?

SAINT-EUGÈNE.

C'est tout à l'heure, en présence de tout le monde, qu'il se nommera.

CANIVET, bas à Saint-Eugène.

Mais, au contraire.

SAINT-EUGÈNE, bas à Canivet.

Laissez-moi donc! (Haut.) Et à ce nom seul, jeunes imprudents, à ce nom respectable, vous tomberez tous à ses pieds. (A Frédéric.) Vous, monsieur, tout le premier.

AIR : du vaudeville de *Folie et Raison*.

FRÉDÉRIC et TOUS LES JEUNES GENS.
  Pour garder l'anonyme
  A-t-il quelque raison?
  S'il tient à notre estime,
  Qu'il déclare son nom!

Ensemble.

LES DAMES, sortant de la salle du bal.
  Quel courroux vous anime?
  Quel bruit dans la maison?
  Peut-on lui faire un crime
  D'avoir caché son nom,
  Son nom, son nom, son nom?

FRÉDÉRIC et LES JEUNES GENS.
  Pour garder l'anonyme
  A-t-il quelque raison?
  S'il tient à notre estime,
  Qu'il déclare son nom,
  Son nom, son nom, son nom!

SCÈNE XXIV.

Les mêmes ; SIMON, THOMASSEAU, NANETTE.

SIMON.

Son nom, son nom ; parbleu ! c'est M. Canivet.

CANIVET, se cachant la tête dans la main.

Plus d'espoir !

FRÉDÉRIC, étonné.

Mon beau-père !

SAINT-EUGÈNE.

Oui, jeune homme, votre beau-père, ce respectable administrateur de Nantes, qui, pour vous éprouver, pour vous donner une leçon, n'a pas craint de descendre lui-même à un pareil déguisement, et de paraître partager des excès dont il voulait vous faire rougir.

FRÉDÉRIC.

Comment ! c'était une épreuve ?

SAINT-EUGÈNE.

Oui, monsieur, et c'est moi qui étais son complice, Saint-Eugène, qui viens d'être nommé à la dernière place vacante dans l'administration paternelle qu'il régit avec tant de talent.

CANIVET, bas à Saint-Eugène.

Quoi ! vous seriez ?...

SAINT-EUGÈNE.

Silence !

FRÉDÉRIC, à Saint-Eugène.

Ainsi, tu nous avais trahis.

SAINT-EUGÈNE.

Momentanément, pour passer du côté de la morale.

SIMON.

Et moi qui ai été dupe d'une pareille ruse, qui ai pu croire un instant que c'était sérieusement !... je ne sais plus où j'en suis.

FRÉDÉRIC, à Canivet.

Ah ! monsieur, comment désarmer votre colère ? comment vous persuader de mon repentir ? et qui pourrait désormais vous parler en ma faveur ?

SAINT-EUGÈNE.

Moi, qui réclame, pour un ami, l'indulgence d'un beau-père irrité. (A Frédéric.) Vous avez été bien coupable, jeune homme ; mais monsieur sait, par bonheur, qu'aucun de nous n'est infaillible.

CANIVET, avec un soupir.

C'est vrai.

SAINT-EUGÈNE, à Frédéric.

Et si vous promettiez de suivre notre exemple, de ne plus retomber dans de pareils excès...

FRÉDÉRIC.

Je le jure.

SAINT-EUGÈNE, à Frédéric.

Cela lui suffit. Votre beau-père vous pardonne.

CANIVET.

Que dites-vous ?

SAINT-EUGÈNE, à Canivet.

Oui, monsieur, vous ne vous refuserez pas à mes prières. Si j'ai pu vous servir, tout ce que je vous demande, c'est le bonheur d'un ami, c'est que vous fassiez pour Frédéric (A demi-voix.) ce que je viens de faire pour vous-même. C'est de la bonne morale, ou je ne m'y connais pas.

CANIVET, à part.

Il a raison.

SAINT-EUGÈNE.

Et quant à l'argent du jeu, cet argent que nous avons

gagné de moitié, nous en ferons un bon usage; car nous le destinons à doter l'innocence. Tiens, Nanette.

NANETTE, à part.

Je puis dire que celui-là n'est pas volé!

CANIVET.

Demain, mon gendre, nous partirons pour Nantes; l'air de Paris est trop dangereux pour les principes.

SAINT-EUGÈNE.

Oui, nous partirons tous trois, et nous marcherons de compagnie dans la bonne route, à moins que les circonstances... car, en fait de morale, on en parle tant qu'on veut, mais on la met en action, quand on peut.

VAUDEVILLE.

AIR des Créoles. (BERTON.)

SIMON.

De quoi dépend le mérite?
Maint philosophe vanté
A dû sa bonne conduite
A sa mauvaise santé.
Tel ce sage cacochyme,
Que l'ordre du médecin
Vient de soumettre au régime,
Il tonne contre le vin;
Gens bien portants, ô vous que font sourire
Sa morale et ses discours,
Laissez, laissez, laissez dire,
Laissez dire, et buvez toujours!

FRÉDÉRIC.

J'ai vu prêcher la décence
A d'antiques séducteurs,
Et j'ai vu blâmer la danse
Par de ci-devant danseurs
Qui jadis étaient ingambes,
Et dont le zèle moral
Veut, quand ils n'ont plus de jambes,

Nous interdire le bal.
Jeunes tendrons, ô vous que font sourire
  Leur sagesse et leurs discours,
  Laissez, laissez, laissez dire,
Laissez dire, et dansez toujours!

SAINT-EUGÈNE.

Maint censeur atrabilaire
De nos maux semble accuser
Les beaux-arts dont la lumière
Éclaire sans embraser.
  Selon eux, tout périclite,
  Et l'on devrait garrotter
  Ce siècle qui va trop vite,
  Et qu'ils voudraient arrêter.
Guerriers, savants, artistes, qu'on admire,
  Loin d'écouter leurs discours,
  Laissez, laissez, laissez dire,
Laissez dire, et marchez toujours!

CANIVET.

Que de choses admirables
Dont ce siècle est l'inventeur!
Des habits imperméables,
Des *omnibus* à vapeur;
  Et puis des cloches de verre,
  Si bien construites, qu'avec
  Leur secours, dans la rivière,
  On se promène à pied sec.
Bons Parisiens, faciles à séduire,
  Loin de croire à ces discours,
  Laissez, laissez, laissez dire,
Laissez dire, et nagez toujours!

THOMASSEAU.

Lorsque l'on donne une pièce,
Il est des gens pleins de goût
Qui vous disent : « Eh bien! qu'est-ce?
« C'est mauvais; ça r'semble à tout.
« Oui, vous avez, dans la salle,
« Grand tort de vous divertir;
« Par respect pour la morale,

« On ne doit pas applaudir. »
Ce soir, messieurs, loin d' vous laisser séduire
    Par de semblables discours,
    Laissez, laissez, laissez dire,
Laissez dire...
            (Faisant le geste d'applaudir.)
        Et faites toujours !

MALVINA

ou

UN MARIAGE D'INCLINATION

COMÉDIE-VAUDEVILLE EN DEUX ACTES

Théatre de S. A. R. Madame. — 8 Décembre 1828.

PERSONNAGES.	ACTEURS.
M. DUBREUIL, riche négociant......... MM.	FERVILLE.
ARVED DUBREUIL, son neveu........	PAUL.
M. DE BARENTIN, ami de la maison....	ALLAN.
MALVINA, fille de M. Dubreuil......... Mmes	LÉONTINE FAY.
MARIE, nièce de M. Dubreuil..........	DORMEUIL.
CATHERINE, femme de charge et gouvernante de M. Dubreuil...............	JULIENNE.

UN DOMESTIQUE. — PAYSANS et PAYSANNES. — CHASSEURS.

Aux environs de Nantes, dans une maison de campagne appartenant à M. Dubreuil.

MALVINA

ou

UN MARIAGE D'INCLINATION

ACTE PREMIER

Un grand salon. — Porte au fond ; deux portes latérales.

SCÈNE PREMIÈRE.

CATHERINE, MARIE, assise sur le devant, à gauche, est occupée à dessiner.

CATHERINE, entrant.

Comment! mademoiselle Marie, vous êtes restée à la maison toute seule à travailler? vous n'êtes pas à la promenade du matin?

MARIE.

Non; mais je les ai vus partir. La cavalcade était magnifique : mon oncle était dans la calèche; Malvina, ma cousine, était à la portière, et elle a tant de grâce à cheval, elle monte si bien!

CATHERINE.
Joli talent pour une demoiselle!

MARIE.
Et où est le mal?

CATHERINE.
Les convenances avant tout, mademoiselle, les convenances; et quand je pense aux accidents...

MARIE.
Il n'y avait rien à craindre, puisque M. de Barentin, ce jeune élégant, qui est l'ami de la maison, caracolait à ses côtés, sur son beau cheval anglais.

CATHERINE.
Son cheval, qui appartient à monsieur votre oncle!

MARIE.
Comme il s'en sert toujours, c'est le sien.

CATHERINE.
A ce compte, cette maison de campagne serait aussi la sienne.

AIR du *Ménage de garçon.*

Sans façon, et deux ans de suite,
Il est venu loger ici.

MARIE, quittant son dessin, et allant auprès de Catherine.
C'est un jeune homme de mérite,
Un philosophe sans souci,
Un sage, qui n'a rien à lui.

CATHERINE.
Je conçois bien cette sagesse;
Car il peut, grâce à son aplomb,
Se passer toujours de richesse,
Tant que les autres en auront.
Il peut se passer de richesse,
Tant que les autres en auront!

MARIE.

Toi qui, l'année dernière, l'avais vu arriver avec tant de plaisir!

CATHERINE.

Sans doute, le premier abord est pour lui : un joli cavalier, une jolie tournure; et ses malheurs dont il parlait toujours... et ce service qu'il avait rendu à votre oncle... ce spectacle, où il avait pris sa défense sans le connaître... et puis, vous le dirai-je? j'ai cru d'abord que c'était un prétendu pour vous.

MARIE.

Pour moi?

CATHERINE.

Oui; il était galant, assidu; il ne vous quittait pas; et j'aime tout de suite ceux qui vous aiment; mais soudain cela a cessé, et pourquoi? je vous le demande.

MARIE.

Je m'en vais te le dire. Il y a un an, quand il est venu ici pour la première fois, il n'y avait que moi; car ma cousine Malvina était à Paris. A mon aspect, il parut troublé; toutes ses phrases, qu'il n'achevait jamais, étaient toujours précédées et terminées par un soupir; quand je le rencontrais dans le jardin, c'était dans des allées solitaires, un mouchoir à la main, les yeux rouges, et un air de désespoir et d'égarement qui me faisait peine et qui me faisait peur... car il avait toujours l'air d'un roman... mais d'un roman au cinquième volume... au moment des catastrophes.

CATHERINE.

Voyez-vous cela!

MARIE.

Mon oncle même s'en était aperçu, et ne nous laissait jamais ensemble; et un jour que j'étais à travailler, comme aujourd'hui, dans le salon, il prit une chaise, s'assit à côté de moi : « Marie, me dit-il, Marie... » Il leva les yeux au ciel, laissa tomber sa tête sur sa poitrine, et la conversation en resta là.

CATHERINE.

C'était fort embarrassant.

MARIE.

Aussi, ne sachant que lui dire, je me mis à lui parler de tout le monde, de ma famille, de mon oncle Dubreuil. Je lui appris qu'il était le plus riche négociant de la Bretagne, qu'il adorait sa fille unique, qu'il s'occupait de son établissement, que ma cousine Malvina, qui était dans ce moment à Paris, chez une de nos tantes, aurait un jour une dot superbe; tandis que moi, pauvre orpheline, élevée par les bontés de mon oncle, je n'avais rien à attendre, rien à espérer; et, pendant que je parlais, je voyais sur sa physionomie une expression toute particulière. Dans ce moment on sonna le dîner, auquel, contre son habitude, il fit le plus grand honneur; le soir, au salon, il prit du punch; le lendemain, sa mélancolie était partie; et quelques jours après il fit comme elle.

CATHERINE.

Vraiment!

MARIE.

Il allait à Paris, disait-il, pour des affaires importantes; et cette année, au moment où on l'attendait le moins, il est revenu, toujours galant et empressé, auprès de moi; mais ce n'est que quand il y a du monde, et quand on nous regarde.

CATHERINE.

C'est singulier, et, en attendant...

AIR du vaudeville de *Oui et Non.*

Il commande dans la maison,
Plus haut que votre oncle peut-être.

MARIE.

C'est bien vrai.

(Elle va s'asseoir, et reprend son dessin.)

CATHERINE.

Pour prendr' chez nous un pareil ton,
Après tout, est-il notre maître?
Quoique souvent il en ait l'air,
A le servir qu' d'autres essaient;
Je n'en suis pas, moi : j'ai l'cœur fier,
J' n'obéis qu'à ceux qui me paient.
Oui, mademoisell', j'ai l' cœur fier,
J' n'obéis qu'à ceux qui me paient.

MARIE.

Ce n'est pas vrai; car moi, qui n'ai rien, qui ne te donne rien...

CATHERINE.

Quelle différence! vous êtes mon enfant d'adoption, vous, et votre cousin Arved que j'ai nourri, que j'ai élevé... (Regardant le dessin de Marie.) Ah! mon Dieu! ce dessin que vous faites là! mais c'est lui! c'est lui-même!

MARIE.

Oui : d'après le portrait qui est là-bas dans le salon.

CATHERINE.

Quelle différence! celui-ci est bien plus ressemblant.

MARIE.

Tu l'as reconnu? tant mieux! C'est une surprise que je ménage à mon oncle, pour sa fête.

(Elle se lève.)

CATHERINE.

Si je l'ai reconnu! ce cher enfant! depuis qu'il est parti pour l'armée, je n'ai plus que vous à qui je puisse parler de lui; car mademoiselle Malvina, la fille de notre maître... ce n'est pas ma faute si je ne la chéris pas autant que vous deux. Elle est bien aimable, bien brillante dans un salon; mais, si j'étais homme, si j'étais à marier, si je voulais être heureux tous les jours, ce n'est pas elle que je choisirais : c'est vous.

MARIE.

Y penses-tu, ma bonne Catherine!... ne parlons plus de cela.

CATHERINE.

Et pourquoi donc?

MARIE.

Parce que, probablement, je ne me marierai jamais; car, vois-tu bien, dans le temps où nous vivons, quand on n'a pas de dot...

CATHERINE.

Est-ce que votre oncle ne vous en donnera pas une?

MARIE.

Je le crois; mais, si j'accepte sa dot, il faudra, en même temps, accepter le mari qu'il me donnera; et je tiendrais à choisir.

CATHERINE.

C'est aisé.

MARIE.

C'est selon; peut-être suis-je difficile. Non que je veuille, comme ma cousine, de grands sentiments, de grandes passions : je me rends justice, je suis peu faite pour les inspirer.

AIR du vaudeville de *la Robe et les Bottes.*

Pour jamais sortir de ma sphère,
Je n'ai pas assez de talents;
C'est pour cela qu'il me faudrait, ma chère,
Un mari comme je l'entends,
Qui, me comprenant tout de suite,
Se contentât d'être chéri,
Et voulût bien prendre pour du mérite
Tout l'amour que j'aurais pour lui.

Mais, pour cela, je lui voudrais un caractère, des qualités...

CATHERINE.

Que vous avez rêvés.

MARIE.

Non; que je connais, que j'ai vus quelque part.

CATHERINE.

Votre cousin Arved, par exemple.

MARIE.

Mais, oui; si je choisissais un mari, je voudrais qu'il lui ressemblât. Il est si bon, si aimable! et je me dis souvent, ma bonne Catherine, que celle qu'il épousera sera bien heureuse.

CATHERINE.

Et pourquoi ne serait-ce pas vous?

MARIE.

Y penses-tu? Arved est déjà maître d'une fortune considérable, il fera un beau chemin dans le militaire; mon oncle a des vues sur lui, j'en suis sûre; et moi, qui dois tout à ses bontés, pourrais-je penser à contrarier les plans de bonheur qu'il forme pour sa fille? Non, Catherine; qu'il n'en soit plus question : et comme Arved ne peut jamais être mon mari, eh bien! je resterai demoiselle; il y a encore de vieilles filles qu'on aime bien, quand elles sont bonnes, et pas trop ennuyeuses. Mais j'entends la calèche.

CATHERINE.

C'est votre oncle qui revient avec M. de Barentin.

(Marie rentre dans la chambre à gauche, en emportant son carton de dessins.)

SCÈNE II.

CATHERINE, DUBREUIL, à qui BARENTIN donne le bras.

BARENTIN.

AIR de la Guarrache. (La Muette de Portici.)

Sur mon bras, de grâce,
Allons, appuyez-vous;

Ah! loin qu'il me lasse,
Ce poids est bien doux!
Soin touchant qui semble
Un soin filial;
Tableau dont l'ensemble
Est patriarcal.

DUBREUIL.

Oui, c'est la jeunesse
Qui, je le sens bien,
Doit à la vieillesse
Servir de soutien.

BARENTIN.

Ainsi, dans la vie,
Bien souvent, dit-on,
On voit la folie
Guider la raison.

Ensemble.

DUBREUIL.

C'est assez, de grâce,
J'irai bien sans vous;
Rien ne nous menace,
Nous voici chez nous.
C'est, en conscience,
Un soin filial;
A sa complaisance,
Non, rien n'est égal.

BARENTIN.

Sur mon bras, de grâce,
Allons, appuyez-vous;
Ah! loin qu'il me lasse,
Ce poids est bien doux!
Soin touchant qui semble
Un soin filial;
Tableau dont l'ensemble
Est patriarcal.

CATHERINE.

J'admire sa grâce,

Aimable pour tous ;
Jamais rien ne lasse
De soins aussi doux.
C'est, en conscience,
Un soin filial ;
A sa complaisance,
Non, rien n'est égal.

BARENTIN.

Eh bien! Catherine, vous ne pensez pas à donner un fauteuil à monsieur? vous ne pensez à rien ! (A Dubreuil.) Asseyez-vous donc. (Dubreuil s'assied sur un fauteuil que Barentin lui a donné : Barentin reste debout à sa gauche, Catherine, à sa droite. Barentin s'adressant à Catherine.) Vous direz aussi à Joseph de promener mon cheval, de lui donner du vin chaud; ces chevaux anglais demandent tant d'égards! je sais cela, moi, qui, avant mes malheurs, en avais dix dans mon écurie... Et un tabouret sous ses pieds!... M. Dubreuil... donne, donne, Catherine.

DUBREUIL.

Vous êtes trop bon, et vous vous donnez trop de peines ; vous me feriez croire à la fin plus vieux que je ne le suis. Tiens, Catherine, prends-moi mon chapeau. (Barentin prend le chapeau de Dubreuil, et le pose sur une chaise : Catherine se retire avec humeur.) Eh bien! tu t'en vas!

CATHERINE.

Puisque monsieur est là, vous n'avez pas besoin de moi ; et vous pourriez vous passer de tous vos domestiques.

DUBREUIL.

Catherine!

BARENTIN.

Laissez-la dire; moi, j'aime les duègnes, les gouvernantes; il faut qu'elles soient toujours de mauvaise humeur! privilége touchant de la fidélité; et puis celle-ci vous rend de grands services.

CATHERINE.

Monsieur en convient donc?

BARENTIN.

Certainement; la vieillesse chagrine et morose fait ressortir encore mieux celle qui est aimable et indulgente; (A Dubreuil.) et à ce titre, il faut garder votre gouvernante; vous ne trouverez jamais mieux.

CATHERINE.

Monsieur...

DUBREUIL.

Allons, Catherine, tais-toi, et laisse-nous.

CATHERINE.

On m'impose silence; c'est là le plus fort!

(Marie rentre; Barentin va au-devant d'elle, et lui parle bas pendant que Catherine chante son couplet.)

AIR du vaudeville de *l'Homme Vert.*

Me faire taire! je suffoque,
Je n'y tiens plus et je m'en vais;
Sachez, c'est là ce qui me choque,
Que chiens, chevaux, femme et laquais,
Il prend tout, de tout il dispose,
Du vieux aussi bien que du neuf;
Bien heureux, monsieur, et pour cause,
Que grâce au ciel vous soyez veuf!

(Elle sort.)

SCENE III.

DUBREUIL, BARENTIN, MARIE.

BARENTIN, à Marie.

Combien j'étais impatient du retour! car vous savez, mademoiselle Marie, qu'il n'est point de plaisirs où vous n'êtes pas.

DUBREUIL.

Voilà déjà M. de Barentin dans ses galanteries et ses déclarations. Et ma fille, où est-elle donc?

BARENTIN.

Elle n'était pas encore descendue de cheval; car elle en a un dont elle voulait former le caractère, un cheval anglais que l'on prendrait pour un naturel du pays, pour un franc Breton, tant il a de ténacité dans les idées! Il en a une, entre autres, que j'appellerais une idée fixe : c'est de rester en place quand il aperçoit une barrière; et mademoiselle Malvina a voulu absolument lui faire franchir celle de la cour; je l'ai vue qui s'éloignait au galop pour prendre du champ.

DUBREUIL.

Et vous ne vous y êtes pas opposé! vous n'êtes pas resté près d'elle!

BARENTIN.

L'empressement que j'avais de vous donner le bras... et de revoir mademoiselle...

DUBREUIL.

Eh! ce n'est pas de cela qu'il s'agissait! courons vite...

SCÈNE IV.

MALVINA, en amazone et la cravache à la main; DUBREUIL, BARENTIN, MARIE.

MALVINA.

Je le savais bien, qu'il m'obéirait!

DUBREUIL.

Comment! cette barrière, tu l'aurais franchie?

MALVINA.

Trois fois de suite; mon cheval ne s'est abattu qu'à la dernière.

DUBREUIL.

Imprudente que tu es! et il ne t'est rien arrivé?

MALVINA.

J'étais à terre avant lui.

MARIE.

Et tu n'as pas eu peur?

MALVINA.

Si, un instant; mais il y a, dans le danger que l'on brave, une certaine émotion qui n'est pas sans plaisir.

DUBREUIL.

Et tu n'as pas pensé à ton vieux père, qu'une pareille imprudence pouvait condamner à des regrets éternels?

MALVINA.

Ah! vous avez raison; je me le reproche maintenant. Pardonnez-moi, mon père; cela ne m'arrivera plus.

DUBREUIL.

En attendant, c'est tous les jours quelque folie pareille. Depuis que je t'ai laissée faire ce voyage à Londres, tu as pris des manières anglaises, tu n'es plus de notre pays.

MALVINA.

Ah! mon père!

DUBREUIL.

Et notre pays en vaut bien un autre, entendez-vous, mademoiselle? Je ne suis pas un Anglais, je ne suis pas un milord, grâce au ciel, car je ne les aime pas; j'ai fait ma fortune dans le commerce, je l'ai faite en France, et je ne me soucie pas de la manger en pays étranger : et ici, depuis quelque temps...

AIR : Il me faudra quitter l'empire. (Les Filles à marier.)

On est plutôt à Londres qu'en Bretagne :
Romans anglais, paris, course à cheval,
Combats de coqs; enfin, dans ma campagne,
On prend du thé, qui toujours me fait mal,
Et que je hais par goût national.

Mais le bordeaux, mais le champagne même,
C'est différent : ce sont mes vieux amis ;
Et, fier du sol qui nous les a produits,
Lorsque je bois de ces bons vins que j'aime,
Je crois que j'aime encor plus mon pays !

BARENTIN.

Et vous avez raison, je partage vos sentiments.

DUBREUIL.

Je le sais, et mon vin aussi ; car, chez moi, vous êtes le seul qui me teniez tête ; mais, pour ma fille... (Regardant Malvina.) Qu'est-ce que c'est ? te voilà fâchée ! ce que je t'en dis, mon enfant, ce n'est pas pour te faire de la peine, c'est pour le monde, c'est pour les autres ; car, pour moi, je te trouve toujours bien, et je voudrais que chacun fût de mon avis : ainsi, voyons, ne me boude pas, et embrasse-moi.

MARIE, à part.

Je m'y attendais ; c'est là la fin ordinaire de tous les sermons.

(Elle sort par la porte du fond.)

DUBREUIL, embrassant Malvina.

Nous voilà raccommodés, n'est-il pas vrai ?

MALVINA.

A une condition, c'est que vous viendrez tantôt à cette partie de chasse où le nouveau préfet nous a invités.

DUBREUIL.

Comment ! encore ?

MALVINA.

Cette fois, c'est dans un but utile, une chasse aux renards : et vous viendrez, n'est-il pas vrai ? dans l'intérêt public.

DUBREUIL.

Dire que je ne peux rien lui refuser ! (Marie entre suivie du domestique qui porte un guéridon sur lequel est le déjeuner.) Nous verrons... le déjeuner porte conseil... c'est pour cela que je voudrais bien le voir arriver.

I. — XVIII.

MARIE.

Le voici, mon oncle.

DUBREUIL.

Très-bien. Marie est une bonne fille qui est toujours à son affaire.

MARIE, lui donnant les journaux.

De plus, voici vos lettres et vos journaux.

DUBREUIL, se mettant à table.

Plus tard; on ne peut pas faire tout à la fois.

BARENTIN, de même.

Ne suis-je pas là ? N'est-ce pas moi qui suis votre lecteur ordinaire ?

DUBREUIL.

Vraiment, M. de Barentin, vous êtes d'une complaisance... et de plus un homme universel; vous me lisez le matin, vous faites le soir ma partie de piquet...

(Ils se mettent à table dans l'ordre suivant : Barentin, Marie, Dubreuil, Malvina.)

MALVINA.

Ce ne sont pas les seuls services que monsieur vous ait rendus.

DUBREUIL.

Non, sans doute; et je n'oublierai pas que, l'année dernière, il s'est exposé pour moi avec une générosité...

BARENTIN.

Je n'ai fait que mon devoir. (A Marie, qui lui sert du thé.) Assez, assez de thé, je vous en prie. Ces spectacles de province sont si mal composés... des jeunes gens de si mauvais ton... et défendre un vieillard respectable qu'on insulte est une cause si belle... (A Malvina.) je vous demanderai un peu de sucre... que j'ai été trop heureux de venger vos cheveux blancs.

MALVINA.

Et vous ressentez-vous encore de la blessure que votre adversaire vous a faite ?

BARENTIN.

Heureusement.

AIR du vaudeville de *Turenne*.

Oui, de ce bras je suis encor malade.

DUBREUIL.

Et c'est celui, je crois m'en souvenir,
Que vous m'offrez toujours en promenade.

BARENTIN.

C'est vrai ; mais, fier d'un si doux souvenir,
　Chaque douleur est un plaisir.

MALVINA.

A cet honneur il a droit de prétendre ;
Votre vieillesse à lui doit se fier
　　Et sans crainte peut s'appuyer
　　Sur le bras qui sut la défendre,
　　Sur le bras qui sait la défendre.

BARENTIN.

Mademoiselle a raison : l'idée seule de votre amitié peut compenser les chagrins qui ont assailli le matin de ma vie.

MARIE.

A votre âge, déjà !

BARENTIN.

Oui ; jeune encore, j'ai appris le malheur ; c'est même la seule chose que je sache complètement.

MALVINA.

N'allez-vous pas lui rappeler de pareils souvenirs ! Monsieur nous avait promis de lire les journaux, et les nouvelles sont si intéressantes !

MARIE.

Surtout quand on est à cent lieues de Paris.

DUBREUIL.

Pour moi, depuis que les ennemis sont entrés en France, leur lecture me fait plus de mal que de bien. Je sais que la paix a été signée avec les monarques alliés, et que mon neveu Arved n'a été ni tué, ni blessé; je n'en demande pas davantage.

BARENTIN.

Voici pourtant des documents, des détails historiques sur les affaires du mois dernier, entre autres, sur la bataille de Montereau.

MALVINA, demandant le journal à Barentin.

Ah! voyons. (Barentin lui donne le journal. Elle lit.) « Un des
« régiments d'élite, vivement pressé par l'armée autri-
« chienne, avait ordre de se retirer et de faire sauter tous
« les ponts. Déjà les ennemis paraissaient sur l'autre rive,
« et, quoique le feu eût été mis, la mine ne partait pas en-
« core. On ordonne à un soldat d'y retourner, et, prêt à
« obéir à cet ordre périlleux, il s'arrête un instant. — « A
« quoi penses-tu? lui crie le comte Dubreuil, son colonel. —
« A ma femme et à mes trois enfants. Adieu, mon colonel,
« je vous les recommande. — Tu as raison, s'écrie le comte
« Dubreuil en l'arrêtant, donne; moi, je suis garçon! » et
« saisissant la mèche enflammée, il s'élance sous une grêle
« de balles; et, quelques minutes après, le pont avait sauté. »

MARIE.

Et ce brave colonel, que lui est-il arrivé? en est-il revenu?

MALVINA.

On n'en dit rien; mais, s'il a péri, je ne m'en consolerai jamais.

BARENTIN.

Y pensez-vous?

MALVINA.

Oui, monsieur; cela est si beau, si généreux... sur un trait pareil, j'adorerais le comte Dubreuil.

(Ils se lèvent; le domestique emporte le guéridon.)

BARENTIN.

L'adorer? c'est un peu fort; et je vous conseillerais de vous en tenir à l'admiration, ce qui est bien assez.

DUBREUIL.

Mais attendez donc... Dubreuil... il me semble que ce nom-là... ce doit être un de nos parents... il est vrai qu'excepté mon neveu Arved, ils sont tous dans le commerce.

MARIE.

Et puis, le comte Dubreuil... Vous savez bien qu'il n'y a as de nobles dans notre famille.

DUBREUIL.

AIR de *Préville et Taconnet*.

Eh ! oui, c'est juste, et puis, au bout du compte,
    Notre famille, on le sait bien,
N'a pas besoin d'un baron, ni d'un comte;
Mais un bon cœur, mais un homme de bien,
Un tel parent ne gâte jamais rien.
    (Prenant le journal que lui donne Malvina.)
Fier de ce titre où le courage brille,
Avec orgueil, chez soi, dans sa maison,
On le conserve, et c'est avec raison ;
Car ce sont là des papiers de famille
Qui valent bien les titres d'un baron!

(Il rend le journal à Marie.)

BARENTIN, passant près de Dubreuil.

Je suis tout à fait de votre avis ; car j'ai beaucoup connu le comte Dubreuil autrefois, quand j'étais à l'armée.

MARIE.

Monsieur a été militaire ?

BARENTIN.

Oui, mademoiselle, nous étions frères d'armes.

(Dubreuil va s'asseoir sur un fauteuil, à gauche, et parcourt quelques lettres.)

MALVINA.

Il serait vrai!

BARENTIN.

Partageant les mêmes périls, logeant sous la même tente.

14.

DUBREUIL.

En effet, je reçois justement une lettre où l'on me parle de vous, monsieur Barentin.

BARENTIN, troublé.

De moi ?

DUBREUIL.

Je vois que vous avez été dans les gardes d'honneur.

BARENTIN.

Il est vrai ; et ce mot seul a réveillé des souvenirs et des idées de gloire, dont je ne croyais plus que mon âme flétrie fût désormais susceptible.

MALVINA.

Et pourquoi donc, monsieur ? pourquoi vous décourager ? rien n'est perdu, tant qu'il y a encore des périls et de la gloire à acquérir.

DUBREUIL, qui a décacheté une seconde lettre.

Dieu ! Qu'ai-je vu !... Marie, va dire à Catherine de préparer la plus belle chambre, à tous mes gens de se tenir prêts.

(Il se lève.)

MARIE.

Qu'est-ce donc ?

DUBREUIL.

Arved, mon neveu Arved ! il sera ici dans quelques heures.

MALVINA et BARENTIN.

O ciel !

MARIE.

Est-ce bien vrai ? ne vous trompez-vous pas ?

DUBREUIL.

Il m'écrit de Nantes, trois lieues d'ici, qu'il y arrive en garnison, et que, s'il peut s'échapper, il viendra passer quelques jours avec nous.

AIR de la valse des *Comédiens*.

Du ciel enfin daigne donc nous le rendre !

MARIE.

Ah! quel bonheur de revoir son cousin!
A tout le monde, ici, je vais l'apprendre,
Et puis je cours m'établir au jardin.
(A part.)
Du pavillon, en ouvrant la fenêtre,
De loin, d'avance, on peut l'apercevoir;
(Regardant Malvina.)
Oui, pour une autre, hélas! il vient peut-être;
Mais je serai la première à le voir!

Ensemble.

MARIE.

Le ciel enfin daigne donc nous le rendre!
Ah! quel bonheur de revoir son cousin!
A tout le monde, ici, je vais l'apprendre,
Et puis je cours m'établir au jardin.

MALVINA.

A le revoir j'étais loin de m'attendre.
Pourquoi vient-il et quel est son dessein?
Au fond du cœur, hélas! je ne peux rendre
Ce que j'éprouve à ce retour soudain.

DUBREUIL.

A le revoir j'étais loin de m'attendre.
Je pourrai donc accomplir mon dessein;
Ah! quel bonheur! ici, je ne puis rendre
Ce que j'éprouve à ce retour soudain.

BARENTIN.

A ce retour j'étais loin de m'attendre.
Qu'avions-nous donc besoin de ce cousin?
Au fond du cœur, ici, je ne peux rendre
Ce que j'éprouve à ce retour soudain.

(Marie sort.)

SCÈNE V.

BARENTIN, DUBREUIL, MALVINA.

BARENTIN, à part.

C'est cela; toutes les têtes renversées!... il n'y a rien que je déteste comme les reconnaissances de famille, et la sensibilité en sortant de table.

DUBREUIL.

Voilà près de trois ans que je ne l'ai embrassé; car c'est à la fin de 1811 qu'il est parti, comme capitaine, pour cette campagne de Russie, d'où j'ai cru qu'il ne reviendrait jamais. (A Malvina.) Eh bien! ma chère amie, eh bien! tu ne vas pas t'habiller pour le recevoir?

MALVINA.

A quoi bon? pour un cousin, il n'y a pas besoin de cérémonies.

BARENTIN.

Mademoiselle a raison; c'est une si belle parure que la simplicité et le naturel! sans compter que c'est peut-être la plus rare.

DUBREUIL, le regardant.

Je ne dis pas non; mais, dans cette circonstance, j'ai des motifs... (A Malvina.) pour que le premier coup d'œil soit à ton avantage; tu connais mes projets, je ne te les ai pas laissé ignorer...

MALVINA.

Non, certainement; mais je ne sais pas comment vous l'expliquer... il est des inclinations, des sympathies qui naissent d'un coup d'œil... et ces sentiments-là, jamais Arved ne pourra me les inspirer... non que je ne lui reconnaisse d'excellentes qualités... c'est un brave garçon, bien rond, bien uni; mais pas d'élévation dans les idées, pas d'enthousiasme, d'imagination; en un mot, il ne fera jamais qu'un honnête homme, et pas autre chose.

DUBREUIL.

Et un bon mari.

MALVINA.

C'est ce que je voulais dire; et jamais nous ne pourrions nous comprendre. Dès l'enfance, nous n'étions jamais d'accord : élevés ensemble, avec lui et Marie, ma jeune cousine, il prenait toujours son parti contre moi, me contrariait à tout propos, et nous étions toujours en guerre.

DUBREUIL.

Et c'est pour un pareil motif que tu refuses le plus riche parti de la Bretagne?

MALVINA.

Eh! mon père, qu'avons-nous besoin de tant de richesses? Quant à moi, si j'étais maîtresse de mon choix, je préférerais celui qui, pauvre et malheureux, sait aimer et souffrir en silence; je serais fière de réparer envers lui les torts de la fortune, et je croirais faire mon bonheur en l'enchaînant à moi par l'amour, par la reconnaissance, par tous les sentiments qui ont du pouvoir sur un cœur généreux.

BARENTIN.

Ah! mademoiselle! une telle manière de penser vous fait trop d'honneur.

DUBREUIL.

Oui : c'est magnifique... en théorie; et ces mariages-là font toujours admirablement bien dans les romans; mais, dans le monde, c'est autre chose.

SCÈNE VI.

BARENTIN, MARIE accourant, DUBREUIL, MALVINA.

MARIE.

Le voilà! le voilà! je l'ai aperçu du bout de l'avenue, sur

un beau cheval, qui arrive au grand galop ; et, si vous saviez, mon oncle, comme il a bonne tournure !

DUBREUIL.

Allons tous à sa rencontre. (A Malvina.) Viens.

MALVINA.

Mon père... puisque vous le voulez... je vais...

DUBREUIL.

Où donc ?

MALVINA.

A ma toilette.

DUBREUIL.

A la bonne heure. Tu vas donc te faire bien jolie ! je t'en remercie ; viens m'embrasser, tu es une bonne fille. Va, va, mon enfant.

(Malvina sort par la gauche.)

BARENTIN.

Pour moi, si vous le permettez, je vais faire un tour de parc ; je craindrais de gêner les épanchements de la nature, et je vous laisse en famille.

(Il sort par la droite.)

DUBREUIL.

Comme vous voudrez.

SCÈNE VII.

MARIE, CATHERINE, ARVED, DUBREUIL, Paysans.

LE CHŒUR.

(Musique de M. Hus-Desforges.)

Enfin, il revoit le séjour
Témoin de sa jeunesse ;
Enfin, il revoit ce séjour !
Pour nous quel heureux jour !

ARVED, qui est entré, tenant la main de Catherine, s'élance dans les bras de Dubreuil.

Je me retrouve dans vos bras,
  Sur mon cœur je vous presse.
CATHERINE.
Moi, de plaisir, j'en pleure, hélas!
MARIE, à part.
Et moi, qu'il ne voit pas!
ARVED.
Enfin me voilà de retour
  Aux lieux de ma jeunesse.
Enfin me voilà de retour!
  Ah! pour moi quel beau jour!
LE CHOEUR.
Enfin le voilà de retour
  Aux lieux de sa jeunesse.
Enfin le voilà de retour!
  Ah! pour lui quel beau jour!
ARVED, à Dubreuil.
Et mes cousines, où sont-elles?
Et Marie, et puis Malvina?
Donnez-moi donc de leurs nouvelles.
  (Se retournant, et apercevant Marie.)
Qu'ai-je vu! ma sœur, te voilà!
MARIE, avec joie, courant à Arved.
Il m'a reconnue.
ARVED.
      Et sans peines;
Ton souvenir ne m'a jamais quitté.
  Et quoique, hélas! sur des rives lointaines,
Près de vous, mes amis, mon cœur était resté.
LE CHOEUR.
Enfin le voilà de retour, etc.
(A la fin de cette reprise, Dubreuil fait signe aux paysans de se retirer. Catherine les conduit jusqu'à la porte du fond, et se place ensuite à la gauche de M. Dubreuil.)
ARVED.
Voici donc ces lieux que je désespérais de revoir, et aux-

quels tant de fois j'ai cru dire un éternel adieu; et je reviens, et je suis au milieu de ceux que j'aime! Mon Dieu! que je suis heureux!

DUBREUIL et MARIE.

Et nous donc!

CATHERINE.

Ce cher enfant! combien il a souffert! aussi je le trouve changé.

DUBREUIL.

Il en peut dire autant de nous.

ARVED.

Non; je vous retrouve toujours les mêmes. Nous voilà encore, comme nous étions, il y a trois ans; et maintenant, il ne me semble pas que je sois parti, car rien ici n'est changé, excepté Marie, que je retrouve embellie, et beaucoup.

MARIE.

Vraiment, mon cousin?

DUBREUIL.

Que sera-ce donc quand tu verras Malvina? c'est la beauté du pays, et nous ne manquons pas d'adorateurs, car c'est à qui me la demandera en mariage; mais moi, j'ai mes idées, des idées dont nous parlerons; car tu restes ici quelques jours? tu en as la permission de ton colonel?

ARVED, souriant.

Je n'en ai pas besoin; je me la suis donnée

MARIE, avec joie.

Est-ce que tu serais devenu colonel?

ARVED.

Mieux que cela, ma cousine.

DUBREUIL.

Général de brigade?

ARVED.

Vous l'avez dit.

DUBREUIL.

A moins de trente ans, il serait possible! la belle chose que la guerre!... J'ai un neveu qui est général!

MARIE, à part.

Et moi, qui n'ai pas mis d'épaulettes à un seul de ses portraits!

DUBREUIL.

Toi, qui, après la bataille de Hanau, n'étais que chef d'escadron!

ARVED.

C'est que, depuis quelque temps, mon oncle, cela a été vite.

DUBREUIL.

J'entends; il y a eu de l'avancement. Et M. Gérard, ton ami, ton lieutenant-colonel, dont tu me parlais dans toutes tes lettres?...

ARVED.

Mort dans un jour de victoire! mort à Montmirail.

DUBREUIL.

Ah! mon Dieu! Et ton brave colonel, qui t'avait pris en amitié, qui te traitait comme son fils?...

ARVED.

Mort à Champaubert!

DUBREUIL, secouant la tête.

Je conçois... je conçois alors que, de chef d'escadron, on devienne général en quelques mois. (Soupirant.) C'est une belle chose que la guerre, mon neveu Arved; je crois, malgré cela, que j'aime mieux le commerce; mes commis ne vont pas si vite, mais ils durent plus longtemps. Et toi-même?... et ces blessures dont on nous avait parlé?

ARVED.

Ce n'est rien, mon oncle; il en est d'autres plus difficiles à guérir, d'autres plus douloureuses encore pour le cœur d'un soldat; ces drapeaux étrangers, que, tant de fois, j'avais vus fuir devant nous... Allons, allons, n'y pensons plus; que cette larme soit la dernière que je donne au passé!

DUBREUIL.

Si mon pauvre Edmond... si ton père était là!...

ARVED.

Vous le remplacerez, mon oncle, vous me tiendrez lieu de ce père que je regrette, et que je retrouve en vous : désormais, nous ne nous quitterons plus. Quand on a vu de près d'aussi grandes catastrophes, toute idée ambitieuse s'éloigne de notre âme, qui n'aspire plus qu'au repos, à la tranquillité; et c'est ici que je les retrouverai. Mon seul désir, maintenant, est de m'établir près de vous, en famille, avec ma femme et mes enfants, que, d'avance, je chéris déjà; car tout le long de la route je m'occupais de leur bonheur, de leur avenir; et j'étais encore avec eux, quand j'ai aperçu de loin les tourelles de votre château.

DUBREUIL.

C'est un présage, et moi, j'y crois; mais va donc voir, Catherine, si ma fille est prête, et dis-lui de descendre.

ARVED.

Comment! des cérémonies! je te sais gré, Marie, de n'en avoir pas fait pour moi.

MARIE.

Aussi je suis moins belle.

ARVED.

Oui; mais aussi je t'ai vue plus tôt. (A Catherine qui passe auprès de lui.) Et Charlot, ton fils et mon frère de lait?... et tous mes filleuls?... car, j'étais, je crois, le parrain de tout le village.

CATHERINE.

AIR : Vos maris en Palestine. *(Le comte Ory.)*

Ils n'sont pas tous à leur aise ;
La guerr' fait tant d' malheureux !
Aussi, l'année est mauvaise,
Et les indigents nombreux,
Les indigents sont nombreux.

MARIE.

Mais à ceux qu'en sa bienfaisance
Mon oncle n'a pu secourir,
A ceux qu'il ne peut secourir,
Je dis : « Prenez patience,
Mon cousin va revenir. »

(Catherine sort.)

ARVED.

Et tu as bien fait, je t'en remercie ; allons-y ensemble, viens les voir.

(Il prend Marie sous le bras et veut sortir avec elle.)

DUBREUIL, les arrêtant.

Un instant ; nous avons à parler affaires... et d'affaires importantes : ainsi, Marie, laisse-nous.

MARIE.

Oui, mon oncle. (A part.) A peine arrivé, déjà lui parler d'affaires, ne pas lui laisser le temps d'être heureux... et à nous aussi...

DUBREUIL.

Marie !

MARIE.

Je m'en vais. (En s'éloignant, elle regarde Arved.) Adieu, mon cousin. (Sur un nouveau signe de Dubreuil.) Oui, mon oncle, je m'en vais.

SCÈNE VIII.

ARVED, DUBREUIL.

DUBREUIL.

Tu te doutes bien, mon garçon, du sujet dont je veux t'entretenir; car, entre nous, nous pouvons parler sans façon; il s'agit donc du rêve de ma vie entière, du bonheur de ma fille, que je veux te confier.

ARVED.

Je sais, mon oncle, que cette union a toujours été le désir de mon père et le vôtre; et moi-même, avec mes idées de mariage, je serais enchanté que cela pût réussir; mais, avant tout, il faut que cela convienne à Malvina : et puis, vous le dirai-je? j'ai toujours eu au fond du cœur un faible pour ma cousine Marie; et, depuis que je l'ai revue, je la trouve si bonne et si gentille!

DUBREUIL.

Ne vas-tu pas te passionner d'avance, et sans voir seulement celle que je te destine?

ARVED.

Non, mon oncle.

DUBREUIL.

Je te dirai donc que, pour Marie, j'avais d'abord d'autres vues. Nous avons ici un M. de Barentin, qui, l'année dernière, lui a fait une cour très-assidue.

ARVED.

Vous en êtes bien sûr?

DUBREUIL.

C'étaient des langueurs, des soupirs; il en était amoureux fou, au point même de m'inquiéter.

ARVED.

Et Marie?...

DUBREUIL.

On ne sait jamais au juste ce que pensent les petites filles, je crois cependant qu'elle le voyait avec plaisir; et comme, cette année, il s'occupe beaucoup plus de moi et du soin de me plaire que de plaire à Marie, j'ai pensé qu'il avait son aveu, et qu'ils étaient d'accord.

ARVED, ému.

Ah! vous croyez? alors, mon oncle, il ne faut plus penser à rien, qu'au bonheur de Marie.

DUBREUIL.

Tu entends bien que mon desscin est de l'établir, de lui donner une dot convenable; mais avant tout, et en ma qualité d'oncle, j'ai d'abord été aux informations, ce qui était difficile à cause du mystère dont s'enveloppait ce M. de Barentin. Cependant, comme il prétendait avoir servi dans les gardes d'honneur, j'ai pris des renseignements à ce sujet; et ceux que je viens de recevoir ce matin sont très-incomplets. On croit qu'il est d'une bonne famille de Rouen, qu'il avait autrefois une belle fortune qu'il a perdue... comment?... c'est ce qu'on ignore; car on ne sait même pas si Barentin est son véritable nom, et tout cela ne me plaît pas beaucoup.

ARVED.

Peut-être l'a-t-on calomnié.

DUBREUIL.

Eh! comment s'en assurer?

ARVED, prenant la lettre.

Je m'en charge, donnez, donnez; j'ai dans un de mes régiments deux compagnies entières qui sont de la Seine-Inférieure, des jeunes gens de Rouen; je vais écrire, et, dans peu, vous aurez les renseignements les plus exacts... tout le monde se connaît en province.

DUBREUIL.

En attendant, je crois convenable de le prévenir avec

égards, car je lui en dois, que nous attendons du monde, des amis à toi... enfin des phrases très-polies qui lui permettent de retourner à la ville, sauf à le rappeler plus tard.

ARVED.

Certainement ; et, s'il est digne de ma cousine, eh bien ! mon oncle, il faudra les marier : quoique, je ne vous le cache pas, cela me fasse un peu de peine.

DUBREUIL.

Quand tu auras vu Malvina, tu n'y penseras plus ; elle est si jolie !... et tiens... tiens, regarde-la donc.
(Il remonte le théâtre et montre à Arved Malvina qui entre par la porte à gauche.)

ARVED.

Vous avez raison, mon oncle ; il est impossible d'être plus belle et plus séduisante.

DUBREUIL.

Je te le disais bien : courage, mon garçon, courage, mon gendre !

SCÈNE IX.

ARVED, DUBREUIL, MALVINA, mise élégamment, entrant par la gauche.

DUBREUIL.

Approche, approche, mon enfant ; voici un beau militaire qui t'attendait avec impatience.

MALVINA.

Je suis enchantée, monsieur, de votre heureux retour... dans notre famille.

ARVED.

Monsieur ! eh ! mais, cousine, j'ai cru que tu allais... je veux dire que vous alliez, comme ma petite Marie, me traiter sans cérémonie et en cousin.

DUBREUIL.

Il a raison : entre cousins on s'embrasse, c'est par là que l'on commence.

MALVINA.

Oui, quand nous étions enfants; mais maintenant que nous sommes raisonnables... Arved, j'en suis sûre, ne tient pas plus que moi à ces vaines démonstrations.

AIR : J'en guette un petit de mon âge. (*Les Scythes et les Amazones.*)

> Mon cousin, qu'ici je retrouve,
> N'en a pas besoin dans ce jour
> Pour croire au plaisir que j'éprouve
> En le voyant parmi nous de retour.
> (Elle tend la main à Arved.)

DUBREUIL, parlant.

Une poignée de main; à la bonne heure!
(Il passe à la droite d'Arved et lui dit bas :)
Vois-tu, mon cher, c'est à l'anglaise.
A Londre, on s'aime, et l'on s'embrasse ainsi.

ARVED, de même.

J'aimerais mieux, je vous l'avoue ici,
Que l'on m'aimât à la française !

DUBREUIL.

Ah! çà, mon garçon, nous avons une partie de chasse, qui ne me plaisait pas beaucoup; mais te voilà, elle me convient, parce que tu nous accompagneras; et tu verras ma fille qui est une intrépide amazone, qui n'a peur de rien : cela doit te faire plaisir à toi, à un militaire.

ARVED.

Eh mais! je ne déteste pas les femmes qui ont peur. Pardon... mon ancienne franchise qui revient.

AIR : Ce que j'éprouve en vous voyant. (ROMAGNESI.)

> Il me sied mal, grave censeur,
> De me permettre ici le blâme.

MALVINA.

Parlez, de grâce....

ARVED.

D'une femme
La faiblesse plaît à mon cœur.
Mais, quand son âme peu craintive
Hardiment brave le danger,
Rien ne peut nous dédommager;
Car son courage, hélas! nous prive
Du bonheur de la protéger.

MALVINA.

Monsieur sera-t-il des nôtres?

ARVED.

Si cela peut vous faire plaisir... si je suis nécessaire... Mais vous ne comptiez pas sur moi, et, si vous voulez bien me le permettre, j'aime autant rester ici.

DUBREUIL.

Comment! tu as refusé ma fille! mais c'est la première fois que cela lui arrive.

ARVED.

J'espère que ma cousine ne m'en voudra pas; j'arrive, je suis fatigué, nous avons marché toute la nuit, et, en enfant de la maison, je vous demanderai la permission de dormir quelques heures, avant le dîner.

MALVINA.

Vous êtes le maître.

ARVED.

D'ailleurs, cousine, je crois que vous n'aurez pas beau temps pour votre chasse, le ciel est couvert, et je crains de la pluie.

MALVINA.

Vous! un militaire, qui, par état, devez braver tous les éléments!

ARVED.

Oui, quand il le faut : raison de plus pour s'en priver quand il ne le faut pas.

DUBREUIL.

Il a raison; ce n'est pas chez soi qu'il faut se gêner. Ainsi, mon garçon, liberté entière, et je t'en donne l'exemple. Je vais écrire à M. de Barentin la lettre en question. (A Malvina.) Viens-tu, mon enfant?

MALVINA.

Non, mon père, je reste; je tiendrai compagnie à mon cousin.

DUBREUIL.

Il serait possible! (Bas à Arved.) Jamais je ne l'ai vue aussi aimable pour personne. (Haut.) Eh bien! mes enfants, causez ensemble. (Bas à Arved.) Cela va à merveille, j'en étais sûr.

(Il entre dans l'appartement à droite.)

SCÈNE X.

ARVED, MALVINA.

ARVED, après un moment de silence.

Je pense bien, ma cousine, que mon refus ne vous fâche pas; sans cela, à pied, comme à cheval, je suis prêt à suivre la chasse, toute la journée, s'il le faut.

MALVINA.

C'est inutile; car moi-même j'ai changé d'idée, je n'irai pas.

ARVED.

Vous qui disiez tout à l'heure...

MALVINA.

Oui, j'y tenais, pour m'y trouver avec vous.

ARVED.

Vraiment?

15.

MALVINA.

Vous n'y allez pas, vous restez, je reste aussi.

ARVED.

Que dites-vous? je serais assez heureux...

MALVINA.

Ne vous hâtez pas de me remercier. J'ai besoin de vous parler à vous seul, sans qu'on puisse nous interrompre; puis-je compter, mon cousin, que tantôt, pendant qu'ils seront tous à la chasse, vous m'accorderez un moment d'entretien?

ARVED.

Moi, ma cousine, je suis à vos ordres; et, quel que soit l'objet de cette conversation, quelque demande que vous ayez à me faire, j'y souscris d'avance, je vous le jure.

MALVINA.

Vraiment?

ARVED.

Et j'espère alors que vous quitterez avec moi ce ton froid et solennel qui me tient toujours à distance : nous avons l'air de deux partis ennemis qui se craignent et s'observent.

Air du vaudeville du Petit Courrier.

Assez longtemps, par ses méfaits,
La guerre a dévasté le monde;
Rois et sujets, tous à la ronde
S'unissent pour vouloir la paix.
Et dans l'Europe, ainsi qu'en France,
Quand nul ne se dispute plus,
Pourquoi de la Sainte-Alliance
Les cousins seraient-ils exclus?

MALVINA.

Cela dépendra de vous. Vous avez vu mon père? il vous a parlé?...

ARVED.

Du seul objet qui l'occupe, de vous, de sa fille chérie.

MALVINA.

Ainsi, vous connaissez ses projets?

ARVED.

Oui, ma cousine; il m'en a fait part.

MALVINA.

Et qu'en dites-vous?

ARVED.

Rien encore.

MALVINA.

Comment! votre idée à vous?...

ARVED.

Je n'en ai pas; j'attends les vôtres, et je crains bien qu'elles ne me soient pas favorables. Je me connais, ma cousine, je me rends justice; et plus je vous regarde, plus je trouve de raisons pour que vous me refusiez; mais je n'en vois aucune pour que vous doutiez de mon amitié, et j'espère que vous me traiterez du moins comme un frère et un ami.

MALVINA, lui tendant la main.

Arved!

ARVED.

A la bonne heure! le premier pas est fait, et nous allons nous entendre. Voyons, ma jolie cousine, ces projets que nos pères avaient formés depuis longtemps... ce bonheur qu'ils avaient arrangé pour nous, sans nous consulter... ce mariage, enfin, ne vous plaît pas beaucoup?

MALVINA.

Mais...

ARVED.

Il vous déplaît, je comprends, et je m'explique maintenant la froideur de votre accueil; vous redoutiez mon arrivée, vous aviez peur de moi. Ah! je suis bien malheureux d'avoir pu vous causer un instant de crainte ou de chagrin!

Si j'avais pu le penser, je vous aurais crié, en arrivant :
« Ma cousine, embrassez-moi et aimez-moi ; je ne vous épouse pas. »

MALVINA.

Vraiment ! une telle générosité...

ARVED.

Mon Dieu ! cousine, pas de remerciements, je suis fait à ces malheurs-là, et ça ne m'étonne pas ; je n'ai jamais pu être aimé, je ne suis pas né pour cela. Tout ce que je puis faire, c'est de chérir les gens de tout mon cœur, de tout sacrifier au monde pour les rendre heureux ; mais pour leur plaire, pour m'en faire aimer, pour les prévenances, les soins, les attentions, en un mot, pour tout ce qui est essentiel, je n'y entends rien. Il me serait plus aisé de me faire tuer pour une personne que j'aime que de lui adresser un compliment. Vous comprenez alors qu'avec un pareil système je n'ai pas dû être étonné de votre refus, je m'y attendais ; et je cours trouver mon oncle, pour tout lui raconter.

MALVINA, le retenant.

Non... mon père... ce mariage lui tient tellement à cœur, que, quand il saura mon refus, il m'accablera de reproches ; il me maudira peut-être !

ARVED.

O ciel !

MALVINA.

Et cependant, comment faire ?

ARVED.

Eh bien ! voyons, ma cousine, il ne faut pas vous désoler ; cherchons un moyen, cherchons tous deux.

MALVINA.

Il n'y en a pas.

ARVED.

Et pourquoi donc ? Si, par exemple, le refus venait de moi ?

MALVINA.

Que dites-vous?

ARVED.

Ce n'est guère croyable; mais enfin...

MALVINA.

AIR d'*Aristippe.*

Dieu! qu'entends-je? ô surprise extrême!
Vous, Arved, vous pourriez, hélas!
Braver un oncle qui vous aime,
(Tendrement.)
Pour moi, qui ne vous aime pas!

ARVED.

Ah! de grâce, n'achevez pas.
Oui, ce mot qui me désespère
A vous servir ne fait que m'animer.
Obligeons ceux qui ne nous aiment guère,
Pour les forcer à nous aimer!

MALVINA, avec émotion.

Ah! que je vous connaissais peu! Plus tard, Arved, plus tard vous saurez... Oui, mon cousin, oui, j'ai besoin de toute votre amitié, de vos conseils; je ne vois que vous au monde à qui je puisse me confier.

ARVED, lui tendant la main.

Que dites-vous? achevez.

MALVINA, retirant sa main, et s'éloignant de lui.

Silence! on vient.

SCÈNE XI.

Les mêmes; MARIE, entrant avec DUBREUIL.

MARIE.

Oui, mon oncle, c'est un beau militaire, un lancier, qui apporte des dépêches pour le général.

MALVINA.

Le général!

MARIE, à demi-voix.

Et il y a dessus, écrit en grosses lettres : « Au général « comte Dubreuil. »

MALVINA.

Le comte Dubreuil! Comment! ce que nous lisions ce matin?...

MARIE.

C'était lui! cela ne m'étonne pas.

ARVED, levant la tête.

Qu'est-ce donc?

DUBREUIL.

Comment? mon ami, tu serais comte?

ARVED.

Oui, mon oncle; où est le surprenant?

DUBREUIL.

Et tu ne nous en disais rien?

ARVED.

A quoi bon? ce n'était pas le comte Dubreuil qui venait vous voir, c'était votre neveu; et je crois trop à votre amitié pour penser qu'un titre puisse y ajouter quelque chose.

DUBREUIL.

Non certainement, parce que moi, tu me connais; les titres, les dignités, je n'y tiens pas; mais un comte dans notre famille, c'est honorable; et puis, celle que tu épouseras sera madame la comtesse. (Regardant Malvina et Arved.) Ah çà, mes enfants! eh bien! qu'en dites-vous? j'étais sûr qu'avec le temps vous finiriez par vous entendre : aussi je ne suis pas pour brusquer les choses; mais enfin, voyons, entre nous, à quand la noce?

MARIE, à part.

O ciel!

ARVED et MALVINA.

Que dites-vous?

DUBREUIL.

Il n'y a pas ici d'étrangers, nous sommes en famille.

AIR de la romance de *Téniers.*

Oui, tous les deux, vous vous aimez de même :
   Rien ne peut plus vous séparer;
Comblez les vœux d'un père qui vous aime;
C'est son bonheur, pourquoi le différer?...
Lorsque l'on a passé la soixantaine,
De se presser, ma fille, on a besoin;
   Hâte-toi d'être heureuse; à peine
Ai-je le temps d'en être le témoin!

MALVINA.

Mon père!

DUBREUIL.

Tu baisses les yeux, tu rougis; tu l'aimes, n'est-ce pas?

MALVINA, troublée.

Ah! je le sens, personne, plus que lui, ne mérite d'être aimé : aussi je l'aime... (Se reprenant.) comme un ami, comme un frère.

MARIE, à part, avec étonnement.

Que cela?

DUBREUIL.

C'est comme un époux qu'il faut le chérir.

ARVED.

Mon oncle, soumise à vos volontés, ma cousine était prête à vous obéir.

DUBREUIL.

Dis-tu vrai?

ARVED.

C'est moi, moi seul, que des obstacles invincibles éloignent de cette alliance...

MARIE, à part.

Qu'entends-je !

DUBREUIL.

Toi, Arved! toi, mon fils, tu me ferais un pareil chagrin ! tu refuserais ma fille, l'amie de ton enfance, celle que ton père mourant t'avait destinée !

MARIE, pleurant.

Oh! mon cousin, vous ne le pouvez pas.

ARVED.

Aussi... croyez bien... que c'est malgré moi... et que des promesses antérieures...

DUBREUIL.

Tu me trompes; oui, maintenant j'en suis sûr, tu me l'aurais dit ce matin, quand je t'ai parlé de mes projets, de cet hymen auquel tu consentais ; et tu manquerais à tes promesses, à ta parole !... Non, ce n'est pas possible; tu es mon neveu, tu es un honnête homme.

MALVINA, vivement.

Il l'est toujours.

ARVED, à Malvina.

Que faites-vous ?

MALVINA.

Mon devoir. Que penseriez-vous de moi, mon cousin, si je souffrais que votre générosité portât atteinte à votre honneur? (A Dubreuil.) Oui, mon père, c'est moi qui, pour différer cet hymen, l'avais supplié...

DUBREUIL.

Toi ?

MALVINA.

Ne m'y obligez pas... du moins, dans ce moment, je vous en conjure.

DUBREUIL.

Non, l'instant de la faiblesse est passé, et tu l'épouseras aujourd'hui même.

ARVED.

Écoutez-moi!

DUBREUIL, passant à droite.

Je n'écoute rien; elle t'épousera, je l'entends ainsi.

ARVED.

Et moi, mon oncle, j'entends que ma cousine soit libre et maîtresse de son choix, que vous lui laissiez le temps qu'elle demande pour se décider en ma faveur, ou en faveur de tout autre : sinon, je pars, je quitte ces lieux; vous ne me reverrez plus.

MARIE.

Ah! que c'est bien à toi! je te reconnais là.

MALVINA.

Mon cousin! mon cousin! quelle générosité!
(Elles lui prennent la main chacune de son côté, comme pour le remercier.)

DUBREUIL, à Arved.

Et toi aussi, ne vas-tu pas te fâcher? les voilà tous contre moi, parce que je veux les rendre heureux!
(Ils s'approchent tous trois de Dubreuil, qu'ils entourent.)

SCÈNE XII.

LES MÊMES; BARENTIN, portant les châles de Malvina et de Marie, et le manteau de M. Dubreuil.

BARENTIN, entrant et les voyant ainsi groupés.

Pardon de déranger un groupe de famille. Voici l'heure de la chasse, et j'apportais à ces dames leurs chapeaux et leurs châles, ainsi que le manteau de M. Dubreuil.

DUBREUIL.

Ah! monsieur...

BARENTIN.

Non, vraiment, les derniers jours d'avril sont encore très-froids, et nous ne voudrions pas qu'une partie de plaisir devint pour nous un sujet d'alarmes. (Passant auprès d'Arved qu'il salue.) J'apprends à l'instant, par Catherine, votre nouveau grade, général, dont je vous félicite, ainsi que de votre heureux retour dans vos foyers.

DUBREUIL, à Arved.

C'est M. de Barentin.

(Marie passe à la gauche de Malvina.)

MALVINA.

Un ami de la famille.

BARENTIN.

Titre honorable, que bientôt, j'espère, vous daignerez confirmer. Épris de tout ce qui est noble et généreux, je suis un ami de la gloire; c'est déjà être le vôtre. Malheureusement je suis obligé de vous quitter, général, de partir dès demain.

MALVINA.

Que dites-vous?

BARENTIN.

Une lettre importante que je reçois à l'instant de Paris...

DUBREUIL, bas à Arved.

C'est la mienne.

BARENTIN.

M'empêchera de cultiver une connaissance...

DUBREUIL.

Qui était déjà bien avancée... vous, qui, à l'armée, logiez sous la même tente que le comte Dubreuil...

BARENTIN.

Comment! le comte Dubreuil!...

MARIE.

Vous nous l'avez dit.

BARENTIN.

Pardon, pardon; il y a erreur : le comte Dubreuil, dont je voulais parler, est celui qui a fait la campagne de Pologne. C'est là que je l'ai connu ; et puis, dans l'armée, il y a tant de braves, que l'on peut aisément confondre... Mais je crains que ces dames ne fassent attendre ; car voici toute la société qui vient les chercher.

SCÈNE XIII.

Les mêmes ; Chasseurs, Paysans et Paysannes.

FINALE.

AIR : Venez, suivez-moi tous. (*Le comte Ory.*)

Ensemble.

ARVED.

Chasseurs joyeux, il faut partir ;
La chasse vous invite,
Au plaisir, courez vite,
Il ne faut pas le laisser fuir !

LE CHŒUR.

Chasseurs joyeux, il faut partir ;
La chasse nous invite,
Au plaisir courons vite,
Il ne faut pas le laisser fuir.

DUBREUIL, MARIE, BARENTIN, MALVINA.

Voici l'instant, il faut partir ;
Le plaisir fuit si vite ;
Hélas ! il fuit si vite,
Au passage il faut le saisir.
Le plaisir fuit si vite,
Au passage il faut le saisir.

ARVED.

Moi, le sommeil m'invite,
Et sans façon je vais dormir.

MALVINA et LE CHŒUR.

Pour que l'on en profite,
Au passage il faut le saisir.

ARVED.
Moi, le sommeil m'invite,
Et sans façon je vais dormir.

MALVINA, MARIE, DUBREUIL.
Ne le laissons pas fuir,
Non, non, ne le laissons pas fuir !

Ensemble.

BARENTIN et LES CHASSEURS.
Il faut, il faut partir,
Il faut partir !

ARVED.
Pour moi, je vais dormir,
Je vais dormir !

(Dubreuil va prendre son manteau que Marie lui donne; Arved parle avec les chasseurs; Barentin et Malvina restent seuls sur le devant de la scène.)

BARENTIN, bas à Malvina et à part.
Tantôt, après la chasse, il faut que je vous parle.

MALVINA, de même.
Impossible; je ne le puis.

BARENTIN.
Il le faut.

MALVINA.
Monsieur...

BARENTIN.
Je le veux.

MALVINA.
J'obéirai.

ARVED.
Partez, le temps se passe,
Bonne chasse,
Et retour joyeux !

Ensemble.

DUBREUIL, BARENTIN, MARIE.

Voici l'instant, il faut partir;
 Le plaisir fuit si vite,
 Pour que l'on en profite,
Au passage il faut le saisir.

MALVINA.

Il faut les suivre, il faut partir,
 Ah! quel trouble m'agite!
 D'effroi mon cœur palpite;
Que faire, hélas! que devenir?

ARVED.

Chasseurs joyeux, il faut partir,
 Au plaisir courez vite!
 Moi, le sommeil m'invite,
Et sans façon je vais dormir.

LE CHŒUR.

Chasseurs joyeux, il faut partir,
 La chasse nous invite,
 Au plaisir courons vite;
Il ne faut pas le laisser fuir!

(Barentin donne la main à Marie, Dubreuil prend celle de Malvina; ils sortent par le fond : Arved sort par la droite.)

ACTE DEUXIÈME

Une chambre à coucher élégante. — Le fond est occupé par un lit. A la gauche de l'acteur, la porte d'entrée, auprès de laquelle se trouve un cabinet à porte secrète. A droite, la porte qui conduit dans l'intérieur; une table à écrire auprès de cette porte. Au lever du rideau, Arved dort profondément sur un canapé placé auprès de la porte secrète.

SCÈNE PREMIÈRE.

ARVED, dormant.

Mon oncle, embrassons-nous encore. Malvina!... Marie!... Marie!... Quel dommage!

(Catherine entre, en ce moment, par la porte à droite.)

SCÈNE II.

ARVED, CATHERINE.

ARVED, se réveillant brusquement.

Qui va là?... qui vive?... Soldats, à vos armes!... Hein?... où suis-je?... C'est toi, Catherine?... pardon...

CATHERINE.

Que je suis fâchée de vous avoir éveillé?

ARVED.

Il n'y a pas de mal. Je me croyais surpris par les Autrichiens ou par les Russes. Combien donc ai-je dormi?

CATHERINE.

Près de trois heures.

ARVED, se levant.

C'est une nuit entière; mais on repose si bien dans le château de ses pères!

AIR du vaudeville de *Partie et Revanche*.

Oui, pour nous autres militaires,
Dont chaque jour menace le destin,
Il n'est que des plaisirs précaires;
Mais aujourd'hui mon bonheur est certain,
Et je crois même au lendemain!
Dans un bon lit la nuit s'achève,
Sans qu'un hourra trouble notre sommeil.
Pour des dangers on n'en a plus qu'en rêve,
Et le bonheur nous attend au réveil.

CATHERINE.

Au moins, étiez-vous bien?

ARVED.

Tu me demandes cela, à moi qui, depuis longtemps, n'avais pas d'autre chambre à coucher que le bivouac? je me trouve ici dans un palais.

CATHERINE.

Dame! c'est la plus belle chambre du château! c'est celle qu'occupait M. de Barentin; et, pendant qu'ils sont à la chasse, je l'ai déménagé pour vous y installer.

ARVED.

J'en suis fâché.

CATHERINE.

Et moi, j'en suis ravie. Qui donc sera bien logé, si ce n'est le fils de la maison? c'est aux étrangers à lui faire place.

ARVED.

Tu aurais pu attendre, vu qu'il part demain.

CATHERINE.

Dieu soit loué ! il part, et vous voilà ! on a bien raison de dire qu'un bonheur n'arrive jamais seul. Aussi, j'étais venue pour vous dire... que... attendez donc... pourquoi étais-je venue? ah!... d'abord, pour vous voir... car je ne peux pas m'en lasser... et puis, pour vous donner cette lettre qu'on vient d'apporter... C'est charmant; depuis que nous avons ici un officier supérieur, les estafettes et les courriers se succèdent à chaque instant; le château a l'air d'un quartier général, sans compter qu'il faut donner à boire à tous ces gaillards-là, et que, pendant qu'ils boivent, je les fais causer de vous et de vos campagnes.

ARVED, pendant ce temps, a ouvert la lettre.

Ah! ce sont les renseignements que j'avais demandés sur M. de Barentin. (Lisant.) « Mon général, nous connaissons « parfaitement le jeune compatriote dont vous nous parlez. « On le nommait autrefois Duhamel; mais il est très-vrai « qu'il avait près de Rouen, à Barentin, une fabrique assez « considérable, d'où il aura pris probablement son nouveau « nom. » (S'interrompant.) C'est la mode maintenant! et si ce n'est que cela, il n'y a pas grand mal. (Continuant la lecture de la lettre.) « C'est un excellent garçon. Son père, qui jouissait « de l'estime générale, était un des premiers confiseurs de « Rouen... »

CATHERINE.

Il serait possible ! lui qui nous donnait toujours à entendre qu'il était un grand seigneur déguisé à cause des événements politiques!

ARVED, lisant.

« M. Duhamel le père laissa en mourant vingt-cinq à « trente mille livres de rentes, qu'il avait mis quarante ans « à amasser, et que son fils a mangées en quelques années, « d'une manière originale. Né avec une complexion assez « délicate, les médecins de Rouen ne lui avaient donné que « cinq ou six ans à vivre. Alors, et pour ne rien laisser

« après lui, il s'était imposé, pour système financier, de
« dépenser cent mille francs par an. Mais à mesure que sa
« fortune s'en allait, sa santé revenait ; de sorte, qu'au
« bout de six ans, il s'est trouvé guéri et ruiné ; et il n'a
« conservé de sa maladie que son goût pour la dépense,
« qui, probablement, ne le quittera jamais. Forcé de partir
« ensuite dans les gardes d'honneur, il s'y est fort bien con-
« duit, et était très-aimé du régiment, auquel il donnait tous
« les jours à dîner. En un mot, mon général, c'est ce que
« les pères de famille appellent un mauvais sujet, et ce que,
« nous autres militaires, appelons un bon enfant. Tels sont,
« mon général, les renseignements que nous avons l'honneur
« de vous faire passer à son avantage, etc. » (Il ferme la lettre.) Ils sont jolis ! Un mauvais sujet, un dissipateur, qui cherche à refaire ses affaires par un bon mariage, et qui mangerait la fortune de sa femme, comme il a déjà mangé la sienne. Du reste cela ne me regarde pas ; c'est à mon oncle d'en juger : tu lui remettras cette lettre.

CATHERINE.

Et avec plaisir ; monsieur qui ne voulait jamais me croire, quand je lui répétais... Mais, puisqu'il s'en va, je n'en dirai pas davantage ; je suis trop heureuse aujourd'hui pour en vouloir à personne. Adieu, monsieur le général ; adieu, mon fils Arved.

ARVED.

Adieu, ma bonne nourrice.

(Catherine sort par la droite.)

SCÈNE III.

ARVED seul, se rejetant sur le canapé.

Ah ! les braves gens ! quel bonheur de me trouver parmi eux ! de m'y fixer, de m'y établir ! mais jusqu'à présent cela commence mal.

AIR de *Lantara.*

Bien loin que l'hymen les engage,
Mes deux cousines, je le voi,
Malgré l'amitié du jeune âge,
Pour m'épouser ne pensent guère à moi ;
Personne, hélas ! ne veut de moi.
Je ne sais pas quels destins sont les nôtres,
Et si jamais le bonheur me viendra ;
En attendant, rendons heureux les autres,
Peut-être un jour quelqu'un me le rendra !

Eh ! mais... une porte s'ouvre... une porte que je ne connaissais pas... Qui peut venir ainsi dans ma chambre ? (Reconnaissant Malvina.) Qu'ai-je vu ! Malvina !

SCÈNE IV.

MALVINA, ARVED.

MALVINA est entrée par la porte secrète du cabinet à gauche : elle va d'abord vers le fond ; puis, se retournant, elle voit Arved sur le canapé, et courant à lui, elle lui dit :

Ah ! vous êtes là !

ARVED.

Oui, ma cousine.

MALVINA, effrayée.

Dieu ! c'est Arved !

ARVED.

Est-ce que vous ne vous attendiez pas à me trouver ici ?

MALVINA, troublée.

Oh ! mon Dieu, si... je vous cherchais... je voulais vous parler.

ARVED.

En effet, il est un secret que ce matin vous aviez promis de m'apprendre.

MALVINA, tremblante.

Moi!... Ah! vous avez raison; à qui pourrais-je me confier, si ce n'est à vous, dont le cœur généreux!... Ah! mon cousin, je suis bien malheureuse! je me suis défiée de mon père et de sa bonté! je me suis privée de son appui, de ses conseils, de son amitié; je n'ai plus d'amis. Ah! je me suis trompée! vous voilà, il m'en reste un, qui me protégera, qui prendra ma défense.

ARVED.

Oui, ma cousine, oui, ma sœur; je le jure; mais quel malheur, quel chagrin a pu vous atteindre?

MALVINA.

Oh! je m'en vais tout vous dire. J'avais été passer l'autre hiver à Paris, chez une de mes tantes, et, dans les bals, dans les soirées où elle me conduisait, plusieurs adorateurs empressés m'offraient ces hommages qui reviennent de droit à une riche héritière, et qui me touchaient fort peu. Un jeune homme, un seul, que je rencontrais partout, et dont les regards suivaient constamment les miens, ne m'avait jamais adressé la parole; je ne connaissais de lui que son nom, car il s'était fait présenter chez ma tante, lorsqu'une lettre que je reçois de mon père m'apprend qu'ici, à Nantes, ce même jeune homme lui a rendu, quelques semaines auparavant, un très-grand service, qu'il a exposé ses jours pour lui, et qu'il a reçu une blessure en le défendant. Touchée de sa générosité, je lui en témoignai ma reconnaissance, en m'étonnant de sa discrétion à ce sujet et de sa réserve habituelle. « Ah! me répondit-il, vous êtes riche, je ne le suis pas; et parmi tant d'hommages adressés à votre fortune, auriez-vous pu distinguer ceux qui ne s'adressaient qu'à vous seule? » Et depuis ce moment, il reprit ses manières tristes et silencieuses, et se tint toujours éloigné de moi. Depuis ce moment aussi, je l'avouerai, je pensai à lui, et je m'en occupai malgré moi.

ARVED.

Eh bien?

MALVINA.

Eh bien! ce fut alors que je quittai Paris. Les armées ennemies avaient envahi nos frontières; et mon père, tremblant pour sa fille, et ne voyant de salut pour moi qu'en pays étranger, me fit passer en Angleterre, dans la famille d'un de ses correspondants. Tous nos amis nous firent les plus tendres adieux, des offres de services, des protestations de dévouement; un seul ne dit rien, mais les larmes qui roulaient dans ses yeux attestaient assez sa douleur; et en arrivant à Londres, la première personne que je rencontrai ce fut lui.

ARVED.

Il vous avait suivie?

MALVINA.

Oui, vraiment; il avait quitté pour moi sa patrie, il s'exilait pour partager mon exil, et, sur cette terre étrangère, nous voyant tous les jours rapprochés et unis par le malheur, comment rester insensible à la tendresse qu'il me témoignait? Oui, je n'écoutai que cet enthousiasme, cette exaltation de la jeunesse. Je crus l'aimer... oui, je l'aimais, quand, tout à coup, mon père m'écrit que le danger est passé, qu'il n'y a rien à craindre, que je peux revenir, qu'enfin il m'attend pour réaliser ses plus chères espérances, et pour m'unir à vous.

ARVED.

Grand Dieu!

MALVINA.

Vous jugez de notre surprise, de notre désespoir! « Si vous retournez en France, me disait-il, sans être à moi, sans m'appartenir, je vous perds à jamais; qu'ici, avant votre départ, un prêtre reçoive nos serments! » Et je résistais encore! mais il voulait s'arracher la vie; il voulait se tuer à mes yeux! Que vous dirai-je?... je cédai à ses prières... je formai des nœuds que mon père n'a point bénis... et maintenant je suis à lui... je suis sa femme.

ARVED.

Vous mariée! Ah! ma cousine!... mais ce n'est pas à vous qu'on doit faire des reproches, c'est à lui; et il ne peut les expier maintenant qu'en consacrant sa vie entière à vous rendre heureuse.

MALVINA.

Heureuse! je le suis, Arved, je le suis... si on peut l'être, quand on craint les regards et les reproches d'un père.

AIR de la romance de Benjamin. (*Joseph.*)

Oui, je serais moins misérable,
S'il me punissait de mes torts;
Mais les bontés dont il m'accable
Redoublent encor mes remords.
Craignant les caresses d'un père,
Je les évite, et souvent j'ai rougi
D'usurper l'amour de celui
Dont je mérite la colère.

ARVED.

Pourquoi alors ne pas lui avouer?... Le choix que vous avez fait serait-il donc?...

MALVINA.

Digne de lui, à tous les égards... de la naissance, un nom honorable... Son seul tort, je vous l'ai dit, c'est d'être sans fortune.

ARVED.

Ah! n'est-ce que cela? ce n'en est pas un à mes yeux, et je brûle de lui offrir mon amitié; parlez, où est-il?

MALVINA.

Taisez-vous, le voici.

ARVED, apercevant Barentin.

Ciel! Barentin!

16.

SCÈNE V.

Les mêmes; BARENTIN, entrant par la gauche.

BARENTIN.

Mille pardons de déranger un tête-à-tête... je suis vraiment désolé...

ARVED.

C'est moi, monsieur, qui ai des excuses à vous faire de ce qu'on s'est permis de vous déranger, et de me donner un appartement qui était le vôtre. (Bas à Malvina.) Adieu, cousine, adieu, je vous laisse; plus tard, nous nous reverrons. (A part.) Ah! Malvina!...

(Il s'éloigne en jetant un regard sur Malvina, et sort par la porte à gauche.)

SCÈNE VI.

BARENTIN, MALVINA.

BARENTIN.

A qui en a-t-il donc, monsieur le général? Je ne révoque point en doute son mérite; mais je sais qu'entre autres talents il a celui de me déplaire souverainement.

MALVINA.

Que dites-vous?

BARENTIN.

Vous étiez autrefois de mon avis, vous en avez changé : je ne sais pas pourquoi, mais je me défie de ce cousin.

MALVINA.

Lui, le plus généreux des hommes!

BARENTIN.

Précisément; je me défie, chère amie, de l'affection soudaine que vous avez pour lui.

MALVINA, troublée.

Moi! qui peut vous faire croire?...

BARENTIN.

Pardon; quand on aime bien, quand on aime réellement, la jalousie est si naturelle... mais enfin, puisque j'ai le bonheur de vous trouver seule, parlons un peu raison. (S'asseyant dans le fauteuil, pendant que Malvina reste debout à côté de lui.) Je suis rompu; cette partie de chasse était si fatigante et si ennuyeuse, et puis ces petits soins, ces attentions continuelles auxquelles je me suis astreint pour tout le monde... jusqu'à cette petite Marie, votre cousine, à laquelle il faut, de temps en temps, faire la cour, pour détourner les soupçons... tout cela, chère amie, est terrible, surtout pour un homme marié, et je n'y tiens plus.

MALVINA.

Autrefois, cela vous coûtait si peu!

BARENTIN, qui est toujours dans le fauteuil.

Vous l'exigiez, cela me suffisait; mais cela me coûtait beaucoup; car, avant tout, la franchise; et c'est pour cela que la position n'est pas tenable, et offre même des inconvénients auxquels vous ne pensez pas. (Il se lève.) Ainsi, aujourd'hui même, il faut tout déclarer à votre père.

MALVINA.

Moi! un pareil aveu!... plutôt mourir.

BARENTIN.

Ce sont des idées; on ne meurt pas... on ne meurt jamais... pour des affaires de famille; cela finit toujours par s'arranger, tandis qu'en gardant le silence... demain je pars, et alors que faire? quel parti prendrez-vous?

MALVINA.

Celui de vous suivre, monsieur; c'est mon devoir maintenant; je quitterai, avec vous, la maison paternelle, ma patrie, s'il le faut.

BARENTIN.

Une fuite! c'est très-bien, c'est très-agréable, et je vous en remercie; mais à quoi cela nous mènera-t-il? En pays étranger, comme ailleurs, on est bien près du ridicule quand on n'a rien : et nous en sommes là.

MALVINA.

Eh! monsieur, qu'importe?

BARENTIN.

Il importe beaucoup. Il ne s'agit pas de romanesque, il s'agit de ménage; et, en ménage, chère amie, il faut du positif.

MALVINA.

Ce n'est pas là, monsieur, ce que vous disiez autrefois, quand vous méprisiez les richesses, quand vous vouliez vous ensevelir avec moi dans un désert.

BARENTIN.

Autrefois, certainement j'avais raison de le dire, et je le dirais encore, car je le pense toujours. Quand on s'aime bien, on peut s'aimer partout, dans un désert comme ailleurs. Mais s'il y a moyen de s'adorer ailleurs, chez soi, par exemple, dans un bon hôtel, avec cinquante mille francs de rentes, où est le mal? Soyez persuadée, chère amie, que cet amour-là est aussi réel, aussi durable qu'un autre; peut-être davantage.

AIR : Ces postillons sont d'une maladresse.

Je ne conçois, je n'entends l'existence,
   Qu'en la parant des roses du plaisir.
Mais dans les maux, les travaux, la souffrance,
    Passer ses jours! Plutôt mourir.
Je n'y tiens pas, je suis prêt à partir.
  La vie en soi n'est qu'un ennui, ma chère;
Et si de vivre on veut se consoler,
Il faut alors vivre millionnaire,
    Ou ne pas s'en mêler!

Et songez bien que ce que j'en dis, c'est pour vous, pour votre bonheur avant tout.

MALVINA.

Eh bien! s'il en est ainsi, je vous avouerai que je viens de confier notre secret à mon cousin Arved.

BARENTIN.

A lui! et sans m'en prévenir!

MALVINA.

Lui seul peut nous servir, nous défendre auprès de mon père.

BARENTIN.

Et je vous déclare, moi, que je ne veux rien lui devoir, que nous n'avons pas besoin de ses services. J'ajouterai même que vos tête-à-tête avec lui me déplaisent au dernier point, et que vous me ferez le plaisir de ne plus lui parler, si c'est possible.

MALVINA.

Lui! mon plus proche parent! le seul ami qui me reste! le seul qui prenne notre défense, et dont le généreux dévouement!...

BARENTIN.

Raison de plus. (A part.) Avec une imagination comme la sienne... (Riant.) Enfin, je l'entends ainsi, je le veux.

MALVINA.

Encore! Ah! monsieur, vous, qui autrefois... soumis à mes moindres volontés...

BARENTIN.

Autrefois, chère amie, autrefois, et maintenant, c'est toujours la même chose; dans un ménage bien uni, il n'y a jamais qu'une volonté : que ce soit la vôtre ou la mienne, peu importe. (Passant à la gauche de Malvina.) Eh mais! Dieu me pardonne, je crois que vous pleurez?

MALVINA.

Moi, monsieur!... non... je n'en ai pas le droit.

BARENTIN, à part.

Allons, encore des brouilles, des raccommodements; c'est ce qu'il y a de plus terrible au monde. (Haut.) Je conviens que j'ai peut-être eu tort; Malvina, chère amie, pardonne-moi, je t'en supplie, (La baisant sur le front.) et que tout soit oublié.

DUBREUIL, en dehors.

Il doit être chez lui...

MALVINA, s'éloignant.

On vient. Dieu! c'est mon père!

(Barentin entre dans le cabinet à gauche.)

SCÈNE VII.

LES MÊMES; M. DUBREUIL, entrant par la droite.

DUBREUIL, tenant à la main une lettre ouverte qu'il referme; à Malvina.

Ah! te voilà ici?

MALVINA.

Oui, mon père; j'étais venue pour savoir... pour m'informer...

DUBREUIL.

C'est bien, mon enfant, c'est très-bien; il faut que des maîtres de maison veillent à ce que rien ne manque à leurs hôtes; c'est pour cela que je venais, et, en même temps, pour causer avec Arved d'une lettre qu'il vient de m'envoyer par Catherine. Je l'attendrai ici. Que je ne te retienne pas; va au salon, où nous attendons ce soir beaucoup de monde; car nous avons un bal pour célébrer le retour de mon neveu : et ce bal-là, je l'espère, ne sera que le prélude de celui de tes noces.

(Pendant qu'il va s'asseoir près de la table à droite, Barentin sort doucement du cabinet à gauche.)

BARENTIN, bas à Malvina.

Vous voyez qu'il n'y a pas de temps à perdre ; parlez-lui, c'est le moment.

(Il sort par la porte à gauche.)

MALVINA, timidement.

Mon père, j'aurais voulu vous dire... vous demander... mais je ne sais... je n'ose...

DUBREUIL, assis.

C'est donc un secret ?

MALVINA, tremblant.

Oui, mon père.

DUBREUIL, se levant et prenant la main de Malvina.

Voyons, mon enfant ; voyons ce que c'est. Eh bien ! te voilà toute tremblante ; c'est donc bien terrible ?

AIR de *Colalto*.

Tous tes chagrins, tous tes secrets
Sont les miens ; va, crois-moi, ma chère,
Le malheur n'atteindra jamais
L'enfant qui cherche abri dans les bras de son père.
Ta confiance est, hélas ! mon seul bien,
Et d'un vieillard exauçant la prière,
Ce que tu fais pour le bonheur d'un père,
Le ciel le fera pour le tien !

Allons, dis toujours... eh bien ? qui est-ce qui vient là ? Marie... et M. de Barentin...

SCÈNE VIII.

LES MÊMES ; MARIE, entrant par la droite, BARENTIN, rentrant par la gauche.

DUBREUIL, à Marie.

Qu'est-ce que tu viens faire ici ?

MARIE, tristement.

Je venais vous avertir...

DUBREUIL.

Eh mais! tu as les yeux rouges.

MARIE, les essuyant vivement.

Moi, mon oncle, au contraire... je venais vous avertir que voilà du monde qui arrive au salon.

BARENTIN.

C'est pour cela aussi que je venais...

MARIE.

Et puis votre commis qui attend vos ordres pour partir.

DUBREUIL.

C'est vrai; mais plus tard, car cette petite fille vient nous déranger au moment le plus intéressant, quand j'allais apprendre un secret que ma fille a déjà assez de peine à m'avouer.

MARIE.

Si ce n'est que cela, mon oncle, je crois que je connais ce secret.

MALVINA et BARENTIN.

O ciel!

MARIE.

Et je puis lui éviter la peine de vous le dire. (A Malvina.) Aussi bien, cousine, c'est te rendre service.

MALVINA, à part.

Je me meurs!

DUBREUIL, à Marie.

Eh bien donc! parle vite.

MARIE.

Eh bien! mon oncle, c'est que Malvina, qui ce matin vous avait résisté, qui s'était opposée à vos volontés, ne sait comment faire pour vous avouer qu'elle aime mon cousin Arved.

MALVINA.

Que dis-tu?

BARENTIN, à part.

Qu'entends-je!

DUBREUIL, embrassant Malvina.

Mon enfant! ma chère enfant! c'est là ce secret que tu craignais de m'avouer, ce secret qui me comble de joie?

MALVINA, à Barentin.

Non, monsieur; (A Dubreuil.) non, mon père, ne la croyez pas; elle s'abuse elle-même.

MARIE, tristement.

Oh! je le sais, je l'ai vu, j'en ai la preuve.

DUBREUIL, avec joie.

C'est cela; nous la tenons! nous en avons des preuves! (A Marie.) Tu en as, n'est-il pas vrai?

MARIE.

Oui. Tout à l'heure, en revenant de la chasse, elle est entrée au salon, et, sans s'apercevoir seulement que j'y étais, elle a regardé le portrait d'Arved, avec une expression... et en portant la main là!... Si ce ne sont pas des preuves...

MALVINA.

De mon amitié pour lui.

DUBREUIL.

A d'autres! (A Barentin.) Nous n'en croyons pas un mot n'est-il pas vrai? (A Malvina.) Et maintenant, tu auras beau dire et beau faire...

(Se retournant, et voyant Arved qui entre.)

SCRIBE. — Œuvres complètes.   IIme Série. — 18me Vol. — 17

SCÈNE IX.

MARIE, DUBREUIL, ARVED, en uniforme élégant, entrant par la droite, **MALVINA, BARENTIN.**

DUBREUIL.

Viens, mon garçon, viens, j'ai de bonnes nouvelles à t'apprendre... (A Barentin.) Vous, en attendant, daignez, mon cher ami, me remplacer un instant au salon.

BARENTIN.

Si toutefois cela est possible; je l'essaierai, monsieur. (Bas à Malvina.) Il faut parler, ou je vais croire que cette petite fille a dit vrai.

(Il sort.)

DUBREUIL, à Arved.

Je voulais donc te dire...

MARIE.

Mon oncle, et votre premier commis?...

DUBREUIL.

C'est vrai... (A part.) car il faut la renvoyer aussi.

Il se met à la table et écrit. Malvina suit des yeux Barentin qui est sorti par la porte à gauche.)

MARIE, à part.

Allons, tout est fini; qu'ils soient heureux! et pourvu que je n'en sois pas témoin... (A Arved.) Mon cousin, moi, qui ne vous ai jamais rien demandé, j'attends de vous une grâce; daignez parler pour moi à mon oncle.

Pendant le reste de cette scène, Malvina, debout et appuyée sur le dos du canapé, paraît plongée dans le plus profond chagrin.)

ARVED, à part.

Comment? et elle aussi!

MARIE.

Je venais tout à l'heure le prier de me laisser quitter ce

château, de me laisser aller à Paris, dans une pension, pour un an seulement.

ARVED.

Comment, Marie, tu veux t'éloigner? tu veux partir quand j'arrive?

MARIE.

Oui, mon cousin, je le veux; et comme mon oncle ne le voudra peut-être pas, je vous supplie de l'y déterminer.

ARVED.

Ah! j'étais loin de m'attendre... moi, qui espérais au contraire... mais tu le veux, je lui en parlerai; et plus tard, nous verrons.

MARIE.

Non, mon cousin; tout de suite.

DUBREUIL.

Marie...

MARIE.

Oui, mon oncle; (A Arved.) tout de suite; et je vais revenir dans l'instant pour savoir sa réponse.

(Elle s'approche de Dubreuil.)

SCÈNE X.

DUBREUIL, assis près de la table à droite, et lisant la lettre qu'il tenait en entrant, ARVED, MALVINA.

MALVINA, s'approchant d'Arved, et à voix basse.

Tout est perdu : il croit que je vous aime et veut nous marier; c'est fait de moi!

ARVED, de même.

Du courage; je viens à votre secours.

MALVINA, de même.

Il faut tout déclarer.

ARVED, de même.

Oui; mais je le vois si heureux, que je ne sais comment le préparer à une nouvelle qui peut lui donner le coup de la mort.

(Dubreuil reconduit Marie jusqu'à la porte ; Marie sort et Dubreuil vient auprès d'Arved.)

DUBREUIL, d'un air riant.

Eh bien! mon cher ami, je n'ai pas voulu te troubler dans ta conférence avec Marie; car il paraît que vous avez aussi des secrets ensemble.

ARVED.

Oui... oui, mon oncle.

DUBREUIL, de même.

Qui, peut-être, ont rapport à cette lettre que tu m'as envoyée par Catherine; que je relisais là avec attention. Eh mais! tu parais inquiet, embarrassé.

ARVED.

Je le suis en effet; car Malvina et moi sommes chargés tous les deux d'implorer votre bonté, votre clémence en faveur d'une personne qui fut bien coupable sans doute...

MALVINA.

Oh oui! plus coupable que je ne peux le dire.

DUBREUIL, passant entre eux deux.

Eh mais! mes enfants, qu'est-ce que c'est donc? voilà que vous m'effrayez... et ce que Marie te disait tout à l'heure..... est-ce que ce serait d'elle qu'il s'agirait?

ARVED, hésitant.

Mais..... peut-être bien. (Malvina fait un mouvement de surprise, Arved lui fait signe de se contenir, et parlant à Dubreuil :) Vous me parliez ce matin de ma cousine Marie, et des soins que, l'année dernière, que cette année encore, M. de Barentin avait l'air de lui rendre?

DUBREUIL.

C'est vrai.

ARVED.

Eh bien! que diriez-vous si... si elle l'aimait?

DUBREUIL.

Ce que je dirais? je dirais : tant pis pour elle, parce qu'elle ne l'épousera pas, parce que jamais je ne consentirai à ce mariage.

ARVED.

Et si, prévoyant vos refus, et n'osant braver votre colère... si, en un mot, sa jeunesse, son inexpérience...

DUBREUIL.

Que dis-tu?

ARVED.

Si elle s'était engagée à lui par des nœuds solennels...

DUBREUIL.

Ce n'est pas possible; vous vous abusez.

ARVED.

Non, mon oncle, c'est la vérité; ils sont unis, mariés secrètement.

DUBREUIL, furieux.

Un mariage secret!

MALVINA, suppliant.

Mon père!

DUBREUIL.

Non, tu essaierais en vain de la défendre; nos lois ne reconnaissent pas de pareils mariages; il est nul, il sera rompu : j'en ai le droit.

ARVED.

Je le sais; mais vous ne voudrez pas en user, pour son honneur, pour celui de votre famille; car enfin, mon oncle, elle est à lui, elle lui appartient, elle est sa femme.

DUBREUIL.

Il est donc vrai?

ARVED.

Et vous ne voudriez pas réduire au désespoir une personne que vous aimez, et que nous aimons tous... quand, d'un seul mot, vous pouvez la rendre heureuse.

DUBREUIL.

Heureuse! mais, c'est ce qui te trompe, elle ne le sera jamais.

MALVINA.

Que dites-vous?

DUBREUIL.

Quand cette passion qui l'aveugle, quand ses premières illusions seront dissipées, et ce ne sera pas long, elle pleurera elle-même sur son imprudence, et se repentira du choix qu'elle a fait.

MALVINA.

Et pourquoi donc? A la fortune près, que pourrait-on y blâmer? n'est-il pas d'une honnête naissance, d'une famille distinguée?

DUBREUIL.

Oui, le fils d'un confiseur.

MALVINA.

O ciel! ce n'est pas possible!

DUBREUIL, *montrant la lettre qu'il tient.*

J'ai là ses titres et ses parchemins.

ARVED.

Eh! qu'importe? le fils d'un honnête négociant n'en vaut-il pas un autre? Et après tout, mon oncle, qui sommes-nous? N'est-ce pas aussi dans le commerce que notre famille s'est enrichie?

DUBREUIL.

Oui; mais moi, j'en suis fier, je m'en vante.

AIR du vaudeville de *Partie carrée.*

De père en fils, quand on a l'avantage

Et l'honneur d'être commerçant,
On ne va pas d'un noble personnage
Prendre le nom et le déguisement !
Oui, quelque état que le sort nous désigne,
On en est fier alors qu'on l'ennoblit ;
Mais je me dis qu'on n'en est jamais digne
Sitôt qu'on en rougit !

Et ces grands malheurs, ces persécutions dont il se vantait... Lui ! persécuté ! et par qui ? par ses créanciers.

MALVINA.

Grands dieux !

DUBREUIL.

Un prodigue ! un dissipateur ! un mauvais sujet !

ARVED, voulant l'arrêter.

Mon oncle, je vous en supplie...

MALVINA.

Mon père !...

DUBREUIL, à Malvina.

Oui, ma chère enfant, c'est comme je te le dis, j'en ai les preuves ! et voilà pourtant comme, avec de grandes phrases et une feinte passion, une jeune personne se laisse séduire ! O jeunesse imprudente ! quand vos parents, quand un père lui-même, malgré toutes les recherches, toutes les précautions, tous les soins de la tendresse la plus vive, peut encore se tromper sur le choix d'un gendre, vous, n'écoutant que les rêves de votre imagination, vous jouez ainsi au hasard votre bonheur et l'espoir de votre vie entière !

ARVED, cherchant toujours à l'arrêter.

Mon oncle !... et quels que soient ses torts, me refuserez-vous la première grâce que je vous demande ?

DUBREUIL.

Tu le veux, mon fils ! puis-je rien refuser à toi, à ma fille, à vous qui êtes mes enfants ? vous, qui devez faire ma joie et ma consolation !

ARVED, à part.

Grand Dieu!

DUBREUIL.

Parle, mon ami; guide-moi, dis-moi ce qu'il faut faire : je suivrai tes conseils.

ARVED.

Eh bien! à votre place, j'écrirais d'abord à M. de Barentin.

DUBREUIL.

Lui écrire! (Se mettant à la table à droite.) M'y voici : dicte toi-même; j'écris.

ARVED, dictant.

« Monsieur, vous avez de grands torts envers moi : je « vous les pardonne. »

DUBREUIL.

Lui pardonner!

MALVINA, suppliant.

Mon père!

DUBREUIL.

Allons, tu le veux aussi; le mot est écrit.

ARVED, dictant.

« Je vous les pardonne, si vous rendez heureuse celle à « qui votre sort est uni. »

DUBREUIL.

Après?

ARVED.

Voilà tout. (Regardant Malvina.) N'est-il pas vrai

DUBREUIL.

Et je signe : « Votre oncle. »

ARVED, l'arrêtant.

Non; je ne signerais pas ce mot-là.

DUBREUIL.

Et pourquoi?

ARVED.

Ah! c'est que... Silence! c'est Marie.

MALVINA, à part.

C'est fait de moi!

ARVED, à Dubreuil, qui s'avance vers Marie, et qu'il s'efforce d'arrêter.

Ne lui parlez pas encore; que, devant elle, il ne soit question de rien, je vous en conjure.

DUBREUIL.

Pour quelles raisons?

ARVED.

Vous le saurez : venez, passons dans votre cabinet.

(Il va à Marie; Malvina passe auprès de son père.)

SCÈNE XI.

LES MÊMES; MARIE, entrant par la gauche.

MARIE, timidement.

Eh bien! mon cousin, consent-il?

ARVED, à demi-voix.

Oui; mais silence!

DUBREUIL, regardant Marie avec colère.

Et elle ose se présenter devant moi!

MARIE.

Qu'y a-t-il donc? quel regard sévère!

DUBREUIL.

Oui, mademoiselle!

ARVED, lui faisant signe de se modérer.

Mon oncle!

DUBREUIL, à Arved.

Je me tairai, je l'ai promis; et je vais t'attendre; tu viens, n'est-il pas vrai?

(Il sort en regardant toujours Marie.)

17.

ARVED.

Oui, mon oncle, je vous suis. (Malvina suit des yeux son père qui s'éloigne; quand il a disparu, elle va se jeter aux genoux d'Arved dont elle baise les mains. Arved voulant la retenir :) Ma cousine, y pensez-vous? je n'ai rien fait encore; mais bientôt, je l'espère... (La relevant, et l'embrassant.) Du courage! du courage, et attendez-nous.

(Il sort par la même porte que Dubreuil. Malvina reste auprès de la porte, et le suit des yeux.)

SCÈNE XII.

MALVINA, MARIE.

MARIE.

Que se passe-t-il donc?

MALVINA, toujours auprès de la porte.

Bientôt tu le sauras.

MARIE.

Et dites-moi, ma cousine, pourquoi, en s'en allant, mon oncle avait-il l'air si en colère contre moi? est-ce que tout à l'heure?... Mais vous ne m'écoutez pas.

MALVINA, regardant vers la gauche.

Si vraiment.

MARIE.

Il a donc été bien fâché, quand mon cousin lui a dit que je voulais partir?

MALVINA, allant à elle.

Comment! tu nous quittes? tu t'éloignes?

MARIE.

Vous le savez bien, puisque vous étiez là.

MALVINA.

Oui, c'est vrai... j'étais là... mais pour quelle raison? surtout dans un pareil moment?

MARIE.

Oui, au moment où vous allez épouser Arved.

MALVINA, à part.

O ciel!

MARIE.

Au moment de votre bonheur, ce n'est pas bien à moi, je le sais; vous qui m'avez toujours traitée comme une sœur... mais, voyez-vous, ma cousine, il le faut; je ne pourrais pas rester ici, j'en mourrais.

MALVINA.

Que dis-tu? et toi aussi, tu souffres! tu es malheureuse!

MARIE.

Ah! plus que je ne puis vous le dire; mais j'aurai de la force, du courage. Cela se passera... pourvu que je m'en aille et que je ne voie pas ce mariage.

MALVINA.

Qu'ai-je entendu? ce trouble, ces larmes!... Arved... tu l'aimerais?

MARIE.

Moi! qui vous l'a dit?

MALVINA.

Oui, tu l'aimes, et j'en suis sûre. (A part.) O mon Dieu! qu'est-ce que j'éprouve là? il ne me manquait plus que ce dernier tourment. (Haut.) Aime-le, Marie, aime-le; c'est le meilleur, le plus généreux des hommes : un pareil amour ne te condamne ni aux regrets ni aux remords. (S'arrêtant avec effroi, et lui faisant signe de la main.) Tais-toi.

MARIE.

Qu'avez-vous donc? pourquoi tremblez-vous?

MALVINA.

C'est mon père! je l'entends. Va-t'en, va-t'en. (Marie, effrayée, s'enfuit.) Que je sois seule au moins à subir mon arrêt.

SCÈNE XIII.

DUBREUIL, MALVINA.

(Dubreuil est pâle et défait, il s'approche lentement de Malvina, qui, sans prononcer une seule parole, joint les mains et tombe à ses genoux.)

DUBREUIL, froidement, parlant avec effort.

Je sais tout ; et si je n'avais écouté que ma juste colère... Mais Arved, mais mon fils... car lui seul est maintenant mon fils... il a prié pour toi ; et lui, qui n'est pas coupable, il a, comme toi, embrassé mes genoux ; enfin, il m'a menacé, si je ne te pardonnais pas, de m'abandonner aussi, et je n'ai pas voulu renoncer à un fils que j'aime, pour un enfant ingrat que je n'aime pl...

MALVINA.

Mon père !

DUBREUIL, la relevant.

Ah ! malgré moi, je t'aime encore ; et je n'ai plus que la force de te plaindre. Quel sort tu t'es préparé, ma fille !

MALVINA.

Je le supporterai sans me plaindre, sans murmurer, et mon courage peut-être me rendra votre estime ; mais lui, du moins... lui pardonnerez-vous aussi ?

DUBREUIL.

Je voulais le bannir, le chasser de ces lieux ; mais Arved a encore prié pour lui : et quant à la fortune, quant à l'avancement de ce... de ton mari, ce n'est pas moi, c'est lui qui s'en charge.

MALVINA.

Arved ! ô mon appui ! ô mon dieu tutélaire !

DUBREUIL.

Oui, voilà celui que tu as repoussé, que tu as dédaigné ! Malheureuse enfant ! je t'avais donné le meilleur des amis et des époux, le modèle de toutes les vertus !

MALVINA.

Ah! ne m'accablez pas, car, dussé-je en mourir de honte, vous connaîtrez toute l'étendue de mes maux. (A voix basse.) Je l'aime, mon père, je l'aime de toutes les forces de mon âme!

DUBREUIL.

Tu l'aimes! Ah! le ciel est juste! il te punit de ta désobéissance par le malheur de ta vie.

SCÈNE XIV.

Les mêmes; CATHERINE et MARIE, entrant par la gauche.

MARIE.

Ah! mon Dieu! mon oncle, qu'est-ce que cela signifie? et quel est ce bruit qui se répand dans tout le château?

CATHERINE.

On dit que mademoiselle Malvina est mariée?

MARIE.

Et que ce n'est point à mon cousin Arved?

CATHERINE.

Où donc alors est ce nouvel époux? et quel est-il?

SCÈNE XV.

Les mêmes; ARVED, entrant par la droite.

ARVED.

M. de Barentin.

CATHERINE.

Grand Dieu!

MARIE.

M. de Barentin?

ARVED.

Lui-même, que des considérations particulières avaient forcé jusqu'ici à cacher ce mariage, (Bas à Dubreuil.) et qui, malgré le pardon que je lui ai promis en votre nom, n'ose encore se présenter devant vous.

MARIE, à Malvina, à demi-voix.

Oh! ma cousine, que je suis fâchée maintenant de partir!

MALVINA, de même.

Sois tranquille, tu ne partiras pas.

DUBREUIL, à Malvina.

Je veux croire, comme l'a assuré mon neveu, que M. de Barentin ne t'a épousée que par amour, et sans penser à ma fortune?

MALVINA.

Ah! je vous l'atteste.

DUBREUIL.

C'est à sa conduite à me le prouver, et à mériter ce qu'un jour peut-être je ferai pour ma fille.

ARVED, passant entre Dubreuil et Malvina.

Il a déjà commencé à se rendre digne de vous. Il a accepté la sous-lieutenance que je lui ai proposée. Nous marcherons ensemble désormais dans la même carrière, nous la parcourrons avec honneur; et quant aux torts de sa jeunesse, c'est sur le champ de bataille qu'il saura les réparer.

MALVINA.

Ah! mon cousin! je ne sais comment vous remercier, et je n'ai plus qu'un moyen de vous prouver ma reconnaissance : en m'occupant aussi de votre bonheur. Les vœux de votre père et du mien étaient de resserrer encore tous nos liens de famille; que cet espoir que j'ai déçu, soit par vous réalisé, et que ma cousine Marie, que vous aimiez dès l'enfance...

(Dubreuil va s'asseoir auprès de la table.)

ARVED.

Ah! ce fut le rêve de mes jeunes années! ce fut toujours mon unique pensée! mon oncle vous le dira.

MARIE.

O ciel!

ARVED.

Mais je ne suis pas heureux, ma cousine, dans mes projets, ni dans mes amours. Marie veut s'éloigner; elle veut quitter ces lieux au moment où j'arrive.

MALVINA.

Vous croyez? et moi j'ai idée, que, si vous la priiez de rester....

ARVED, passant près de Marie.

Serait-il vrai? Marie, ma cousine, toi que j'ai toujours regardée comme la compagne de ma vie, veux-tu combler mes plus chères espérances?

(Malvina s'éloigne.)

MARIE, hors d'elle-même, et regardant Catherine.

Moi!

ARVED.

Oui, veux-tu accepter et mon cœur et ma main?

MARIE, à part.

Ah! j'en mourrai de joie!

ARVED, à Malvina.

Vous voyez, elle hésite.

MARIE, vivement.

Non, mon cousin, non, j'accepte.

ARVED.

Il serait possible! toi, du moins, tu ne m'as donc pas repoussé! tu veux bien de mon amour? Ah! j'emploierai ma vie entière à t'en remercier, à prévenir tous tes vœux, à embellir ces jours que tu veux bien me consacrer.

CATHERINE, à demi-voix.

Et moi je ne puis souffrir son erreur ; je veux qu'il sache à quel point il est aimé.

MARIE, de même.

Tais-toi donc, je le lui dirai bien moi-même.

(On entend au dehors un prélude de contredanse.)

DUBREUIL, se levant; Malvina passe à sa droite.

Entendez-vous? c'est ce bal, c'est tout ce monde que j'avais invité pour un autre motif. Allons leur présenter les nouveaux mariés, et tous mes enfants. (Il passe entre Arved et Marie qu'il presse dans ses bras, et tend la main à Malvina qui est à sa droite. A Arved :) Car tu es toujours mon fils, n'est-il pas vrai?

ARVED, le serrant dans ses bras.

Oui, toujours.

DUBREUIL, essuyant une larme.

Ah! c'est égal, ce n'est pas la même chose. Allons, n'y pensons plus. Venez tous.

(Ils vont pour sortir.)

MALVINA, seule à gauche, la main appuyée sur le dos du canapé, et regardant Arved qui s'éloigne.

Ah! je l'aimerai toute ma vie!

(La contredanse reprend plus fort.)

THÉOBALD

ou

LE RETOUR DE RUSSIE

COMÉDIE-VAUDEVILLE EN UN ACTE

Dédiée à madame Sophie Gay

EN SOCIÉTÉ AVEC M. VARNER.

Théatre de S. A. R. Madame. — 12 Février 1829.

PERSONNAGES. ACTEURS.

RAYMOND, docteur en médecine . . . . . . MM. FIRMIN.
BERNARDET, substitut du procureur du roi.   LEGRAND.
THÉOBALD, jeune officier . . . .   PAUL.

M⁰ᵉ DE LORMOY. . . . . Mᵐᵉˢ THÉODORE.
CÉLINE, sa petite-fille . . . .   JENNY-VERTPRÉ.
LA BARONNE DE SAINVILLE, sa nièce.   DORMEUIL.

A Bordeaux, dans la maison de madame de Lormoy.

THÉOBALD

ou

LE RETOUR DE RUSSIE

Un salon. — Porte au fond, deux portes latérales ; la porte à la droite de l'acteur est celle de l'appartement de madame de Lormoy. Sur le deuxième plan, à droite et à gauche, la porte de deux cabinets. Sur le devant de la scène, à droite, une table.

SCÈNE PREMIÈRE.

CÉLINE, LA BARONNE, Mme DE LORMOY, BERNARDET.
(Au lever du rideau tout le monde est assis autour d'une table ronde placée à gauche, et sur laquelle on est en train de déjeuner. Un domestique se tient debout derrière madame de Lormoy.)

BERNARDET, présentant une tasse.

Très-peu, pour ma belle-mère.

CÉLINE.

Soyez tranquille, je sais ce qu'il lui faut.

BERNARDET.

Vous vous rappelez ce que dit le docteur : plus on est faible, moins il faut manger : et, avec ce régime-là, peu à peu l'on reprend des forces.

Mme DE LORMOY.

Moi, qui commence à me trouver mieux, je crois que je pourrais m'écarter un peu du régime qu'on m'a prescrit.

CÉLINE.

Ma mère, attendons le docteur.

Mme DE LORMOY.

Mais viendra-t-il aujourd'hui?

BERNARDET.

Je sors de chez lui; c'est le médecin de Bordeaux le plus occupé; il était sorti; mais à son retour, on nous l'enverra; ainsi, jusque-là, rien de plus que l'ordonnance. (Ils se lèvent, le laquais enlève la table, et range les fauteuils.) Oui, belle-mère, en ma qualité de substitut, je suis pour qu'on exécute les ordonnances à la rigueur.

LA BARONNE.

Oh! vous, Messieurs les magistrats, vous êtes d'une sévérité...

BERNARDET.

C'est possible, sous la toge; c'est notre état qui veut ça; moi, par exemple, je requiers tous les jours des condamnations; je suis la terreur des coupables; j'ai l'air très-méchant... (A Céline.) Oui, mademoiselle, je me fâche tous les jours; mais jamais pour mon compte, c'est toujours pour celui de la société et de la morale. Dès que j'ai déposé les foudres du ministère public, je suis l'homme le plus doux, le plus facile... je ferai un époux excellent, quand la belle-mère voudra bien le permettre; car il y a assez longtemps que je suis en instance.

Mme DE LORMOY, à Céline.

J'en conviens, cette union était le plus cher désir de ta mère; et je ne demanderais pas mieux, si ton frère, si mon petit-fils était ici.

BERNARDET.

Oui ; mais comme il n'y est pas, comme il y a force majeure...

Mme DE LORMOY.

Oh ! il reviendra ; j'en suis sûre ; ne me dites pas le contraire.

BERNARDET.

M'en préserve le ciel ! Mais il me semble que sa sœur pourrait toujours se marier en attendant.

CÉLINE.

Non, ma bonne maman.

AIR : J'en guette un petit de mon âge. (Les Scythes et les Amazones.)

> Faut-il que mon hymen s'apprête,
> Quand de nous mon frère est si loin ?
> Pour que ce soit un jour de fête,
> Il faut qu'il en soit le témoin.
> Autrement, dans la foule immense
> Que d'un hymen attire la splendeur,
> Loin, hélas ! de voir mon bonheur,
> Vous ne verriez que son absence !

BERNARDET, à part.

Je n'ai jamais vu de jeune personne aussi peu pressée de se marier.

Mme DE LORMOY.

Songez donc qu'à chaque instant nous pouvons le voir paraître. Tous les jours, il arrive des prisonniers du fond de la Russie. N'est-ce pas, ma chère baronne ?

LA BARONNE.

Oui, ma tante.

Mme DE LORMOY.

Tu y es intéressée autant que nous ; toi, qui aimais ce cher Léon, qui étais sur le point de l'épouser. Ne nous disait-on pas, hier, que le fils de madame de Valbelle, dont tous les journaux avaient annoncé la mort, était tout à coup revenu, au moment où l'on s'y attendait le moins ?... (*Voyant Céline et la baronne qui détournent la tête.*) Eh bien ! qu'est-ce que cela veut dire ? je vois des larmes dans tes yeux.

LA BARONNE.

Non, ma tante.

Mme DE LORMOY.

Tu sais quelque chose.

LA BARONNE.

Non, rien, absolument rien ; et voilà ce qui me désole.

Mme DE LORMOY.

Et moi, c'est ce qui me rassure sur le sort de mon petit-fils, de ton prétendu. Tant qu'il n'y a pas de nouvelles, elles peuvent être bonnes, et pourvu qu'on ne m'empêche pas d'espérer... Il y a si longtemps que j'en suis là !

BERNARDET.

Et voilà ce que je ne comprends pas, que vous, qui aimez tant votre petit-fils, vous ayez pu vivre aussi longtemps séparés ; et que vous n'ayez pas trouvé quelque moyen de vous réunir.

Mme DE LORMOY.

Et comment le vouliez-vous ?

CÉLINE.

Ma mère, vous allez vous fatiguer.

Mme DE LORMOY.

Non, non ; cela ne me fatigue jamais de parler de mes enfants. Songez donc qu'à une fatale époque, toute notre famille a été obligée de se réfugier aux colonies ; et quand il fut permis à mon gendre de revoir la France, il ramena avec lui son fils Léon, qui avait alors huit ans, confiant à mes soins sa femme, trop souffrante pour le suivre, et ma petite Céline qui venait de naître.

CÉLINE, à la baronne.

Oh! mon Dieu, oui; je suis créole.

BERNARDET.

Je sais bien tout ça. Mais plus tard, ne pouviez-vous vous rejoindre ?

Mme DE LORMOY.

Plus tard, la guerre éclata.

CÉLINE.

La route des mers nous fut fermée.

BERNARDET, à la baronne.

Je n'y pensais pas.

Mme DE LORMOY.

Et lorsqu'après seize ans d'exil, nous sommes rentrées toutes deux en France ; toutes deux (car depuis longtemps nous avions perdu sa mère), mon gendre n'existait plus, et mon petit-fils Léon venait de partir pour la Russie.

BERNARDET.

C'est vrai ; cette année-là nous partions tous. Tel que vous me voyez, j'ai fourni un remplaçant. Mais au moins, belle-mère, vous avez ici une consolation : celle de la correspondance.

CÉLINE.

Les lettres qu'il m'écrit sont si tendres, que nous nous sommes aimés tout de suite, comme si nous y avions été élevés... Et il me semble que, quand je le verrai, je le reconnaîtrai sur-le-champ.

Mme DE LORMOY.

C'est comme moi. Je l'ai là, devant mes yeux. Je le crois, du moins ; et ce vague, cette incertitude se prêtent aux plus douces illusions de l'amour maternel. Si je rencontre un jeune homme beau, bien fait, je me dis : « Mon petit-fils doit être comme cela. » Si j'entends parler d'une belle action, d'un trait de courage, je me dis : « Voilà ce qu'aurait fait mon petit-fils. » Je me plais ainsi à le parer de tout ce qui peut le faire aimer; et il me semble que je l'en aime davantage.

BERNARDET.

Eh bien! que l'on dise encore que les absents ont toujours tort! (A la baronne.) Il faudra que j'en essaie.

(On entend la ritournelle de l'air suivant.)

CÉLINE.

Maman, voilà M. Raymond.

SCÈNE II.

CÉLINE, Mme DE LORMOY, RAYMOND, BERNARDET, LA BARONNE.

RAYMOND.

AIR : J'aime les amours qui toujours.

En docteur savant
Et prudent,
Je suis toujours dispos et bien portant,
Pour donner à chaque client
L'échantillon vivant
De mon talent.

Mme DE LORMOY.

Que ne veniez-vous déjeuner?

RAYMOND.

C'est déjà fait...

(A part.)

Je viens de me soigner;
J'estime fort la diète, mais
Je la prescris et ne m'y mets
Jamais.

(Haut.)

En docteur savant, etc.

TOUS.
En docteur savant
Et prudent,
Il est toujours dispos et bien portant,
Pour donner à chaque client
L'échantillon vivant
De son talent.

BERNARDET.

On vous a dit, docteur, que j'étais passé chez vous?

RAYMOND.

Non, vraiment. Je viens de moi-même; car je n'étais pas rentré au logis.

BERNARDET.

Eh bien! vous y trouverez du monde. Un jeune homme de fort bonne tournure, qui vous attend avec impatience. Il vient de Montauban.

RAYMOND.

Encore une consultation.

BERNARDET.

Et quand je lui ai dit que vous ne rentreriez peut-être que pour dîner, il a dit : « J'attendrai. »

RAYMOND.

Il attendra donc jusqu'à ce soir : car je dîne chez le préfet, et d'ici là, tout mon temps est employé, des visites essentielles, des malades à l'extrémité.

AIR du vaudeville de *Partie carrée*.

Avec ceux-là, j'agis en conscience;
Je les visite autant que ça leur plaît :
Car, du malade endormant la souffrance,
Notre présence est un dernier bienfait.
Oui, le docteur, par sa douce parole,
Lui rend l'espoir aux portes du trépas;
Et c'est le moins qu'un médecin console
Ceux qu'il ne guérit pas!

CÉLINE.

Vous ne pouvez cependant pas refuser un pauvre jeune homme qui, pour vous consulter, vient de trente lieues d'ici.

BERNARDET.

En poste.

RAYMOND.

Ah! il est en poste!

BERNARDET.

Une calèche et trois chevaux qui étaient encore à la porte, tout attelés.

RAYMOND.

Voilà qui est différent. Cela me gênera beaucoup; mais n'importe, il faudra voir ce que c'est.

CÉLINE.

La calèche et les trois chevaux font donc quelque chose à la maladie?

RAYMOND.

Sans doute; cela prouve que c'est une maladie pressée, puisqu'elle prend la poste. Aujourd'hui, à cinq heures, je rentrerai chez moi exprès pour cela... (Tâtant le pouls à madame de Lormoy.) Allons, il y a du mieux; néanmoins le pouls est un peu agité; je trouve encore de l'émotion; c'est qu'on vous aura parlé de votre fils.

Mme DE LORMOY.

C'est vrai; cela me fait tant de plaisir!

RAYMOND.

Cela vous fait aussi beaucoup de mal.

Mme DE LORMOY.

AIR : Muse des jeux et des accords champêtres.

Vous ignorez combien une grand'mère
Garde d'amour pour ses petits-enfants;
Rêve dernier, espérance dernière,
Qui dans l'hiver nous ramène au printemps.

Vieille, on revit dans le fils qu'on adore,
Et l'on se dit, par un espoir confus :
Grâce à son âge, il peut m'aimer encore
Longtemps après que je ne serai plus !

(Après ce couplet, Bernardet passe entre Céline et madame de Lormoy.)

RAYMOND.

Songez donc que vous êtes à peine convalescente d'une maladie terrible, qui a demandé tous mes soins. Encore, j'ai eu bien peur, et vous aussi, convenez-en.

Mme DE LORMOY.

Peur de mourir! oh! non; mais j'avais peur de ne pas voir mon fils.

RAYMOND.

Ah ! mon Dieu, il reviendra ! il reviendra, ce cher enfant que j'aime autant que vous; car c'est moi qui l'ai vu naître, et qui l'ai vacciné ; et de plus, je l'ai soigné de ses dernières blessures. Il reviendra, c'est moi qui vous en réponds, et vous serez bien surprise, un beau matin, quand je vous l'amènerai.

Mme DE LORMOY.

Surprise! non : car je l'attends toujours. Tous les jours en me levant, je me dis : « C'est aujourd'hui que je vais voir mon fils. » (A Céline.) Tu me demandais ce matin pourquoi je voulais me faire aussi belle? c'était pour lui.

RAYMOND.

Allons, allons, voilà que nous recommençons. Je défends qu'on en parle davantage. Vous devez fuir les émotions; vous avez surtout besoin de calme et de repos. Si vous n'êtes pas raisonnable...

CÉLINE et BERNARDET.

Au fait, maman, il faut être raisonnable.

Mme DE LORMOY.

Ne me grondez pas. Je vais rentrer dans mon appartement; je n'y recevrai personne, je n'entendrai parler de rien.

RAYMOND.

A la bonne heure !

BERNARDET, donnant le bras à madame de Lormoy.

AIR du ballet de Cendrillon.

Ah! permettez que je guide vos pas,
C'est à moi, ma belle grand'mère,
A m'acquitter de ce doux ministère,
Et comme gendre, ici, j'offre mon bras.
J'estime fort la vieillesse, et par goût
Je la fréquente et je l'honore;
Il faut soigner nos grands parents...

(A part.)
Surtout
Quand ils ne le sont pas encore.

(Céline passe à la gauche de madame de Lormoy, et lui donne aussi le bras.)

Ensemble.

BERNARDET.

Ah! permettez que je guide vos pas, etc.

Mme DE LORMOY.

Soyez mon guide, et soutenez mes pas,
Votre appui m'est bien nécessaire:
Un jour viendra, qui n'est pas loin, j'espère,
Où mon Léon pourra m'offrir son bras.

CÉLINE, RAYMOND, LA BARONNE.

Avec prudence il va guider vos pas.
Son appui vous est nécessaire;
Gendre futur, à sa bonne grand'mère,
Avec plaisir monsieur offre son bras.

(Madame de Lormoy, s'appuyant sur le bras de Bernardet, rentre dans son appartement : Céline se dispose à l'accompagner.)

SCÈNE III.

CÉLINE, RAYMOND, LA BARONNE.

RAYMOND, retenant Céline, qui s'apprête à suivre madame de Lormoy.

Vous avez grand tort, ma chère enfant, de lui parler de votre frère. Il faut, en pareil cas, une prudence, des ménagements dont nous seuls possédons le secret; car il est malheureusement trop certain que ce pauvre Léon n'existe plus.

LA BARONNE, chancelant.

C'est fait de moi!

RAYMOND.

Eh! bien, qu'est-ce donc?

CÉLINE, à Raymond.

Qu'avez-vous fait!... (A la baronne.) Sophie, Sophie, ce n'est pas vrai.

RAYMOND.

Certainement, ce n'est pas vrai. (A part.) Moi, qui n'y pensais pas... devant sa cousine!... Dans cette maison-ci, on ne devrait jamais parler... (Haut.) Pardon, madame la baronne, je ne sais ce que je dis; ce sont des craintes; mais sans aucune espèce de preuves.

LA BARONNE.

Vraiment?

RAYMOND.

Et puis, nous autres docteurs, nous nous trompons si souvent!... J'ai eu plus de cent malades que j'ai crus morts, que j'ai abandonnés, et qui se portent à merveille, *et vice versâ*.

LA BARONNE.

Ah! vos craintes ne sont que trop réelles! Sa dernière

18.

lettre était datée de Moscou, et depuis, n'avoir trouvé aucun moyen d'écrire à sa famille, à celle qu'il aimait!

RAYMOND.

Est-ce que c'était possible? Toutes les communications n'étaient-elles pas interceptées? Les Hulans, les Baskirs, les Cosaques, c'est la mort aux estafettes !

LA BARONNE.

Oui, c'est possible. Je vous crois, docteur; mais c'est égal, vous m'avez fait un mal...

RAYMOND.

C'est ma faute, je m'en accuse. C'est le résultat de cette maudite conversation. (A Céline.) Ainsi, jugez de l'effet sur votre mère.

CÉLINE, avec inquiétude.

Vous la trouvez donc bien malade?

RAYMOND.

Pas précisément : mais elle est bien faible, hors d'état de résister à une secousse un peu forte. La moindre émotion peut compromettre sa santé, et même son existence.

CÉLINE, effrayée.

Grand Dieu!

RAYMOND.

Ne vous alarmez point. Il est facile, avec des soins, des précautions... mais pour cela, il faut m'écouter toutes les deux. (A la baronne.) Vous, d'abord, faites-moi le plaisir de retourner chez vous; car, dans ce moment, cette maison-ci ne vous vaut rien. Il faut prendre l'air, vous tranquilliser.

LA BARONNE.

Je n'ai demandé ma voiture que dans quelques heures.

RAYMOND.

La mienne est en bas, à vos ordres.

LA BARONNE.

Et vos visites? et ce jeune homme de Montauban qui est chez vous?

RAYMOND.

Je le verrai tantôt en rentrant. Pour mes autres visites, en attendant que vous me renvoyiez ma voiture, j'en ferai quelques-unes à pied, dans le quartier, à des clients près de qui ma réputation est faite, et avec ceux-là, je ne suis pas obligé d'avoir équipage. (A Céline.) Vous, retournez près de votre mère ; je l'ai trouvée très-émue, très-agitée. Je vais m'occuper de réparer le mal. Ce sera l'objet d'une ordonnance que je vais écrire pour madame de Lormoy (A la baronne.) et qui vous conviendrait aussi. Je vais prescrire quelques gouttes de mon élixir.

(Il s'assied près de la table, et écrit.)

AIR de *Renaud de Mautauban.*

Élixir anti-lacrymal,
Que j'ai composé pour l'usage
Des dames qui se trouvent mal ;
De tout Paris, il obtient le suffrage...
Au théâtre, il a du succès...

CÉLINE.

Oui, j'entends... pour les tragédies.

RAYMOND.

Non, vraiment, pour les comédies
Qu'on donne à présent aux Français.

CÉLINE et LA BARONNE, en s'en allant.

Adieu ! adieu ! monsieur le docteur.

(La baronne sort par le fond. Céline entre dans la chambre de madame de Lormoy.)

SCÈNE IV.

RAYMOND, assis près de la table, puis THÉOBALD.

RAYMOND, continuant d'écrire.

Dépêchons-nous de rédiger notre formule, de continuer

mes visites. Ce jeune homme de Montauban, qui peut-il être? le fils du préfet...

THÉOBALD, entrant par le fond, à part et sans voir Raymond.

Me voici donc arrivé chez madame de Lormoy; j'ai cru que je n'aurais jamais le courage de monter jusqu'ici; la mission que j'ai à remplir est si pénible!

RAYMOND, apercevant Théobald, mais continuant d'écrire.

Un jeune homme, un inconnu!

THÉOBALD, voyant Raymond.

Monsieur...

RAYMOND, à part.

C'est à moi qu'il en veut. Peut-être une consultation, peut-être mon jeune homme de Montauban, qui s'est lassé d'attendre. (Se levant et allant vers Théobald.) Monsieur, qu'est-ce qu'il y a pour votre service?

THÉOBALD.

Je désirerais parler à madame de Lormoy.

RAYMOND, à part.

Je me trompais, ce n'est pas un malade. (Haut.) Monsieur, elle n'est point en état de vous recevoir.

THÉOBALD.

Vous croyez?

RAYMOND.

Je dois le savoir, je suis son médecin.

THÉOBALD.

Tant mieux. Je puis alors vous dire...

RAYMOND.

Je vous demande bien pardon; mais j'ai des malades qui m'attendent, et qui peut-être ne m'attendraient pas, si je restais plus longtemps. Je vais entrer chez madame de Lormoy et vous envoyer sa fille ou faire prévenir son gendre.

THÉOBALD, avec étonnement.

Son gendre! Est-ce que mademoiselle Céline serait mariée ?

RAYMOND.

Pas encore ; mais ça ne tardera pas. Tout est convenu, réglé. Il ne s'agit plus que de remplir les formalités ordinaires : et alors... vous comprenez.

THÉOBALD, avec embarras.

Parfaitement.

RAYMOND, à part.

Ce jeune homme m'a bien l'air d'un soupirant retardataire.

AIR du vaudeville de Partie et Revanche.

Il avait compté sans son hôte.
Oubliant le prix des instants,
Pourquoi vient-il aussi tard ?... c'est sa faute...
Pour les docteurs, les époux, les amants,
Le tout est d'arriver à temps !
Aussi, de crainte de disgrâce,
Soyez à l'heure, amants, docteurs, époux...
Sinon, docteurs, sans vous on passe ;
Sinon, maris, l'on se passe de vous.

(Pendant le couplet de Raymond, Théobald s'est assis et paraît préoccupé ; le docteur le salue, et s'apercevant qu'il ne fait pas attention à lui, il entre chez madame de Lormoy.)

SCÈNE V.

THÉOBALD, seul.

Infortuné Léon ! mon digne et malheureux frère d'armes ! Comment m'acquitter du triste devoir que ton amitié m'a légué ? Quelle émotion j'éprouve en entrant dans cette maison, au sein de cette famille, que jamais je n'ai vue, et que

je connais si bien ! Ce médecin, ce doit être M. Raymond. Cette jeune dame, qui montait en voiture au moment où j'entrais, ce doit être Sophie, cette veuve, cette cousine qu'il adorait. Pauvre femme!... Et Céline! et sa jeune sœur, dont nous parlions sans cesse, dont chaque jour nous relisions les lettres, dont nous aimions à contempler les traits si séduisants ; celle, enfin, qu'il me destinait, et que déjà je m'étais habitué à chérir. Elle est engagée, unie à un autre ! Le moment qui nous rapproche est celui d'une séparation éternelle. Amour, amitié, espérance ! en te perdant, Léon, j'ai tout perdu. (Regardant autour de lui.) On ne vient point ; ant mieux. Ce moment sera si affreux ! Ces parents, cette famille désolée, comment leur dire?... Le pourrai-je jamais ! Si du moins quelques mots de ma main les prépa-raient à cette funeste nouvelle ? Oui, écrivons. (Se mettant à la table, et écrivant.) « Madame, mon nom est Théobald. Com-
« pagnon de Léon, votre fils, nous servions dans le même
« régiment, et l'amitié la plus tendre nous a toujours unis.
« Partageant les mêmes périls, et prisonniers ensemble lors
« de la retraite de Moscou, nous fûmes conduits dans le
« gouvernement de Tobolsk, et enfermés dans la forteresse
« de *Tioumen*, au bord de la Tura. Après cinq mois de la
« plus horrible captivité, un moyen d'évasion nous fut of-
« fert ; mais un de nous deux pouvait seul en profiter. Dans
« sa généreuse amitié, Léon voulait que ce fût moi. Mais il
« avait une famille qui le pleurait en France. Moi, j'étais
« orphelin, ce fut lui qui partit... » (Il cesse d'écrire.) Ah ! je me rappelle encore ses derniers mots : « Si je succombe dans ma fuite, me disait-il ; si, plus heureux que moi, tu revois jamais la France, va porter à ma pauvre grand'mère et à ma sœur (Fouillant dans sa poche.) ce portrait qu'elles m'avaient envoyé, ces lettres, et mes derniers adieux. Tâche d'en adoucir l'amertume. Ménage surtout le cœur d'une mère. Remplace-moi auprès de la mienne. Deviens son appui, celui de ma sœur. » (Posant sur la table le portrait et les lettres, et reprenant la plume.) Ah ! comment achever ? comment

lui dire le reste? (Il se lève.) Des fenêtres de ma prison, j'ai vu les soldats du fort tirer sur cette nacelle qui portait mon malheureux ami. Atteint du plomb mortel, je l'ai vu, tout sanglant, tomber et disparaître dans ce fleuve rapide... Ah! non, ne leur offrons point une pareille image.

AIR de Lantara.

Pour leur cœur elle est trop terrible :
Différons ce coup redouté ;
Par degrés, le plus tard possible,
Apprenons-leur la vérité,
Apprenons-leur la triste vérité.
Oui, dans le doute où les tient son absence,
D'un songe heureux éprouvant les bienfaits,
Ils dorment tous bercés par l'espérance ;
Ah! puissent-ils ne s'éveiller jamais !

(Il prend sa lettre qu'il plie et qu'il tient à la main au moment où Bernardet entre.)

SCÈNE VI.

THÉOBALD, BERNARDET.

BERNARDET, entrant par le fond, et parlant à un domestique.

Un monsieur, dis-tu, qui désire me parler? (Voyant Théobald.) C'est lui, sans doute.

THÉOBALD.

Pardon, monsieur, j'avais demandé à voir madame de Lormoy.

BERNARDET.

Ma belle-mère?

THÉOBALD, à part.

Sa belle-mère! C'est donc lui?

BERNARDET.

Impossible, dans ce moment elle ne reçoit pas.

THÉOBALD.

C'est ce qu'on m'a dit. Mais je voudrais seulement lui faire parvenir cette lettre que j'ai achevée.

BERNARDET.

Une lettre... permettez... S'il s'agit d'affaires, nous ne pouvons pas prendre sur nous... Le docteur l'a défendu. Elle est si faible en ce moment, que la moindre émotion pénible lui ferait un mal affreux.

THÉOBALD, avec intérêt.

Vraiment!

BERNARDET.

Le moral est si affecté depuis l'éloignement de son fils... Le docteur prétend même qu'une secousse violente, ce que nous appelons un contre-coup, une révolution, la tuerait net, comme un coup de foudre.

THÉOBALD.

Que me dites-vous là? Je n'insiste plus pour que vous lui remettiez cette lettre. Il vaut mieux attendre un autre moment, et lui parler moi-même. Ce que j'ai à lui confier demande tant de ménagements, tant de précautions! Et croyez, monsieur, que je ne voudrais pas...

BERNARDET.

J'en suis persuadé. Mais dès qu'il s'agit de précaution adroites, en magistrat prudent, ne puis-je savoir?...

THÉOBALD.

Daignez lui apprendre seulement qu'un officier qui arrive de Russie lui demande, plus tard, un moment d'entretien.

BERNARDET.

Vous arrivez de Russie! Vous avez vu Léon; vous apportez de ses nouvelles?

THÉOBALD.

Pas un mot de plus, je vous en prie.

BERNARDET.

C'est différent. Elle sera trop heureuse de vous voir. (On entend une sonnette dans l'appartement de madame de Lormoy.) Je crois l'entendre. Entrez là un moment; (Lui montrant le cabinet à gauche de l'acteur.) seulement le temps de la prévenir.

THÉOBALD, entrant dans le cabinet.

Oui, monsieur, oui j'attendrai... Pauvre famille!

SCÈNE VII.

BERNARDET, seul, le regardant.

Il y a du mystère... il y en a... Et pour nous autres qui avons l'habitude d'en trouver partout... (Il s'approche de la table.) Moi, d'abord, il ne me faut rien, un indice... Et ce jeune homme, cet air ému... (Il aperçoit le portrait et le paquet de lettres que Théobald a laissés sur la table.) Quel est ce portrait?... celui de mademoiselle Céline... (Regardant les lettres.) L'écriture de ma prétendue... celle de ma belle-mère... (Il en prend une dont il lit l'adresse.) « A M. Léon, capitaine au 6e de hus-« sards, quartier-général de la grande armée. » C'est lui, c'est mon beau-frère! c'est M. Léon.

SCÈNE VIII.

CÉLINE, Mme DE LORMOY, BERNARDET, ensuite THÉOBALD.

Mme DE LORMOY, qui est entrée avec Céline, sur les derniers mots de Bernardet.

Mon fils!... qui a parlé de mon fils?... C'est vous, Bernardet?

BERNARDET.

Oui, belle-mère; oui, c'est moi qui, grâce au ciel, espère bientôt être votre gendre.

Mme DE LORMOY.

Que dites-vous?

BERNARDET.

Je dis que, si vous voulez être bien raisonnable, on a peut-être de bonnes nouvelles à vous apprendre.

Mme DE LORMOY et CÉLINE.

Il serait possible?

BERNARDET.

Mais pour cela, il faut me promettre de ne pas avoir d'émotion.

Mme DE LORMOY.

Je n'en ai pas, je n'en ai pas, je vous le jure... Le bonheur ne me fait pas de mal; au contraire.

BERNARDET, *leur montrant le portrait et les lettres.*

Eh bien! connaissez-vous ce portrait, ces lettres?

CÉLINE.

Celles que j'écrivais à mon frère.

Mme DE LORMOY.

A mon fils...

BERNARDET.

AIR des Deux Journées.

Et que diriez-vous maintenant
Si je pouvais... ce cher enfant
A vos regards le faire ici paraître?

Mme DE LORMOY.

Que dites-vous?

CÉLINE.

Où peut-il être?

Mme DE LORMOY.

Je le verrais... ne me trompez-vous pas?

BERNARDET.

Qui, moi?

Mme DE LORMOY.
Ne me trompez-vous pas?
Je verrais mon fils dans mes bras!

CÉLINE.
Mon frère serait dans nos bras!
Ah Dieu! ne me trompez-vous pas?
BERNARDET, se tournant du côté du cabinet.
Venez, venez donc dans leurs bras,
Léon, venez donc dans leurs bras!
(Madame de Lormoy et Céline entrent dans le cabinet, et en sortent un instant après avec Théobald qu'elles pressent dans leurs bras.)

Mme DE LORMOY, CÉLINE, BERNARDET.
O céleste Providence!
Que je bénis tes bienfaits!
Plus de crainte, plus de regrets!...
O ciel, que je bénis tes bienfaits!

THÉOBALD, à part.
O ciel! quel embarras!...
Comment les détromper, hélas!

Mme DE LORMOY, à Théobald.
C'est bien toi. Le ciel a exaucé ma prière. Je ne mourrai donc pas sans t'avoir vu!

BERNARDET.
Et à qui le devez-vous? C'est à moi.

THÉOBALD.
Je crains... je tremble... qu'une telle surprise...

Mme DE LORMOY.
Non, je le disais tout à l'heure, et je l'éprouve maintenant, la joie ne fait pas de mal, c'est le chagrin, c'est la douleur qui vous tue.

THÉOBALD, à part.
Grand Dieu!

CÉLINE.
Pauvre frère! Sa main tremble dans la mienne.

THÉOBALD.

Je suis confus de tant de bontés.

CÉLINE.

Oh! tu en verras bien d'autres!

AIR : Ces postillons sont d'une maladresse.

Après une si longue absence,
Il faudra bien t'y soumettre, entends-tu ?
Car mon cœur s'est promis d'avance
De réparer le temps qu'il a perdu...
A cet égard il tiendra ses promesses;
Pendant quinze ans, loin de toi, je t'aimais...
Et je te dois pour quinze ans de caresses,
Avec les intérêts !

(Elle passe auprès de sa mère, à droite.)

THÉOBALD, à part.

Si elle savait...

BERNARDET.

Ah çà, il faut fêter le retour de Léon, donner un dîner de famille. Beaucoup de monde, de la joie, du bruit ; ça distrait, ça occupe, ça empêche d'être trop heureux. Il vous faut cela.

Mme DE LORMOY.

C'est que je ne suis guère en état de donner des ordres.

BERNARDET.

Comme beau-frère, je m'en charge. Je ne veux rien épargner. L'enfant prodigue est de retour; il faut tuer le... Cela me regarde. Je me mettrai en quatre, s'il le faut.

THÉOBALD, à part.

C'est cela! pour que la nouvelle se répande dans toute la ville. Comment faire? A qui me confier?... Ah! le médecin que j'ai vu ici...

Mme DE LORMOY, à Théobald.

Qu'as-tu donc?

THÉOBALD, troublé.

Rien... Mais votre ancien ami... le docteur Raymond...

CÉLINE.

Qui ce matin encore nous parlait de toi!

THÉOBALD.

Je désirerais le voir pour une importante affaire dont on m'a chargé, et qui ne souffre point de retard.

Mme DE LORMOY.

Demain, il viendra à son heure ordinaire, l'heure de sa visite.

THÉOBALD.

Oui, mais auparavant, je voudrais qu'il eût cette lettre, à laquelle je vais ajouter quelques mots.

(Il va s'asseoir à la table, et écrit.)

CÉLINE.

N'est-ce que cela? sois tranquille, il la recevra aujourd'hui à cinq heures, car il nous a dit qu'il rentrerait à cette heure-là. (A Bernardet.) Vous vous rappelez bien?

BERNARDET.

Oui, vraiment; et, pour plus de sûreté, je me charge de la faire remettre chez lui.

Mme DE LORMOY.

Et en même temps, (Prenant Bernardet à part, à gauche du théâtre, pendant que Théobald écrit à la table à droite.) passez chez ma nièce, chez cette pauvre baronne. Dites-lui que j'ai besoin d'elle; qu'elle vienne... Mais, je vous en supplie, pas un mot sur Léon. Ne lui parlez pas du bonheur qui l'attend. Je veux jouir de sa surprise.

BERNARDET.

Vous avez raison, ce sera charmant!

Mme DE LORMOY.

Et mon fils, qui doit la croire à Paris! qui ne sait pas

qu'elle nous a suivies! Je pourrai lui rendre le bonheur qu'il vient de me causer.

BERNARDET à demi-voix.

Soyez tranquille, c'est dit... (Haut.) M. Léon a fini ses dépêches?

AIR de la valse de *Robin des Bois*.

vais porter la lettre à son adresse...
(Bas à madame de Lormoy.)
Puis, m'acquittant d'un emploi délicat,
Sans lui rien dire, avertir votre nièce :
On est discret quand on est magistrat.
Puis, reprenant ma course diligente,
Pour le repas, je vais tout ordonner,
Car la justice, hélas! qu'on dit si lente,
Ne l'est jamais alors qu'il faut dîner.

(Théobald lui donne la lettre.)

Ensemble.

Je vais porter la lettre à son adresse, etc.

Mme DE LORMOY.

Allez porter la lettre à son adresse,
Puis, remplissant un devoir délicat,
De notre part, avertissez ma nièce;
Soyez discret... vous êtes magistrat.

CÉLINE.

Il va porter la lettre à son adresse,
Il était temps vraiment qu'il s'en allât;
Il me gênait... pour Léon, ma tendresse
Craint d'éclater devant un magistrat.

THÉOBALD.

Oui, le docteur, qui connaît sa faiblesse,
Peut seul, hélas! éviter un éclat,
Et sans danger, détrompant leur tendresse,
Pour moi remplir un devoir délicat.

(Bernardet sort.)

SCÈNE IX.

THÉOBALD, Mme DE LORMOY, CÉLINE.

Mme DE LORMOY.

Il nous laisse : je n'en suis pas fâchée. Je suis avare de ta vue, et j'avais besoin d'en jouir seule.

CÉLINE, souriant.

Avec moi cependant, car j'en veux aussi... (Elle passe à la droite de Théobald.) Allons, mon frère, place-toi entre nous deux. Il faut absolument que tu te partages.

THÉOBALD, à part.

Je suis au supplice !

Mme DE LORMOY.

Tu nous raconteras tout ce que tu as fait, tout ce que tu as souffert.

CÉLINE.

Nous avons tant de choses à lui demander, et tant de choses à lui dire, moi, surtout. Si tu savais combien de fois je t'ai désiré ! Je me disais : « Si mon frère était près de moi, ce serait un confident, un ami, je n'aurais plus de chagrins ! »

Mme DE LORMOY.

Comment ?

CÉLINE.

Je sais bien, maman, que vous êtes là : mais ce n'est pas la même chose. On a toujours, au fond du cœur, des idées, des secrets, qu'on n'ose dire à personne qu'à soi-même, ou à son frère. Aussi que de confidences je te gardais, à commencer par ce mariage !

THÉOBALD.

Ce mariage !...

Mme DE LORMOY.

Est-ce que, par hasard?...

CÉLINE.

Non, maman, non; ce n'est rien. Je dirai cela à mon frère, en secret, et puis il te le dira de même.

Mme DE LORMOY, souriant.

Tu as raison; c'est bien différent. Mes enfants, je me sens un peu fatiguée.

THÉOBALD, qui a été chercher un fauteuil.

De grâce, reposez-vous.

Mme DE LORMOY.

Merci, mon fils. Mais ne me quittez pas. Asseyez-vous auprès de moi. Léon, donne-moi ta main. (Théobald s'assied auprès de madame de Lormoy, à sa gauche.) Me voilà tranquille, tu ne m'échapperas pas.

CÉLINE, qui est debout à la droite de madame de Lormoy.

Oh! il n'a plus envie de nous quitter. (A Théobald.) N'est-ce pas?

THÉOBALD, regardant tendrement Céline.

Non; c'est impossible une fois que l'on vous a vue.

CÉLINE.

Ne voilà-t-il pas qu'il fait le galant! C'est beau dans un frère, parce qu'on dit que c'est rare... Mais regardez donc, maman, comme il est bien! Ce n'est pas pour lui faire un compliment, mais il est bien mieux encore que je ne le croyais.

Mme DE LORMOY.

Vraiment!

CÉLINE.

Oui; je m'étais imaginé un frère, un bon enfant, qui me sauterait au cou, et m'embrasserait sans faire attention à moi, tandis que Léon a quelque chose de si aimable, de si expressif... Rien qu'à la manière dont il me regarde... (Théobald, qui la regardait, détourne la tête.) Il ne faut pas que cela t'empêche. Il y a dans ses yeux je ne sais quoi de tendre et de mélancolique qui va là... Ah! que c'est gentil, un frère!

Mme DE LORMOY, qui a commencé à fermer les yeux, s'étendant sur son fauteuil.

Allons, cause un peu avec ta sœur... Que je ne vous gêne pas.

CÉLINE.

Merci, maman, nous allons user de la permission.

Mme DE LORMOY, s'endormant.

Il est si doux de pouvoir ouvrir son cœur, et de...

CÉLINE, à Théobald.

AIR : Garde à vous! (La Fiancée.)

Premier couplet.

Taisons-nous! (*Bis.*)
Je crois qu'elle sommeille :
Que rien ne la réveille,
De son repos jaloux ;
    Taisons-nous! (*Ter.*)
J'en suis sûre d'avance,
C'est à toi qu'elle pense :
Que son sommeil est doux!
Pas de bruit... taisons-nous!

Ensemble.

THÉOBALD.

Oui, faisons, faisons silence :
Serait-ce à moi qu'elle pense ?
Taisons-nous.
Que son sommeil est doux!
Taisons-nous.

CÉLINE.

Taisons-nous,
Taisons-nous,
Taisons-nous.

Deuxième couplet.

THÉOBALD, se levant, et à part.
Taisons-nous. (*Bis.*)
Comment près de sa mère
Éclaircir le mystère
Qui les abuse tous?
Taisons-nous! (*Ter.*)
Oui, l'amour, la prudence,
M'obligent au silence :
Pour leur bonheur à tous,
Il le faut, taisons-nous !

Ensemble.

THÉOBALD.
L'amour, la prudence,
Nous obligent au silence;
Taisons-nous.
Pour leur bonheur à tous,
Taisons-nous!

(Il se rassied.)

CÉLINE.
Taisons-nous,
Taisons-nous,
Taisons-nous !

CÉLINE, se rapprochant de Théobald. Ils sont assis sur le devant de la scène; madame de Lormoy, endormie, se trouve presque cachée par eux.

Tu sauras donc que ce grand secret dont je voulais te parler...

THÉOBALD, à part.
Je ne sais si je dois...

CÉLINE.
Tu me gronderas peut-être; mais c'est égal... Tu as vu ce M. Bernardet, qu'on me destine...

THÉOBALD.
Eh bien?

CÉLINE.

Maman est si faible et si souffrante, que je n'ai jamais osé lui donner la moindre contrariété. Mais la vérité est que ce prétendu-là, je ne l'aime pas du tout.

THÉOBALD, avec joie.

Vraiment!

CÉLINE.

Cela ne te fâche pas?... J'ai tâché d'abord... je me suis donné un mal... Quand j'ai vu que je ne pouvais pas y parvenir, je me suis raisonnée; je me suis dit : « Je ferai comme tant d'autres, je l'épouserai sans l'aimer. » Et cela me coûtait beaucoup; car tu sauras... mais tu n'en diras rien, au moins... (Elle se lève, passe derrière le fauteuil de madame de Lormoy, va auprès de Théobald, et tous deux s'avancent sur le devant du théâtre, à la gauche de madame de Lormoy.) Je crois... j'ai idée... que peut-être j'en aime un autre.

THÉOBALD, après avoir fait un mouvement de dépit.

O ciel!... Et quel est celui que vous préférez?

CÉLINE, d'un ton mystérieux.

Un inconnu.

THÉOBALD

Un inconnu!

CÉLINE.

Ah! mon Dieu! oui. Et cela ne doit pas t'étonner. Nous autres demoiselles, avant que le prétendu qu'on nous destine se présente, nous nous en créons un à notre manière. C'est toujours un beau jeune homme, bien fait, tendre, spirituel; presque toujours un militaire, brun ou blond; cela dépend. J'en étais à choisir la couleur, lorsque nous avons reçu ta première lettre. Tu nous y parlais d'un de tes compagnons d'armes : celui qui t'avait sauvé la vie à Smolensk; un modèle accompli de bravoure, d'esprit et de grâce. La peinture que tu nous en traçais était si séduisante!...

AIR : Voilà trois ans, qu'en ce village. (*Léocadie*)

Cédant à la reconnaissance,
Je l'ai d'abord aimé pour toi ;
Puis, grâce à ta correspondance,
Je l'ai bientôt aimé pour moi... (*Bis.*)
Maintenant, quelle différence!

THÉOBALD, à part.

O ciel!

CÉLINE.

Quand je pense aujourd'hui
A son mérite, à sa vaillance,
Je crains bien de l'aimer pour lui.
A son mérite quand je pense,
Je crains bien de l'aimer pour lui!

Voyons, Léon, parle-moi franchement : est-il aussi bien, aussi aimable que tu me l'as dit?

THÉOBALD.

Mais...

CÉLINE.

Vous hésitez, monsieur; c'est un mauvais signe.

THÉOBALD, troublé.

Malheureusement pour lui, cela dépend peut-être de l'idée que vous vous en faites... Comment voudriez-vous qu'il fût?

CÉLINE, tendrement.

Comme toi.

THÉOBALD, vivement.

Serait-il vrai?

CÉLINE, passant à la droite de madame de Lormoy, tandis que Théobald reste toujours à la gauche, en reprenant sa place sur la chaise.

Tais-toi, elle va se réveiller.

Mme DE LORMOY, endormie.

Mon fils! mon fils!

CÉLINE, qui a repris sa place auprès de sa mère.

Non, elle rêve. Elle est toujours avec toi. Elle est si heureuse avec son fils!

THÉOBALD, à part.

Ah!. ce bonheur n'est qu'un songe!

CÉLINE.

Qu'est-ce que tu dis?... A quoi penses-tu?... (Elle se lève et passe à la gauche de Théobald, qui est toujours assis.) Au lieu de me regarder, tu détournes la tête. Tu te parles tout seul, au lieu de me dire des choses agréables.

THÉOBALD.

Si vous saviez la contrainte que j'éprouve!

CÉLINE.

C'est ta faute. Pourquoi cette contrainte? Fais comme moi. Je n'aime pas à aimer seule; et, pour commencer, j'exige que tu me tutoies.

THÉOBALD.

Comment, vous voulez?...

CÉLINE.

Absolument. Sans cela, je me fâche, et je ne réponds pas.

THÉOBALD.

Eh bien ! j'obéirai, Céline. Mais souvenez-vous... (Céline lui tourne le dos.) Souviens-toi...

CÉLINE.

A la bonne heure! j'aime qu'on soit docile. Cela mérite une récompense : (L'embrassant.) la voilà... En vérité, je crois que tu t'éloignes? Ne dirait-on pas que je t'effraie?

THÉOBALD, à part.

Je n'y tiens plus. Il faut tout lui avouer... (Haut.) Céline...

(Il se lève.)

CÉLINE.

Quoi?

THÉOBALD.

Je voudrais te parler.

CÉLINE.

Parle.

THÉOBALD.

Mais il ne faut pas que ta mère puisse m'entendre.

CÉLINE.

Eh bien! ce soir, quand tu l'auras embrassée, quand elle se sera retirée dans son appartement, viens dans le mien. C'est un bon moyen, nous serons seuls.

THÉOBALD.

Non. Cela ne se peut.

CÉLINE.

Pourquoi donc?... (Regardant madame de Lormoy.) Eh bien! elle dort : dis-moi tout de suite...

THÉOBALD.

Je ne puis... je n'oserai jamais. Il y va de ce que j'ai de plus cher au monde.

CÉLINE.

O ciel ! il s'agit de la baronne, de ma cousine qui t'aime tant... Est-ce que, par hasard, vous ne l'aimeriez plus?

THÉOBALD.

Que dis-tu ?

CÉLINE.

Chut! la voilà qui se réveille : mais je ne renonce pas à ton secret ; j'ai une envie de le connaître !... je viendrai te rejoindre ici, dès que je le pourrai.

THÉOBALD.

J'attendrai.

Mme DE LORMOY, appelant d'une voix faible.

Léon!... (Théobald et Céline prennent place à côté de madame de Lormoy, mais Théobald se trouve placé à sa droite, et Céline à sa gauche. Madame de Lormoy, en s'éveillant, porte ses yeux sur le fauteuil qu'occupait Théobald ; elle paraît surprise de ne pas le voir d'abord; mais, en se retournant, elle l'aperçoit à sa droite, et lui prenant la main :) Qu'il est doux de te retrouver là, au réveil, avec ta sœur... (A Céline, qui est restée debout.) Céline, est-ce que ton futur n'est pas rentré?

CÉLINE, avec indifférence.

Je ne sais. Il avait tant d'ordres à donner pour ce dîner, pour cette soirée !

Mme DE LORMOY, se levant.

C'est vrai, le retour de mon fils est un jour de fête, et nous allons avoir tous nos amis. Je ne puis les recevoir en négligé du matin... Ma fille, tu vas m'aider.

CÉLINE.

AIR de la valse des *Comédiens*.

Quoi ! vous parer ? quelle coquetterie !
Ma grand'maman, à quoi bon de tels soins ?
De vingt-cinq ans vous semblez rajeunie.

Mme DE LORMOY.

C'est qu'à présent j'ai des chagrins de moins.
De tous mes maux enfin voici le terme...
(Faisant quelques pas vers Théobald, qui s'est un peu éloigné d'elle.)
Et de longs jours me sont encor promis.

CÉLINE.

Oui, vous marchez déjà d'un pas plus ferme.

Mme DE LORMOY, montrant Théobald et Céline, dont elle prend le bras.

C'est qu'à présent j'ai là mes deux appuis.

Ensemble.

Mme DE LORMOY.

A ma toilette en ce jour, chère amie,
J'ai résolu de donner quelques soins ;
De vingt-cinq ans je me sens rajeunie,
C'est qu'à présent j'ai des chagrins de moins.

CÉLINE.

Quoi ! vous parer... quelle coquetterie !
Ma grand'maman, à quoi bon de tels soins ?
De vingt-cinq ans vous semblez rajeunie,
Car vous avez tous vos chagrins de moins.

THÉOBALD, à part.

De leur malheur quand j'ai l'âme remplie,

De leur transport mes yeux sont les témoins ;
Tu crois avoir, ô famille chérie,
Un fils de plus et des chagrins de moins.

(Madame de Lormoy rentre dans son appartement, accompagnée de Céline qui, de la main, fait signe à Théobald de rester là, et qu'elle va venir le retrouver.)

SCÈNE X.

THÉOBALD, seul.

Ah ! je n'y peux plus tenir. En les abusant ainsi, en prolongeant leur erreur, n'est-ce pas devenir coupable ? Oui, il y va de mon honneur, de mon repos. Chaque regard de Céline, chaque instant que je passe près d'elle augmente un amour que je voudrais en vain me cacher. Il faut détruire une illusion qui m'est bien chère. Hâtons-nous ; car bientôt je n'en aurais plus la force... On vient : n'est-ce pas le docteur ?... Non, c'est mon rival.

SCÈNE XI.

BERNARDET, THÉOBALD.

BERNARDET, entrant par le fond.

J'espère que l'on sera content de l'ordonnance de la fête. J'ai invité, je crois, toute la ville.

THÉOBALD, à part.

J'en étais sûr... (Haut à Bernardet.) Je vous demande pardon de la peine que je vous donne.

BERNARDET.

Laissez donc, entre beaux-frères... Quand je dis beaux-frères, c'est moi qui suis dans mon tort, parce qu'avant tout, les formalités d'usage. Dans la magistrature, nous sommes à cheval sur le cérémonial et l'étiquette.

(Il met ses gants.)

THÉOBALD.

Que faites-vous ?

BERNARDET.

Mon devoir... (Gravement.) Monsieur, mon nom est Bernardet. Ma famille s'est longtemps distinguée dans la robe. J'ai un peu de figure, de la fortune, de l'éloquence, une réputation qui s'augmente à chaque cour d'assises. Pour l'esprit, je n'en parle pas, parce qu'à présent tout le monde en a au Palais, jusqu'aux greffiers. D'après ces considérants, je conclus à ce que vous daigniez regarder comme bonnes et valables les promesses qu'on m'a déjà faites. Et c'est à vous, monsieur, comme chef de la famille, que je viens demander officiellement la main de mademoiselle votre sœur.

THÉOBALD.

A moi, monsieur, à moi ? (A part.) Quelle situation !

BERNARDET.

C'est de vous que cela dépend maintenant. Votre grand'mère me l'a répété plus de vingt fois ; et je ne doute point de votre consentement.

THÉOBALD.

Mon consentement ?... C'est ce qui vous trompe.

BERNARDET.

Comment ! vous refusez ?

THÉOBALD.

Oui, monsieur. Il est des motifs...

BERNARDET.

Et quels sont-ils ?

THÉOBALD.

C'est que Céline... (A part.) Allons, je lui rendrai du moins ce service... (Haut.) C'est que Céline, c'est que ma sœur, tout en rendant justice à votre mérite, n'en est encore qu'à l'estime.

BERNARDET, d'un ton suffisant.

Vous croyez ? Eh bien! vous êtes dans l'erreur.

THÉOBALD, vivement.

Que dites-vous ?

BERNARDET.

Que je suis sûr de mon fait... que je suis sûr d'être aimé. Sans cela, je serais le premier à refuser.

THÉOBALD, avec joie.

Vraiment ?

BERNARDET.

Dans notre profession, il faut croire à l'amour de sa femme.

AIR du vaudeville de *Turenne*.

Pour parler avec éloquence,
Pour avoir la tête aux débats,
Il faut, pendant qu'on est à l'audience,
Être sûr que sa femme, hélas !
De son côté n'en donne pas.
Oui, régner seul et sans partage,
Voilà les plans qu'en hymen j'ai conçus...
Moi, qui déjà suis dans les substituts,
Je n'en veux pas dans mon ménage.

THÉOBALD.

Je comprends.

BERNARDET.

Aussi, je vous répète que si mademoiselle Céline ne m'aime pas, je me mets moi-même hors de cause... Mais je l'entends, vous pouvez l'interpeller devant moi.

SCÈNE XII.

BERNARDET, CÉLINE, THÉOBALD.

CÉLINE.

Mon frère, mon frère, je suis parvenue à m'échapper, et j'arrive toujours courant. Aussi, sens mon cœur, comme il bat! (Théobald retire sa main.) N'as-tu pas peur?... Et puis tu ne sais pas une surprise que ma mère veut te faire? une chaîne de mes cheveux qu'elle a tressée elle-même, et qu'elle veut te donner. Ça te fera plaisir, n'est-ce pas?... Eh bien, monsieur, répondez donc... On dit : « Ma petite sœur, ah! que je te remercie; ça ne me quittera jamais... » Dieu! que c'est froid, un frère! ça vous regarde à peine. Moi, je te dévore des yeux. Je t'embrasserais toute la journée; mais je me retiens, parce que je crains de te contrarier.

BERNARDET.

Ah! si j'étais à sa place !...

CÉLINE, regardant Bernardet.

Hein!... quoi donc?

BERNARDET.

Je dis... que, si j'étais à sa place... je me laisserais faire.

CÉLINE, à Théobald.

Ah çà! je t'ai dit mon secret, tu vas me dire le tien; car je brûle d'impatience.

THÉOBALD, bas à Céline.

Nous ne sommes pas seuls.

CÉLINE, regardant Bernardet.

C'est juste. (Bas à Théobald.) Je vais t'en débarrasser. (Haut à Bernardet.) M. Bernardet...

BERNARDET, d'un ton aimable et riant.

Mademoiselle, qu'est-ce qu'il y a pour votre service?

CÉLINE.

Je voudrais causer avec mon frère.

BERNARDET.

Eh bien, causons. Est-ce que je suis de trop, moi qui suis presque de la famille ?

CÉLINE.

C'est égal. (D'un ton caressant.) Vous qui êtes si complaisant, faites-nous le plaisir de... nous laisser. Vous voyez, j'agis sans façons.

BERNARDET, s'inclinant.

Comment donc !... (Passant entre Céline et Théobald, bas à Théobald.) Vous l'entendez, cette douce familiarité ! On n'en agit ainsi qu'avec ceux que l'on aime. Il n'y a que l'amitié qui ose vous dire : « Allez-vous-en. » Aussi je suis digne de la comprendre, et je m'en vais... (A Céline.) Enchanté, mademoiselle, de pouvoir vous être agréable.

(Il sort.)

SCÈNE XIII.

CÉLINE, THÉOBALD.

CÉLINE.

Il est parti, tu peux parler... Eh bien, tu hésites ?

THÉOBALD.

Oui, sans doute : plus je vous vois, plus mon sort me semble digne d'envie. Et il est si cruel d'y renoncer !

CÉLINE.

Y renoncer !...

THÉOBALD.

Il le faut. Chaque instant rend cet aveu plus difficile et plus nécessaire. Et cependant, si je parle, je vais perdre tous mes droits à votre amitié.

CÉLINE.

Moi? jamais.

THÉOBALD.

Promettez-moi du moins de ne pas me haïr, de me pardonner, de vous rappeler que, dans tout ce qui est arrivé, rien n'a dépendu de moi. Que mon seul crime, le seul dont je sois coupable, et que je ne puis empêcher, c'est de vous aimer plus que moi-même.

CÉLINE, le pressant dans ses bras, et d'un ton caressant.

Ce crime-là, je te le pardonne, et je t'en remercie. C'est tout ce que je désirais.

THÉOBALD.

Vous ne parlerez pas ainsi, quand vous saurez que je... vous ai trompée.

CÉLINE.

Toi, mon frère!

THÉOBALD.

Et si je n'étais pas votre frère?

CÉLINE, s'éloignant de lui avec vivacité.

Qu'entends-je!... Et qui donc êtes-vous?

THÉOBALD.

Son ami, son compagnon d'armes, ce Théobald...

CÉLINE.

O ciel! Venir sous son nom, surprendre nos secrets! remplir notre famille de joie, pour rendre ensuite notre douleur plus amère!

THÉOBALD.

Une fatale méprise a causé tous mes torts; ils sont involontaires.

CÉLINE.

Et comment le prouver? C'est affreux à vous, monsieur, c'est indigne.

AIR : De ma Céline amant modeste.

User d'un pareil stratagème !...
Et moi qui, dans cet entretien,
N'ai pas craint de dire à lui-même...

THÉOBALD, parlant.

Comment ?

CÉLINE, se reprenant.

Ce n'est pas vrai, n'en croyez rien.

THÉOBALD.

Je perds à la fois votre estime,
Et mes droits à votre... amitié;
Car je vois qu'excepté mon crime,
Votre cœur a tout oublié.

Et si, pour vous justifier à tous les yeux, il ne faut que mon témoignage, je vais moi-même publier la vérité.

CÉLINE.

Et ma mère ! ma pauvre mère, à qui cette nouvelle imprévue peut donner le coup de la mort !

THÉOBALD.

Il n'est que trop vrai... Attendons le docteur que j'ai prévenu, à qui j'ai tout écrit; et jusqu'à son arrivée du moins, ne trahissez pas ce mystère.

CÉLINE.

Moi ! devenir votre complice ! consentir à une pareille ruse ! jamais. Et cependant, comment faire ? Si encore je ne le savais pas !...

THÉOBALD.

Soumis à vos ordres, je suis prêt à vous obéir. Serai-je Léon, ou Théobald ? Parlez, que décidez-vous ?

CÉLINE.

Je décide, monsieur... je décide que je vous déteste, que je vous abhorre. (Apercevant madame de Lormoy qui entre.) Dieu ! ma mère !... Eh bien, Léon, tu disais donc...

THÉOBALD, à demi-voix.

Vous le voulez?

CÉLINE, de même.

Il le faut bien... A condition, monsieur, que vous ne me parlerez pas, que vous ne m'approcherez pas. Je vous le défends sur l'honneur.

SCÈNE XIV.

BERNARDET, Mme DE LORMOY, CÉLINE, THÉOBALD.

BERNARDET.

Oui, belle-mère, on m'avait mis à la porte. J'ai été obligé de faire antichambre, et de me promener de long en large. Pour me distraire, j'ai composé un réquisitoire.

Mme DE LORMOY, à Théobald.

Me voilà prête ; et tandis que nous ne sommes encore que nous, je t'apporte un présent de ta sœur; cette tresse de ses cheveux.

CÉLINE, bas à Théobald.

Refusez, monsieur, refusez.

Mme DE LORMOY.

Tiens, Céline, c'est à toi de la lui donner. Place-la toi-même à son cou.

CÉLINE.

Mais, ma mère...

Mme DE LORMOY.

Allons donc... toi qui t'en faisais une fête... (A Théobald.) Incline-toi devant elle.

(Théobald met un genou à terre.)

CÉLINE, bas à Théobald en lui passant la tresse de cheveux autour du cou.

Eh bien, monsieur, puisqu'il le faut...

BERNARDET.
Le tableau est vraiment délicieux.

Mme DE LORMOY, à Théobald.
Comment! tu ne la remercies pas?

THÉOBALD, avec hésitation.
Je ne sais comment exprimer ma reconnaissance.

Mme DE LORMOY.
Embrasse-la; c'est bien le moins.

CÉLINE, bas à Théobald.
Je vous le défends.

THÉOBALD.
Je n'ose pas.

Mme DE LORMOY.
Comment! tu n'oses pas. (A Bernardet, en riant.) Il n'ose pas! (Se tournant du côté de Théobald qu'elle encourage à embrasser Céline.) Allons...

CÉLINE, à Théobald sans le regarder.
Allez donc, monsieur, maman vous regarde.

(Théobald l'embrasse.)

Mme DE LORMOY.
C'est fort heureux!... (Prêtant l'oreille.) Qu'entends-je! une voiture qui entre dans la cour.

BERNARDET.
C'est une autre surprise que nous lui ménagions. J'ai été avertir la jeune baronne, celle qu'il aimait, et la voilà.

THÉOBALD.
O ciel!

CÉLINE, bas.
Comment faire?

THÉOBALD, de même.
Ne peut-on pas la prévenir?

(Il va pour sortir.)

BERNARDET.

Voyez-vous comme il est déjà troublé! l'effet du sentiment!

Mme DE LORMOY, arrêtant Théobald qui était déjà à la porte.

Non, non, mon fils... Viens donc.
(Elle ramène Théobald, qui, en descendant la scène, se trouve à sa droite.)

CÉLINE.

Je cours au-devant d'elle.

Mme DE LORMOY, la retenant aussi.

Non, vraiment. Je veux être témoin de sa surprise. (A Théobald.) Tiens-toi là, à l'écart. (A Bernardet.) Cachez-le bien, qu'elle ne le voie pas d'abord.
(Elle fait placer Théobald à l'écart, à droite, de manière qu'il soit caché par Bernardet.)

SCÈNE XV.

THÉOBALD, BERNARDET, Mme DE LORMOY, LA BARONNE, CÉLINE.

LA BARONNE, entrant vivement.

Ma tante, ma tante... Qu'ai-je appris? Serait-il vrai?...

Mme DE LORMOY.

Qu'a-t-elle donc? Est-ce que, malgré mes ordres, on t'aurait parlé?

LA BARONNE.

Non, je ne sais rien; mais il est une nouvelle qui se répand dans la ville; et puis, M. Bernardet m'avait donné à entendre...

BERNARDET.

Quelques mots au hasard, pour préparer la reconnaissance.

LA BARONNE.

La reconnaissance!... Que dites-vous?

Mme DE LORMOY.

Eh! oui, je ne veux pas plus longtemps te laisser dans l'incertitude, je ne veux plus différer ton bonheur. Celui que tu aimes, que tu dois épouser, mon fils, mon cher Léon nous est enfin rendu.

LA BARONNE.

Ah! je ne puis le croire encore. Que je le voie; où est-il?

Mme DE LORMOY.

Près de toi; le voilà.

LA BARONNE.

Lui... Ah!...
(Prête à s'élancer dans les bras de Théobald, elle le regarde, pousse un cri et tombe sans connaissance dans un fauteuil.)

Mme DE LORMOY.

Ah! malheureux! qu'avons-nous fait?

BERNARDET.

C'est l'excès de la joie.

THÉOBALD.

Il faut se hâter de la secourir.

BERNARDET.

Lui faire respirer des sels. Je dois avoir mon flacon. J'en ai toujours un sur moi, à l'usage des dames qui fréquentent la cour d'assises.

Mme DE LORMOY.

Céline, chez moi, cette potion que le docteur m'a donnée ce matin.....

CÉLINE.

Dans votre appartement?

Mme DE LORMOY.

Non, là-haut.

CÉLINE.

Oui, maman; mais où? je ne sais pas.

Mme DE LORMOY.

Non, non, tu ne la trouverais pas. C'est là-haut. J'y vais moi-même; restez près d'elle.

(Elle rentre dans son appartement.)

BERNARDET, pendant qu'elle sort.

Belle-mère, belle-mère, c'est inutile; je crois qu'elle revient; oui, elle ouvre les yeux.

SCÈNE XVI.

THÉOBALD, BERNARDET, LA BARONNE, CÉLINE.

LA BARONNE, revenant à elle.

Ah! monsieur, quel mal vous m'avez fait! ce n'est pas lui.

BERNARDET.

Que dites-vous?

LA BARONNE.

Non, ce n'est pas Léon.

BERNARDET, à Céline et élevant la voix.

Ce n'est pas votre frère?

CÉLINE.

Silence !

BERNARDET, passant entre la baronne et Céline.

Je ne me tairai point, car il y a là un mystère qui devient de ma compétence. On connaîtra ses projets téméraires.

THÉOBALD.

Ah! monsieur, je n'en avais point, je m'acquittais d'un devoir; vous ne m'avez pas donné le temps de m'expliquer. Votre imprudence et votre indiscrétion ont causé l'erreur de toute la famille.

BERNARDET.

Et pourquoi ne pas la détruire sur-le-champ ?

THÉOBALD.

Le pouvais-je ? le puis-je encore ?

CÉLINE.

Quand nous venons de voir par elle-même (Montrant la baronne.) ce qu'une pareille nouvelle ferait de mal à une mère.

BERNARDET.

Trouvez alors quelque moyen de lui apprendre... vous-même à l'instant... ou je m'en charge.

LA BARONNE.

Y pensez-vous ?

BERNARDET.

Oui, madame, je ne laisserai pas plus longtemps, avec le titre et les privilèges de frère, auprès de mademoiselle Céline, qui connaissait la vérité...

CÉLINE, avec indignation.

Quel indigne soupçon ! Vous pouvez penser...

THÉOBALD.

Monsieur ! vous m'en ferez raison.

BERNARDET.

Non ; mais je vous ferai un procès en substitution de personne.

LA BARONNE.

Taisez-vous, c'est ma tante ; je crois l'entendre.

BERNARDET, remontant la scène.

Tant mieux !

CÉLINE, l'arrêtant.

Monsieur ! au nom du ciel ! voulez-vous donc la tuer?

BERNARDET, à voix basse, et avec vivacité.

Non ; mais je veux qu'elle sache la vérité ; c'est à vous trois à la lui faire connaître ; je vous donne dix minutes pour cela, sinon, c'est mon état de parler, et je parlerai.

SCÈNE XVII.

THÉOBALD, LA BARONNE, Mme DE LORMOY, qui, pendant la fin de la scène précédente, est entrée lentement ; **BERNARDET, CÉLINE.**

Mme DE LORMOY, tenant un flacon.

Pardon de ne pouvoir aller plus vite à ton secours !... Eh bien ! eh bien ! je vois avec plaisir que c'est inutile.

LA BARONNE.

Oui, ma tante.

Mme DE LORMOY, posant le flacon sur la table.

Sa présence était le remède le plus sûr... Eh! mais, comme tu es encore émue ! (Regardant Théobald.) et lui aussi ; (Regardant de même Céline.) jusqu'à Céline, tandis que moi... En vérité, mes enfants, je crois maintenant que c'est moi qui suis la plus forte de vous tous.

BERNARDET, bas à Céline.

Vous l'entendez, on peut parler.

CÉLINE, passant auprès de madame de Lormoy.

Ma mère...

Mme DE LORMOY.

Que me veux-tu, mon enfant ?

CÉLINE, à part.

Si le docteur arrivait.

BERNARDET, à madame de Lormoy.

Mademoiselle Céline avait quelque chose à vous apprendre.

CÉLINE.

Moi, non ; c'est ma cousine.

Mme DE LORMOY.

J'entends ; quelque confidence qui regarde Léon.

20

######### LA BARONNE.

Oui, ma tante. Oui! c'est cela même, et monsieur (Désignant Théobald.) pourrait mieux que personne...

######### Mme DE LORMOY.

Eh bien! mon fils, parle. (Théobald s'approche de madame de Lormoy, qui lui prend la main.) Eh mais! ta main est froide et tremblante; tu détournes les yeux. (Regardant tour à tour la baronne et Céline.) Vous aussi!...

AIR : Le luth galant qui chanta les amours.

D'où vient ici le trouble où je vous voi?
Vous gardez tous le silence... pourquoi?
Vous avez l'air contraint; vos yeux semblent me plaindre;
Parlez, je vous écoute, et le puis sans rien craindre;
Le malheur désormais ne saurait plus m'atteindre,
Mon fils est près de moi!

######### RAYMOND, en dehors.

C'est bien, c'est bien; je les trouverai tous au salon.

######### TOUS, avec joie.

C'est Raymond!

######### LA BARONNE.

C'est le docteur!

######### CÉLINE.

Dieu soit loué!

(Ils vont tous au-devant de lui.)

SCÈNE XVIII.

CÉLINE, THÉOBALD, Mme DE LORMOY, RAYMOND, LA BARONNE, BERNARDET.

######### Mme DE LORMOY.

Venez, docteur, venez, vous êtes de la famille, et, dans ce moment, vous la voyez un peu dans l'embarras.

RAYMOND, souriant.

Je m'en doute.

Mme DE LORMOY.

Je ne sais pas ce qu'ils ont tous.

RAYMOND, de même.

Eh bien! moi je le sais; c'est quelque chose qu'ils voudraient vous dire, et ils ne savent comment s'y prendre.

Mme DE LORMOY.

Vraiment?

RAYMOND.

Un pur enfantillage.

Mme DE LORMOY.

Ah! tant mieux; vous me rassurez.

RAYMOND.

Nous en parlerons plus tard, quand nous serons seuls. (A demi-voix.) Cela a rapport à cette lettre, que tantôt votre fils a envoyée chez moi.

CÉLINE et THÉOBALD, vivement.

Et que vous avez lue?

RAYMOND.

Vous le voyez, puisque j'arrive à votre secours.

Mme DE LORMOY, souriant.

J'y suis; quelques folies de jeunesse, et on craignait de m'en parler.

RAYMOND.

Non; c'est l'action d'un digne et honnête jeune homme, et il en sera récompensé. (Madame de Lormoy s'assied sur un fauteuil que lui donne Théobald; Raymond s'assied auprès d'elle et lui prend le bras.) Voyons d'abord... Pas mal, pas mal; je dirai même excellent.

Mme DE LORMOY, regardant Théobald.

Je crois bien, cela va de mieux en mieux, à mesure que je le regarde... Mais, docteur, je suis femme, ce qui veut dire un peu curieuse, et je voudrais bien savoir tout de suite...

RAYMOND.

Je ne demande pas mieux; nous y arriverons plus tard. Procédons par ordre; car j'ai vu aujourd'hui tant de monde, j'ai appris des aventures si singulières, qu'il faut que je vous dise avant tout celle qui vient de m'arriver.

CÉLINE et LA BARONNE.

Docteur, de grâce...

RAYMOND.

Ah! vous savez que nous autres médecins, nous avons toujours des histoires à raconter; ce sont les trois quarts de la visite; il n'en faut plus qu'un quart pour le talent, et encore... (A madame de Lormoy.) A moins cependant que cela ne fatigue la malade.

Mme DE LORMOY.

Non, docteur, je vous l'assure.

RAYMOND.

Il faut alors que le pouls reste comme il est; car, à la moindre pulsation un peu vive, je m'arrête, et vous en serez fâchée; parce que c'est une anecdote curieuse, et surtout véritable. Je l'atteste, quoique la scène se passe à Bordeaux.

Mme DE LORMOY et LES AUTRES.

Mais voyons donc, docteur, voyons donc!

RAYMOND.

Ah! vous êtes tous pressés!... Eh bien donc, mes amis, quoique Racine ait dit quelque part :

Et l'avare Achéron ne lâche point sa proie,

je soutiens qu'il a tort. Nous avons vu des gens en revenir, rarement, il est vrai : surtout nous autres docteurs, mais enfin, c'est possible.

Mme DE LORMOY.

Témoin mon fils, que nous avons cru mort, et que voilà.

RAYMOND.

Ah! bien oui, votre fils! ce n'est rien, rien du tout. Vous en conviendrez vous-même, quand vous m'aurez entendu

CÉLINE, bas.

Il me fait trembler.

BERNARDET, à part.

Il y arrive enfin... (Haut.) Eh bien, docteur?...

RAYMOND.

Eh bien! Je venais de rentrer chez moi, où l'on m'avait remis cette fameuse lettre dont nous parlerons plus tard. J'achevais à peine de la lire, lorsqu'un jeune homme descend vivement l'escalier, se précipite dans mes bras, et me serre dans les siens, de façon à m'étouffer. « Mon ami, mon père! c'est vous que je revois! Vous voilà donc enfin! Depuis ce matin que je vous attends chez vous! »

BERNARDET.

Comment! c'était!...

RAYMOND.

Un ancien malade à moi, un client, votre jeune homme de ce matin.

Mme DE LORMOY, riant.

Celui de Montauban.

RAYMOND.

Précisément. Je savais bien que la rencontre vous étonnerait. Il arrivait en effet de Montauban; mais il venait de plus loin, de Russie.

Mme DE LORMOY.

Comme mon fils.

RAYMOND.

D'où il n'avait échappé que par miracle; car ses compagnons d'armes eux-mêmes l'avaient cru mort. Aussi il brûlait du désir de revoir sa famille, sa jolie fiancée, et surtout d'embrasser sa mère.

Mme DE LORMOY, à Théobald.

Comme toi, mon ami.

RAYMOND.

Et c'est chez moi qu'il était descendu d'abord, pour me prier de me rendre chez elle, et de trouver quelque moyen adroit de la préparer peu à peu à un retour aussi extraordinaire.

Mme DE LORMOY.

Il me semble, docteur, que rien n'est plus aisé.

BERNARDET.

En effet...

RAYMOND.

Point du tout. Et c'est là que l'histoire se complique. Ma mission était d'autant plus difficile, que sa place était déjà prise.

TOUS.

O ciel !

CÉLINE et THÉOBALD.

Que dites-vous ?

LA BARONNE, dans le plus grand trouble.

Quelle idée !

RAYMOND, froidement.

Ce n'est pas une idée. Sa place, dans la maison paternelle, était réellement occupée...

BERNARDET, regardant Théobald.

Par un imposteur ?

RAYMOND, le regardant aussi.

Non ; par un ami qui lui est bien cher ; qui deux fois lui a sauvé la vie ; un ami, qu'une méprise involontaire a jeté au sein de sa famille, dans les bras d'une mère, et qui n'ose s'en éloigner de peur qu'une émotion funeste... (Prenant le bras de madame de Lormoy.) Vous en avez, votre pouls bat plus vite.

Mme DE LORMOY, regardant alternativement Théobald et le docteur.

Non, non, je vous le jure.

THÉOBALD, CÉLINE et LA BARONNE, regardant Raymond d'un air suppliant.

De grâce, achevez.

RAYMOND, les regardant.

Et vous aussi. Qu'est-ce que cela signifie?

LA BARONNE, à demi-voix, et s'appuyant sur le fauteuil du docteur.

Achevez, ou je me meurs.

RAYMOND, lui prenant la main.

Non, non, vous ne mourrez point, vous vivrez pour le bonheur; mais vous réprimerez l'excès d'une joie qui pourrait être fatale à votre mère.

LA BARONNE, hors d'elle-même.

A ma mère!

RAYMOND.

A celle, du moins, que bientôt vous nommerez ainsi.

THÉOBALD.

Il est donc vrai!... Mon ami, mon frère...

Mme DE LORMOY, à moitié levée de son fauteuil.

Mon cher Léon!

RAYMOND, lui tenant toujours le pouls.

C'est bien, c'est bien; je suis content. (Se levant.) Oui: il existe. Je viens de le voir, de l'embrasser, et vous êtes la plus heureuse des mères! Au lieu d'un fils, vous en avez deux; car Léon ne vient ici que pour unir sa sœur à son ami Théobald. C'est à cette condition qu'il consent à paraître. (Mouvement de Bernardet.) Et monsieur (Montrant Bernardet.) est trop galant homme, pour retarder une entrevue si désirée.

BERNARDET.

Qui... moi?... non certainement... (A part.) surtout après ce que...

RAYMOND.

C'est ce que j'ai dit à Léon, qui a dû sortir de chez moi une demi-heure après mon départ, (Regardant à sa montre.) en sorte qu'en ce moment, il pourrait bien être en route.

Mme DE LORMOY, CÉLINE, LA BARONNE, THÉOBALD.

Vraiment !

RAYMOND.

Peut-être même est-il dans la rue.

TOUS.

Comment !...

RAYMOND.

Et tout près de cette maison, où il doit m'annoncer son arrivée par trois coups bien distincts, frappés à la porte cochère

(On entend un coup.)

TOUS.

O ciel !

RAYMOND, remontant le théâtre, et prêtant l'oreille.

Attendez, pas de fausse joie, ce n'est peut-être pas lui.

(On entend un second coup. — Mouvement général. — Tout le monde penche la tête pour écouter avec plus d'attention.)

RAYMOND, souriant.

Malgré cela, j'ai de l'espoir.

(On entend un troisième coup.)

TOUS.

Mon fils, mon ami, mon frère ! courons au-devant de lui.

(Ils se précipitent tous vers la porte.)

TABLE

	Pages.
Avant, Pendant et Après.	1
Le Baron de Trenck.	99
Les Moralistes	167
Malvina ou un Mariage d'Inclination	227
Théobald ou le Retour de Russie	305

Paris. — Soc. d'imp. P. DUPONT, 41, rue J.-J.-Rousseau. (Cl.) 1134.8.81.

www.ingramcontent.com/pod-product-compliance
Lightning Source LLC
Chambersburg PA
CBHW070846170426
43202CB00012B/1959